U0408486

# 高职应用语文

（上册）

主　编　宝力达

副主编　李　枫　郭淑芳
　　　　闫　凯　石佳玉

北京理工大学出版社
BEIJING INSTITUTE OF TECHNOLOGY PRESS

**图书在版编目（CIP）数据**

高职应用语文．上册／宝力达主编．—北京：北京理工大学出版社，2015.9(2020.9重印)
ISBN 978－7－5682－1229－8

Ⅰ.①高…　Ⅱ.①宝…　Ⅲ.①大学语文课－高等职业教育－教材　Ⅳ.①H19

中国版本图书馆CIP数据核字（2015）第214573号

出版发行／北京理工大学出版社有限责任公司
社　　址／北京市海淀区中关村南大街5号
邮　　编／100081
电　　话／（010）68914775（总编室）
　　　　　（010）82562903（教材售后服务热线）
　　　　　（010）68948351（其他图书服务热线）
网　　址／http：//www. bitpress. com. cn
经　　销／全国各地新华书店
印　　刷／三河市天利华印刷装订有限公司
开　　本／787毫米×1092毫米　1/16
印　　张／13
字　　数／297千字
版　　次／2015年9月第1版　2020年9月第6次印刷
定　　价／30.00元

责任编辑／刘　娟
文案编辑／刘　娟
责任校对／孟祥敬
责任印制／马振武

**图书出现印装质量问题，请拨打售后服务热线，本社负责调换**

# 前　言

网络环境下的高职高专汉语文教学出现了新内容与新形式，一些多年从事高职高专汉语文研究与教学的同人对此做了大量研究。为了从教材上对这种新变化进行反映与总结，北京理工大学出版社组织上述人员编写了这套《高职应用语文》（上、下册）教材。

作为《高职应用语文》（上册），本教材侧重高职应用文种的文本教学，由绪论（第一章）、事务类文书（第二章）、公文类文书（第三章）、日常类文书（第四章）、科技报告（第五章）、科技文书（第六章）、传播文稿（第七章）组成，阐述了信息社会学习应用写作的必然性，强调了应用文学习的必要性，丰富了高职高专科技应用文写作相关文种，旨在尊重高职高专应用写作教学规律并推陈出新。

从高职高专“够用、必需”的教育理念和汉语文教学实际出发，本教材淡化了传统应用写作重理论、轻实践的教学模式，采取了新的编排体例，使多数文种的教学通过“情境写作”“范文、简评及仿写须知”“其他例文”“知识链接”及“写作训练”五个环节来实现，以便使应用写作教学更切合高职高专写作教学的实际。

本教材由宝力达教授统稿审阅，具体编写分工如下：

第一章　内蒙古机电职业技术学院　　宝力达　编写

第二章　内蒙古机电职业技术学院　　李　枫　编写

第三章　内蒙古机电职业技术学院　　闫　凯　编写

第四章　内蒙古机电职业技术学院　　宝力达　编写

第五章　内蒙古机电职业技术学院　　李　枫　编写

第六章　内蒙古机电职业技术学院　　郭淑芳　编写

第七章　内蒙古机电职业技术学院　　石佳玉　编写

由于编写时间紧迫，本教材参阅了大量相关书籍、资料，并做了一些适当引用，所引部分作品未能与原作者及时取得联系，在此谨表歉意并真诚致谢。限于编者水平，不足之处在所难免，恳请批评与建议，以备修订完善。

**编　者**

**2015 年 8 月**

# 前言

# 目　　录

# 第一章　绪　论

## 第一节　应用写作概说

### 一、应用写作的概念

应用写作是指在日常生产、生活、学习、科研等活动中为处理公私事务而广泛应用的文书写作。这些写作均以实用为目的，故又称为实用写作。

### 二、应用写作的基本特点

#### （一）使用上的广泛性

时间方面：就整个社会而言，“自有文字以来”就有应用文；就个体而言，则是“终其一生”都与应用文相关。

空间方面：从地理空间上说，中外、四方，凡有人群的地方，只要有文字的使用就会有应用写作；从社会空间上说，社会生活的方方面面都会用到应用文。

使用者方面：任何组织与个人都要用到应用文。

使用频率方面：就写作而言，无论是从整个社会看，还是从个体看，应用文的使用频率都是最高的。

#### （二）内容上的实用性

应用写作的实用性指的是为处理事务、沟通关系的实际需要而写作，讲求现实效用。应用文的实用性集中表现在与具体的事务相联系的事务性上面。应用文写作总是直接地与某些具体问题、具体事项相联系，旨在解决现实存在的某些问题，满足客观实际需要，因而最讲究现实的效益。也就是说，应用文的写作旨在应用、有用，能解决问题，满足客观实际需要。

#### （三）形式上的程式性

形式上的程式性是指在内容的逻辑方面和文面形式方面都有相对严格的规定。应用文作为传输信息的载体，要考虑体式的规范。程式的积极作用主要表现在有利于迅捷、准确地传递、接收、处理信息等方面。如法定公文有较严格的体式，就是为了便于公文的运转处理。如果写作者不注意这一点，往往影响接收者对信息的及时接收、处理、储存和反馈，甚至会失去控制，贻误大事。

虽然在一定时期任何一种应用文体的程式都有其相对的稳定性，但应指出的是，一种应用文体的程式并不是一成不变的。内容决定形式，社会生活的变化必然引起文章内容的变化，也必然引起文章形式上的变化。

### （四）主体上的确定性

主体上的确定性是指交际主体——作者与读者相对确定。应用文作者的身份、角色明确，读者对象也较明确，两者形成一定的关系。

## 三、应用文的分类

应用文依不同标准可做不同的分类，通常的分类有以下几种：

### （一）法定公文

法定公文是有法定的作者、特定的体式、一定的办理程序、严格的阅读范围并用于处理公务的文书。法定公文属狭义的公文，主要包括党政军各自规定的公文。

### （二）通用机关事务文书

通用机关事务文书属广义的公文，是各种机关单位经常使用的文书，主要包括计划、总结、调查报告、会议记录、规章制度等。

### （三）专用的部门业务应用文

专用的部门业务应用文是为处理专业事务而写，有一定的专业性。如司法部门的诉状、辩护书，外事部门的照会、备忘录，文教部门的教学大纲、教案，科技领域的科技报告等。

### （四）日常生活应用文

日常生活应用文涉及日常生活的方方面面，品类最杂，包括书信、条据等。它主要用来处理个人学习、工作和生活中的日常事务。

## 四、应用写作的基本要求

### （一）对象要适宜

要准确地确定收文对象，做到指向正确、合适。

在公文写作中，明确收文对象不仅是行文规则的要求，也是保证公文的现实效用的需要。搞错收文对象，应用文的现实效用将会受到很大的影响，有时甚至会损害所用应用文的合法性。这在行政公文和司法文书中表现得最为突出。例如，用公函向有关部门请求批准某项事务，一定要弄清准确的主管部门，不然，问题很可能得不到及时解决。

### （二）文体要恰当

要根据行文的目的、范围、内容等要求正确使用文体。

一般文章可淡化文体观念，而应用文则不然。就文体名称的使用来说，须注意以下几点：

注意对象及行文关系。例如，在行政公文中，同是请求批准，给上级机关的应当用“请示”，而给有关主管部门的则应当用“函”。

注意行文性质、主旨要求。例如，在行政公文中，同是给上级机关发文，如果只是汇报工作、反映情况或提出建议，就应当用“报告”；如果是请求指示或批准，则应当用“请示”。

注意作者的地位、权限。例如“命令”“公告”等行政公文就不是一般的机关单位有资格使用的。

注意交际领域、使用场合等因素。例如，“海报”一般用于传播有关文艺体育、集会等信息，传达其他信息则不宜用海报。

### （三）主旨要明确

应用文强调主旨明确，反对含蓄，切忌模糊。写应用文，不但自己要明确主旨，而且要让读者也能迅捷而准确地了解作者发文的主旨，否则就会损害应用文的实用性。

要实现应用文写作主旨明确，首先，要求作者对发文的目的、意图等有清醒的认识。其次，要求作者对行文的中心、内容的基本方面、问题的主次轻重等做到心中有数。最后，要求作者在行文时还要做到“立主脑，去枝蔓”，在确定主旨、中心后，应紧紧围绕中心、主旨来选择有关的材料，组织有关的内容。

### （四）内容要务实、完整

**1. 务实**

务实，这里指讲求实效，不尚空言藻饰：反映情况，提出要求、措施等要切合实际，具有可操作性，能解决实际问题；所用材料要真实、准确，不能想当然。

**2. 完整**

这包括以下两方面：

（1）不要遗漏了必要的内容。

应用文的内容要素可以分为两类：一般内容要素与特殊内容要素。

从文体的角度来看，一般内容要素是一种应用文体的所有篇章都必须具备的。它往往成为一种应用文体与另一种应用文体相区别的重要依据。它是应用文正文部分相对比较固定、稳定的构成成分，属于正文中的结构项，我们可以把它放到应用文惯用格式中去把握。而所谓特殊内容要素则是从应用文的具体篇章的角度来说的。因为所处理的具体事务不同、写作的目的不同、交际对象不同等原因，所以即使是同一应用文体，其具体篇章的内容要素也会有所不同。

相对来说，应用文的特殊内容要素比起一般内容要素更难把握。因其并不固定，千差万别，完全取决于所要处理的具体事务及所要沟通的具体关系的特定需要。有些应用文，如社交书信，因其涉及的具体事务与关系千差万别，很难从文体的角度去把握其内容要素，因而基本上只有特殊的内容要素。

（2）不要有多余的内容。

“过犹不及”“画蛇添足”是内容不完整的另一种表现。因此，对应用文的内容，应做到不溢不缺、不多不少。也就是说，要从实际出发，既要考虑该篇应用文有什么必不可少的内容，又要顾及有哪些不必写、不该写的内容。

### （五）拟制要合乎惯用格式

拟稿制作要合乎应用文一定的惯用格式。

应用文形式上的程式性主要表现为具有一定的惯用格式。就公文来说，对标题、发文字号、主送及抄送机关名称、正文、附件标注、发文时间、主题词等的写法及书面位置都有特定的要求，甚至对文字的书写排印、用纸规格及装订方式等都有严格的规定。这一点，法定的行政公文、规章文书、司法文书、电报等表现得尤为突出。

应用文惯用格式主要表现在以下两方面：

**1. 载体方面**

包括其所用材料的质地、颜色、尺寸、装饰等。

**2. 语文方面**

（1）文面安排：这更多地表现为装饰——板块的划分、空白的留置等。

（2）行款格式安排：文字等书写符号系统的书写排印格式规定——字体、字号、字色的选择，字序、行序的安排等。这是行款格式的主要内容。

### （六）表达要得体

对于应用文来说，因其往往直接影响到应用文处理事务、沟通关系的效益，所以表达得体显得十分重要。得体的要求是多方面的，就应用文写作而言，这主要反映在表达方式运用和语言运用两方面。

**1. 表达方式的运用要得体**

这主要是指要根据文体的特点来正确运用表达方式。在一般文章的写作中，不同文体对表达方式的运用各有不同的要求。同理，不同应用文体对表达方式的运用同样有自身的要求。例如，会议通知具有告知性、规定性，就表达方式而言，主要是运用叙述、说明，而不用或少用抒情、描写。

**2. 语言运用要得体**

严格来说，表达方式的运用，实际上也属语言的运用。但这里所说的语言运用，主要是指语言材料的选择与组织，具体地说就是遣词造句、运用修辞等方面。

作为社会交际的重要工具，语言运用要求符合交际的现实需要，否则会影响交际的效果，甚至造成严重的恶果。因此要十分注意语言运用是否得体，要结合一定语境来恰当地选择和运用语言材料。

在应用写作中，要收到好的效果，就要重视以下几个方面：

（1）要看对象说话。具体有以下几点：

1）要正确体现收发文双方之间一定的关系。如亲疏关系、上下级关系、师生关系、朋友关系等。在社会生活中，一个人总是要与他人建立某种关系，从而使自己处于一定的社会地位，具有一定的身份，扮演一定的角色。同时，随着各种主客观条件的变化，每个人所处的社会地位、所具有的身份、所扮演的社会角色也会有所不同。作为一种指向性明确的语言表达，在特定的交际对象面前，应用文写作者要注意使遣词造句符合自己的身份、地位，做到正确体现出收发文双方之间一定的关系。

公文中的事务性用语要视上下级关系来使用。上行文宜多陈述事实，少讲道理；平行文要平等相待，尊重对方；下行文要指示清晰，要求明确。例如“上报”“呈报”用于上行，“印发”“颁发”用于下行。这都是为了处理好双方的关系，以利于问题的妥善解决。

2）要了解对方的个性、习惯、情绪、忌讳等，采用对方乐于接受、易于接受的语言。这也是“看对象说话”的问题。

同一个意思往往有不同的说法，这样说使人愉悦，那样说则令人反感。这就要求在遣词造句时要十分慎重，尽量做到让对方乐于接受。

3）语言表达第一是要注意适合对方的年龄特点、文化程度、专业水平等，使对方易于理解、易于接受。例如，对文化程度不高的人，应多用通俗平易的词语句式而不用古奥生僻的词语和较难接受的句式。

（2）要注意场合与氛围特定性，做到语言与情境的和谐，避免矛盾冲突。不同的交际对象、不同的交际场合，会形成不同的氛围。语言的运用就要与特定的场合、氛围相适应。场合的问题固然与口头交际的联系特别紧密，但在写应用文时还要留意，如写请柬，用于商店开张、会议开幕，可以写“敬请光临指导”；而用于结婚宴请，则不宜写“指导”之类字眼。又如，讣告上写“欢迎光临”，就失去了讣告应有的严肃性，显得很不合适。

（3）语言色彩要符合特定的行文目的及内容性质的要求。这既是根据交际的主旨运用语言的问题，也是看场合说话的一种表现。如颁布政令要庄重严肃，通报错误要义正词严，申请要平和委婉，报喜要热烈欢快，如此等等。

（4）要符合应用文体的语体要求，体现所用语体的个性。应用文主要使用事务语体。事务语体最根本的特点就是“平实”。所谓“平”，即通俗易懂，平易；所谓“实”，就是质朴实在，不做作。

平实是对应用文语言的总的要求。在这个总的要求下，不同的应用文体对语言的运用还有其具体的要求，除了要求平实以外还要求简明、庄重。因此，在写作应用文时，语言的运用要注意符合不同文体的要求，也就是要体现出所用语体的个性。

## 五、应用写作发展现状

随着我国经济高速发展和信息化水平日益提高，许多新的应用文体、文种应运而生，使应用写作进入了一个繁荣而又迷茫的时期。其表现为以下几个方面：

### （一）新文体、文种大量涌现

电子邮件、电子传真、电子合同、网络广告、业绩报告、项目投标书、股票上市申请书、企业集团章程等新文种不仅形式新颖、适用广泛，而且实用高效。

### （二）新文体、文种越来越贴近日常生活

如经济合同、贷款合同、买房合同、保险合同等新文种，已开始逐渐渗透到每个家庭的经济生活中。

### （三）法律类、财经类、企业类、科技类文种应用频率快速上升

随着经济的快速发展，我国人民维权意识日益增强，上述文种被应用的频率也在不断

提高。

（四）应用文写作教学多媒体化

随着计算机网络的发展，应用写作的教学发生了巨大的变化，多媒体走入课堂，成为应用写作教学不可或缺的一部分。上课不再局限于板书，教师可以配合PPT、教学视频讲课。另外，上课也可以不局限于教室，教师可以通过网络为学生上课。

（五）应用写作研究日益深入

时代在变，应用写作也必须“与时俱进”，探索新时期应用写作的新理念与新方法。人们认识到，从实际需要出发，以用为学，学以致用，以提高工作效率和生活质量，这才是应用写作的根本目的。

## 六、应用写作发展趋势

（一）以实现现实目的和提高效用为主，新的文体、文种将不断出现

随着中国加入WTO，世界经济一体化进程加速，应用写作从文体到文种都将会“爆炸”式丰富。目前，内地、中国香港和中国台湾公函的使用已扩大到商业及其他经济领域，形成了一个完整的商函系统，包括联系、推荐、聘用、邀约、磋商、订货、信用调查、索赔、交涉等业务问题。各文种也由过去的单一书面形式发展到现在的多样化形式，如合同书、信件、电报、电传、电子邮件、电子数据交换等，丰富异常。

（二）突出在应用中完善、在完善中发展的特点

例如广告，从种类到形式到媒介乃至宣传手段，它的发展都是前所未有的。

（三）新技术的应用价值将进一步提高

随着办公自动化设备和网络技术的普及，单位或个人纷纷利用计算机、传真机、多媒体网络来实现信息资料的存储、打印、传输、查询、交换等，以达到信息资源的共享。目前，我国很多城市的工商系统都已实现了计算机联网、企业信用分类等，客户可上网查询所需资料，以进行必要的商务决策，及时草拟所需文书。而现代化办公设备和信息技术在应用写作中的运用将彰显省时、省力、准确、及时的价值。

## 七、学习应用写作的意义

《大趋势——改变我们生活的十个新方向》一书曾向我们展示，由工业社会向信息社会过渡时，五个最重要的事件应该记住，而其中之一就是：“在这个文字密集的社会里，我们比以往更需要具备基本的读写技巧。”可见，在信息社会里，我们必须重视和加强应用写作的研究。应用写作是一门重要科学。大处而言，它是整个人类各方面事情的介绍者和传播者，带给人们知识，帮助人们了解社会和人生，提高了人们的科学知识水平和文化素养，统一了全社会的行为规范和文化。小处而言，它带给人们所需要的信息，协调某一团体的行

为，加深人与人之间的理解，缩短人与人之间的距离。当今世界已跨入信息时代，越是经济发达的国家，越是重视应用写作的研究。这是因为：

首先，应用写作是信息社会传播信息的工具。信息社会，是一个崇尚科学的社会，其主要特征是智力革命、技术革命和信息革命蓬勃兴起和发展。因此在信息社会里，起决定作用的是信息知识。据英国技术预测专家詹姆斯·马丁测算，人类的知识在19世纪是每50年增加1倍，而目前大约是每3年增加1倍。人类知识发展的速度是如此之快，需传递的信息越来越多。在信息社会里，信息就是财富。应用写作在传播信息方面有着不可低估的作用，因此，它是信息社会不可缺少的基本工具。作为一种信息载体，应用写作的保真度高，能保证信息的准确传播。同时，应用写作在信息传播方面有着其他通信系统不可比拟的作用。它可以使读者反复阅读、反复体会，而且简单、方便，非常好地发挥着传播信息的社会功能。如今已有越来越多的人重视应用写作的研究和应用。资料显示，美国的很多理工学院都专门开设“应用写作”课程。一位著名学者曾说：国外十分重视应用写作。不管什么专业，做很多工作都要会写应用文，不会写应用文就不能胜任工作。在学校不学，到了工作岗位上就逼着你非学不可。

其次，应用写作适应了信息社会的要求。信息社会要求快、准、新地传递信息，比起各种写作方法，应用写作最能适应信息社会的这一要求。应用写作比较规范，有一定的格式，且灵活方便，这是其他写作方式无可比拟的。特别是近十年来，应用写作的文风也在改变，趋向简洁明了，讲求实效，提倡开门见山，直截了当。这更加适应了信息社会的要求。

最后，应用写作已成为信息社会中人们竞争求生的手段。信息社会到处都存在着竞争，人们必须有强大的实力，才能参与竞争，而具备应用写作能力是赢得竞争的必备手段。作为信息社会一种基本能力，人人都必须学习应用写作。随着信息社会的进一步发展，应用写作的重要性将与日俱增，无力于应用写作者将不可避免地被边缘化。

## 第二节 应用写作必备知识

### 一、应用写作文体基础

鉴于应用写作文体的特殊意义，其范文格式具有重要的模仿价值。因此，选择优秀例文进行案例教学、模拟优秀例文进行应用写作就格外重要。对于教师来说，选择例文要特别注意例文的格式细节，务求尽善尽美；对于学生来说，仿写例文要特别注意例文的格式细节，务求形神俱肖。如果说应用文写作教学往往事倍功半，原因之一就在于没有特别重视文体格式的重要性。应该集中精力讲清、学透各种应用文文体格式，使学生在面临相类文体写作时能够做到格式正确。

### 二、应用写作语体基础

应用文写作是我们现代社会劳动者应该掌握的一项基本技能。要学会写作各种应用文，就必须研究其语言特征，了解并掌握应用文语体。如果文体相对稳定，语体就更活跃，常随社会的发展变化而变化，必须时时关注并学习。

那么，应用文的语体特征是什么呢？

### （一）应用文语体的平实性

就其本质而言，应用文是一种实用性的文体。它宣传政策，是为了让人们去实践；它负载信息，是为了让人们有所行动；它传播知识，是为了让人们对事物有所了解。总之，人们撰写应用文，是要人一看就明白、一听就懂得，而不是让人去仔细推敲、揣摩字里行间隐藏的所谓“潜台词”。应用写作有别于文学创作，它不必运用大量描绘性和抒情性的生动语言去塑造形象、抒发情感，它所要求的是通俗平实。而所谓平实，就是运用平易、自然、大众化的语言，如实地表现事物的本来面目，使人一看就懂。因此，应用文语体的首要特征就是平实性。

首先，在应用文语词的选用上，应用文语体的平实性要求小心使用那些带描述性的词语，而尽量用陈述性的词语如实陈述。其次，在语句的选用上，要多用陈述句，不用或尽量少用描写句，以便人们在三言两语间就清楚干什么、怎么干，而不必花费精力去猜测揣摩要他去干什么。最后，在文章的结构上，要尽可能地简洁，无论是怎样安排结构，都应该简洁清楚，适应语境的要求，让人一目了然。

### （二）应用文语体的准确性

语言的准确性是任何文体都需要的，但对于应用文体来说，这一点尤为重要。因为应用文具有很强的实用性。只有准确地表达内容，才能准确无误地完成实际工作。尤其是公文类应用文，它有极强的强制性、政策性，对工作有指挥、指导作用，如果语言稍有差错，就可能给公务活动带来极大损失。所以，准确性是应用文最基本的特征和最起码的要求。要做到这一点，就应该字斟句酌，细心辨析词义范围的大小、语意的轻重、感情的褒贬，如“聪明”与“狡猾”感情色彩不同，“批评”与“批判”语意轻重不同，“战争”与“战役”范围大小不同，等等。应用文用语精准非比寻常。

### （三）应用文语体的程式性

应用文语体的程式性，是指人们在长期使用应用文的过程中形成的一种惯用的、相对固定的、规范的语言特性。这种特性是应用文区别于其他文体的又一显著标志。掌握并恰当运用这些程式性语言，可使文章语言简明，格式规范，行文庄重得体。

在应用文写作中，常见的程式性口头用语有“根据、按照、为了”等，称谓用语有“我、本（第一人称），贵、你（第二人称），该、其（第三人称）”，期请用语有“请、敬请、拟请”等，征询用语有“当否、可否”等，表态用语有“同意、照办、原则同意、按此办理、暂不执行”等，综述用语有“为此、对此、综上所述”等。

此外，应用文语言的程式性，还表现在开头与结尾的写作上。应用文的开头大多具有程式性，如“根据式开头”常用“根据、遵照、按照”等词语，“原因、目的式”开头常用“为了、由于、鉴于”等词语。同样，应用文的结尾，也不像文学作品那样要求意味深长、耐人寻味，而是追求简洁明了、干净利落。特别是公文，不同文种都有相对固定的结尾用语，如请求批示、批准和批复的，就得使用不同的结尾用语，其受到应用文语体程式性的约束显而易见。

### （四）应用文语体的概括性

应用文语体的概括性是指用极其简明的语言将具体事物的本质属性表达出来。这种概括性体现在多个方面：记事要概括，叙述要概括，说明也要概括。因为应用文是要解决实际问题的，写作时要让人一看就能抓住要领，从而提高办事的效率。

在应用写作实践中，为突出语体概括性这一特点，可适当运用概括性较强的成语、谚语和群众语言。恰当运用数概与节缩两种修辞手法，也有概括的作用。如“五讲四美三热爱”“两个文明”“农转非”“严打”等。

以上应用文语体特征需在写作实践中细细体会，才能心有所得。

## 三、应用写作语文基本素养

### （一）语文素养的特点

**1. 基础性**

语文是工具性和人文性相统一的学科，它是学习各学科的基础，也是人生发展的基础。母语学习的重要性深刻而又长远。现在对英语的重视远远高于对母语的重视，这种现象是值得警惕的。

**2. 综合性**

语文素养的内涵是非常丰富的，它以语文知识和语文能力为主干，至少包括语文知识、语文能力、一般智力、社会文化常识和情商五个要素。提高语文素养就是要实现这五个要素的辩证统一，使这五个要素得到全面、和谐、充分的发展。学习语文知识，训练语文能力，感受先进文化，开发智力，培养情商，这构成了提高语文素养的基本内涵。

**3. 阶段性**

语文素养的培养有一个“变通域”，即有一个很大的层次空间和范围，为此，必须对语文素养从量上进行规定，即“量化”。所谓“量化”，就是用客观、具体的数字来规定学生在各个学习阶段实现语文素养所要求达到的最低标准。比如，在小学阶段，学生应该掌握至少 2 800 个单字，高中阶段应该会背 50 篇古诗文，等等。大学阶段也应该做类似的明确的规定。只有规定了这样一个最低标准，大学生语文素养的提高才更有保障。

### （二）语文素养现存问题

在批改大学生尤其理工科大学生的应用文习作时，我们经常可以发现以下几方面的问题：

标点不清晰、形状及占位不正确。

错别字较多，字形不美观。

语句不通顺，语病多。

句群、篇章条理不清晰，逻辑性差。

语体意识淡薄，相关问题严重。

文面形式意识淡薄，相关问题严重。

传统的应用文写作教学并没有特别重视上述问题，这些问题一直被掩盖着。光是讲一些文体格式，即使学生掌握了这些“知识”，上述六个方面的问题不解决，也搞不好应用写作，写出的文章也不可能令人满意。

这就涉及应用写作的语文素养问题。这些问题看似是语文素养问题，实则显示了人格教养的粗疏，反映了情感教育与理性教育的不足，必须给予足够的重视。好在现今社会也开始重视这类问题了。据悉，广东高考作文评卷“每错一个字扣一分”，这就要求语文教师要引导学生重视错别字问题，加强同音字、形似字的对比、鉴别训练，使他们不写错别字，并引导学生努力提高书写质量。

### （三）语文素养问题解决方法

其实，这些问题也并不是积重难返。只要正视它们、重视它们，就能解决它们。

一是高度重视。

二是专题训练。

三是严格考核。

## 四、应用写作与电脑

众所周知，电脑写作所产生的稿件文面整齐美观、便于修改、易于复制和保存，这些优势已经得到了越来越多写作者的广泛认同。其实，把电脑当作书写工具来用，这仅是电脑功能很小的一部分。电脑还有很多有助于写作的功能未获使用，如上网查找写作资料，用电子邮件写文稿，在电脑上收发传真及其他信息，等等。每个写作者不仅要顺应时代潮流学会电脑写作，而且要早日适应电脑网络——数字化时代的生活方式。

## 五、网络应用文的写作

什么是网络应用文？就是在电脑网络新媒体上生存的应用文。这是从媒体视角所做的文体界定。宽泛地说，它可以包括三种情况：一是传统应用文的电子化或网络化形态，这是纸质媒体的应用文转化为电子文本的应用文。二是在电脑网络上写作、传播和阅读的应用文，具有网络媒体的新技巧和新方法，如超文本和超级链接。它不仅包括传统应用文，还涵盖电脑网络新产生的文体，如电子邮件、网上聊天、网页、手机短信、帖子、网上注册等。三是泛指电脑网络上具有应用色彩、使用频率较高的相关文体。除了传统含义的应用文之外，像网络新闻、网络评论等，都可以看作广义的网络应用文。这里主要是指第二种情况。

网络应用文与传统应用文有着明显的文体差异。这是由不同媒体的性质决定的。不要说在电脑网络上写作的应用文，就是传统应用文的网络化形态，它的传播和阅读方式也发生了重要变化，完全不同于纸质的传统应用文了。网络媒体的非线性方式、信息表达的多媒体形态、时空被压缩为零、超文本的开放性辐射、读者与文本的互动等新思维、新观念和新特性，给网络应用文带来了全新的文体特征。

网络应用文是一个新的领域，研究的空间很大。比如，网络应用文的科学界定和文体特征，网络应用文与传统应用文的文体差异，网络应用文的表现技巧和结构方式，网络应用文的语言风格和审美规范，网络应用文的新兴种类和各自特征，网络应用文的写作方法和阅读策略，网络应用文的传播途径和操作技术，等等。由于网络应用文的边缘性，其研究将横跨众多学科，具有某种综合性。

网络应用文作为前沿知识，应该纳入应用文写作的正式课程之中。应用写作已经逐渐成为各类学校写作课程的主体，而网络应用文也将成为应用写作的重要内容。网络应用文的理论和实践，应该尽快地补充到应用写作的教材中去。不仅如此，电脑网络写作的理论和实践，也将逐渐成为写作学的支柱和主体。

# 第二章　事务类文书

## 第一节　计　　划

### 一、写作情景

结合自己的学习实际，制订一份“假期读书计划”。要求：

一是要完全符合计划文面形式各方面的要求。

二是要完全符合计划文种内容要求，要写清制订计划的目的、意义、具体内容、实施的方法与步骤等。

### 二、范文、简评及仿写须知

【范文】

期末复习计划

就要期末考试了，为了更好地掌握这一学期所学的内容并在期末考试中取得理想成绩，特制订如下复习计划：

一、目标任务

刻苦复习，在期末考试之前认真扎实地复习并理解这一学期所学课程内容，进一步提高自己的文化素质和专业课水平。具体目标是：在期末考试中总成绩进入前5名。

二、具体时间安排

（一）每天早晨6：30起床，6：40—7：30复习英语。

（二）每天上午8：00—12：00复习本学期所学的三门专业课。每复习50分钟休息10分钟。

（三）每天下午14：30—17：30复习本学期所学的三门基础课。

（四）每天晚上18：30—22：30复习英语。

三、复习进度安排

（一）英语课共10章内容，每天复习一章，考试前3天做3套模拟试题，以便在考试时快速进入状态。

（二）专业课上午复习，在期末考试之前按时复习完毕。

（三）基础课下午复习，在期末考试之前按时复习完毕。

若遇其他事情与计划冲突，早起晚睡，以保证计划按时完成。

计划制订者：×××

2006年12月25日

**【简评】**这份计划很规范，目标非常明确、具体，“具体目标是在期末考试中总成绩进入前5名”，有具体数字指标；时间安排有具体作息表，且注意劳逸结合，切实可行；复习进度内容安排合理穿插，避免了因复习内容单一而产生厌倦情绪的可能且保持了弹性。此外，格式正确，文字简练，语体适宜。

**【仿写须知】**仿写时除注意简评提到的各方面外，还应特别注意标题、正文、署名、日期的占位、占格情况并正确使用标点，做到一丝不苟。

## 三、其他例文

**【例文1】**

### 全国人大常委会2008年监督工作计划

（2008年4月15日第十一届全国人民代表大会常务委员会第二次委员长会议通过）

2008年是十一届全国人大及其常委会依法履职的第一年。全国人大常委会监督工作要深入贯彻落实党的十七大精神，以增强监督实效为核心，从党和国家工作大局出发，认真实施监督法，把关系改革发展稳定全局、影响社会和谐、人民群众反映强烈的突出问题作为监督重点，综合运用法定监督形式，加强跟踪监督，着力推动“一府两院”改进工作，务求取得实效，更好地发挥人大监督对促进依法行政、公正司法和维护人民利益的作用。

根据监督法的规定，在广泛听取有关方面所提议题建议的基础上，2008年常委会拟围绕五个方面开展监督工作：一是围绕推动国民经济又好又快发展，审查和批准2007年中央决算，听取和审议2007年审计工作报告、2008年计划执行情况的报告、“十一五”规划实施情况的中期评估报告；听取和审议国务院关于抗击低温雨雪冰冻灾害及灾后重建工作情况的报告、关于加强金融调控情况的报告、关于稳定物价情况的报告。二是围绕建设社会主义新农村，听取和审议国务院关于促进农民稳定增收情况的报告，检查农民专业合作社法的实施情况。三是围绕推动节能减排工作，促进资源节约型和环境友好型社会建设，听取和审议国务院关于水污染防治工作进展情况的报告，检查环境影响评价法的实施情况。四是围绕保护劳动者合法权益和保障青少年健康成长，推动社会主义和谐社会建设，检查劳动合同法、义务教育法和未成年人保护法的实施情况。五是围绕促进公正司法，听取和审议最高人民法院关于加强刑事审判工作维护司法公正情况的报告，听取和审议最高人民检察院关于加强刑事审判法律监督工作维护司法公正情况的报告。

根据监督法的规定，对2008年监督工作具体安排如下：

一、听取和审议专项工作报告

（一）听取和审议国务院关于抗击低温雨雪冰冻灾害及灾后重建工作情况的报告。重点报告低温雨雪冰冻灾害造成损失的情况；抗灾和灾后重建采取的措施、取得的效果和存在的问题；提高预防和应对重大灾害能力的对策措施等。报告拟安排在4月份举行的十一届全国人大常委会第二次会议上听取和审议。有关准备工作由财政经济委员会负责与国务院联系。

（二）听取和审议国务院关于加强金融调控情况的报告。重点报告实施从紧货币政策的进展情况、政策效果和存在的问题；今后工作的对策措施等。报告拟安排在8月份举行的十一届全国人大常委会第四次会议上听取和审议。有关准备工作由财政经济委员会负责与国务院联系。

（三）听取和审议国务院关于促进农民稳定增收情况的报告。重点报告近年来农民收入增长的情况；通过加大支农惠农政策力度、发展农村经济、加强农田基本建设、保护农民工合法权益、发展农村社会事业等多种渠道增加农民收入的情况等。报告拟安排在8月份举行的十一届全国人大常委会第四次会议上听取和审议。有关准备工作由农业与农村委员会负责与国务院联系。

（四）听取和审议最高人民法院关于加强刑事审判工作维护司法公正情况的报告。重点报告维护程序公正，落实审判公开制度；严格审限制度；完善证据制度、辩护制度和审判监督制度的情况等。报告拟安排在10月份举行的十一届全国人大常委会第五次会议上听取和审议。有关准备工作由内务司法委员会负责与最高人民法院联系。

（五）听取和审议最高人民检察院关于加强刑事审判法律监督工作维护司法公正情况的报告。重点报告维护程序公正，纠正违反诉讼程序行为；抗诉确有错误的判决和裁定；监督诉讼期限；查处侵权行为的情况等。报告拟安排在10月份举行的十一届全国人大常委会第五次会议上听取和审议。有关准备工作由内务司法委员会负责与最高人民检察院联系。

（六）听取和审议国务院关于稳定物价情况的报告。重点报告当前物价上涨的情况和原因；已经采取的措施、取得的效果和存在的问题；加强稳定物价工作的对策措施等。工作报告拟安排在12月份举行的十一届全国人大常委会第六次会议上听取和审议。有关准备工作由财政经济委员会负责与国务院联系。

（七）听取和审议国务院关于水污染防治工作进展情况的报告。重点报告落实“十一五”环保规划情况、重点流域“十一五”水污染防治规划的编制和执行情况；重点项目实施效果的评估和管理考核制度建设情况；水污染防治资金落实和资金投入保障机制完善情况；三河三湖、南水北调水源及沿线、三峡库区和松花江等重点流域污染防治治理情况等。报告拟安排在12月份举行的十一届全国人大常委会第六次会议上听取和审议。有关准备工作由环境与资源保护委员会负责与国务院联系。

**二、审查和批准决算，听取和审议审计工作报告，听取和审议计划、预算执行情况的报告及五年规划实施情况的中期评估报告**

（一）听取和审议国务院关于2007年中央决算的报告。请国务院按照监督法规定的要求提出。报告拟安排在6月份举行的十一届全国人大常委会第三次会议上听取和审议。

（二）听取和审议国务院关于2007年度中央预算执行和其他财政收支的审计工作报告。请国务院按照监督法规定的要求提出。报告拟安排在6月份举行的十一届全国人大常委会第三次会议上听取和审议。

（三）听取和审议国务院关于今年以来国民经济和社会发展计划执行情况的报告。重点报告国家宏观调控措施和重要经济政策的贯彻实施情况。报告拟安排在8月份举行的十一届全国人大常委会第四次会议上听取和审议。

（四）听取和审议国务院“十一五”规划实施情况的中期评估报告。重点报告规划纲要提出的发展目标和工作任务的完成情况，特别是约束性指标的完成情况。规划纲要需做调整的，调整方案一并提交常委会。报告拟安排在10月份举行的十一届全国人大常委会第五次会议上听取和审议。

以上由监督法规定听取和审议的四个报告，有关准备工作由财政经济委员会、常委会预算工作委员会负责与国务院联系。

三、法律实施情况的检查

（一）检查《中华人民共和国未成年人保护法》的实施情况。重点检查学习、宣传法律和制定配套法规、规章情况；对孤儿、流浪乞讨等生活无着落未成年人的保护和教育情况；对违法犯罪的未成年人进行教育、挽救的情况；公益性文化设施向未成年人免费或优惠开放以及预防未成年人沉迷网络的情况等。执法检查报告拟提请8月份举行的十一届全国人大常委会第四次会议听取和审议。有关工作由内务司法委员会负责组织和落实。

（二）检查《中华人民共和国农民专业合作社法》的实施情况。重点检查支持农民专业合作社发展的政策措施制定和落实情况；农民专业合作社登记注册和完善财产权制度情况；保证农民主体地位和合作社民主管理情况等。执法检查报告拟提请10月份举行的十一届全国人大常委会第五次会议听取和审议。有关工作由农业与农村委员会负责组织和落实。

（三）检查《中华人民共和国环境影响评价法》的实施情况。重点检查有关配套法规制定情况；评价体系和环境评价能力建设、环境评价信息共享及跟踪监测制度执行情况；法律执行中遇到的新问题，以及需要通过法律修改解决的问题等。执法检查报告拟提请10月份举行的十一届全国人大常委会第五次会议听取和审议。有关工作由环境与资源保护委员会负责组织和落实。

（四）检查《中华人民共和国劳动合同法》的实施情况。重点检查订立书面劳动合同的情况；试用期、服务期的约定问题；经济性裁员问题；解除和终止劳动合同的情况等。结合执法检查，研究开展立法后评估工作。执法检查报告拟提请12月份举行的十一届全国人大常委会第六次会议听取和审议。有关工作由财政经济委员会负责组织和落实。

（五）检查《中华人民共和国义务教育法》的实施情况。重点检查农村义务教育经费保障新机制的落实情况；中小学教师队伍建设情况；政府在促进城乡之间、地区之间、学校之间义务教育均衡发展方面的目标、任务、实施步骤和政策措施等。执法检查报告拟提请12月份举行的十一届全国人大常委会第六次会议听取和审议。有关准备工作由教育科学文化卫生委员会负责组织和落实。

四、规范性文件的备案审查

根据监督法、立法法的规定，常委会继续加强对行政法规、地方性法规、自治条例和单行条例以及司法解释等规范性文件的备案审查工作，维护国家法制统一。

2008年规范性文件备案审查工作的主要内容是：认真研究处理公民、社会团体、企业事业组织提出的审查建议。在2007年各地清理地方性法规的基础上，继续督促地方落实对不符合监督法或者其他现行法律规定的地方性法规的修订、废止工作。对各地新制定的有关人大常委会监督工作的法规，有重点地进行主动审查。

全国人大机关各负责单位要严格按照监督法和《全国人大机关贯彻实施监督法若干意

见》的规定，各司其职、密切配合，精心组织、务求实效，充分发挥常委会集体参谋助手的作用，确保常委会各项监督工作有计划、有步骤地进行。

【简评】目标明确，措施可行，文面形式一丝不苟，堪称典范。

【例文2】

## 毕业实习计划

一、实习目的

毕业实习是重要的实践性教学环节之一。通过实习，学生将进一步了解社会，使理论与实践相结合。通过本次实习，学生将进一步加深对财务会计理论知识的理解，进一步熟悉会计的基本核算方法，为实际工作打下良好基础。

二、实习时间和方式

（一）校内实习

校内实习时间为2006年2月17日—3月15日，地点在教学大楼307财经系会计实验室，详细实习计划另见财经系会计电算化专科专业毕业实习（校内）计划。

（二）校外实习

校外实习时间为2006年3月17日—4月18日，地点在校外实习基地。实习单位由系里统一联系，学生在实习单位财务人员和教师的共同指导下，完成本次毕业实习。

三、实习的主要内容

（一）全面了解企业财务管理现状

1. 企业概况、产品结构和工艺流程；企业组织机构设置、财务部门职能及企业经济核算体制。

2. 企业经济效益、经营状况与财务状况。

3. 全面了解企业财务管理循环——筹资、投资、运营资金、成本及利润分配管理，全面了解预测、决策、计划、控制、分析等财务方面的应用，重点了解企业在资金和成本管理方面的特色。

4. 了解企业财务与宏观经济政策的关系，特别是目前企业财务与国家财政、税收、投资制度改革的关系。

（二）全面熟悉企业会计的基本核算方法

1. 深入科室和生产车间，请财务人员围绕实习内容介绍情况，了解实习单位采用的会计核算组织程序及会计工作组织情况，如会计机构设置、岗位设置、规章制度和会计档案管理等内容，查阅财会资料。

2. 了解实习单位计算机在会计中的应用情况及其对传统会计的影响。

3. 了解会计账户设置。了解实习单位开设的总账账户及其所属的明细账户、账户的开设原则及各账户核算的主要内容。

4. 了解复式计账法。了解实习单位的记账方法、借贷记账法的使用情况和在该记账法下账户的结构及各账户之间的相互关系。

5. 了解填制与审核凭证。了解实习单位会计凭证的种类、填制、审核方法及传递顺序等。

6. 了解登记账簿。了解账簿的基本要素、账簿的形式、账页的格式、账簿的启用方法、日记账的设置与登记方法、更正错账的方法、平行登记的要点和对账、结账及更换新账的方法。

7. 了解成本计算方法。了解实习单位产品成本包括的内容及各种产品的成本计算方法。

8. 了解财产清查。了解实习单位货币资金、债权债务及各种实物的清查方法，学会编制银行存款余额调节表。

9. 了解编制会计报表。学习编制企业对外及对内报表。

（三）开展毕业论文的写作调研

在完成上述实习任务的同时，学生要针对自己的毕业论文选题收集有关信息资料，也可以根据自己在企业调研的结果再拟定论文题目。

（四）校外实习的基本要求

1. 保守秘密。服从实习单位财务人员的安排，不能随意摘抄会计资料数据，恪守财务和会计制度，不外传实习单位的财务和会计信息。

2. 安全第一。实习阶段注意安全，在厂区内要服从安全人员的指挥，不准随意走动，否则将酌情在实习成绩中做扣分处理。

3. 遵纪守法。遵守国家法律和实习单位规章制度，遵守社会公德和社会秩序，不准擅自离开实习地点，不准无故旷课旷工、迟到早退，不准寻衅闹事、打架斗殴。若有违纪行为，按学校规定处理。对不遵规守纪的学生，视情节严肃处理。

4. 虚心向实习单位财会人员请教，讲文明礼貌，爱护公物，与实习单位搞好团结。

5. 实习结束时，每个实习生应带回由实习单位负责同志签署意见并密封的“实习表现鉴定表”。未交回鉴定表的，不予评定实习成绩，不能取得毕业实习学分。

6. 撰写实习总结，要求在1 500字以上。

（五）毕业实习成绩评定

本专业的毕业实习成绩分为校内实习和校外实习，两者按百分制分别计分。校内实习的计分标准为：设账10分，编制凭证30分，登账10分，成本核算10分，试算平衡10分，会计报表20分，装订5分，出勤5分；满分100分。校外实习的计分标准为：毕业实习表现20分，实习过程50分，实习总结20分，实习鉴定表10分；满分100分，其中前两项由实习单位给出初评分数，后两项由系指导教师评分。然后将校内实习分和校外实习分按50%的比例计入毕业实习总分，实习成绩及格者方可取得规定的毕业实习学分。

请实习单位配合做好对实习生的实习鉴定、评定其实习表现分和实习过程分工作。实习鉴定表及实习表现评分表另见附表。

**【简评】**目标明确，措施有力。

【例文3】供电所安全培训计划（表格式）

## 供电所2006年安全培训计划

为了提高本所人员的技术素质和业务水平，增强安全意识，结合职工具体情况，特制订如下安全培训计划：

| 季度 | 培训内容 | | |
|---|---|---|---|
| 一季度 | 一、1月15日 | 《安规》知识培训 | 电杆上的工作 |
| | 二、2月15日 | 春检《安规》培训 | 线路巡视工作 |
| | 三、3月15日 | 《安规》电力线路部分培训 | 线路的运行和维护 |
| 二季度 | 一、4月15日 | 《安规》电力线路部分培训 | 低压带电作业 |
| | 二、5月15日 | 《安规》电力线路部分培训 | 配电变压器台上的工作 |
| | 三、6月15日 | 新《安规》电力线路部分培训 | 1～5节 |
| 三季度 | 一、7月15日 | 新《安规》电力线路部分培训 | 6～7节 |
| | 二、8月15日 | 新《安规》电力线路部分培训 | 8～9节 |
| | 三、9月15日 | 秋检《安规》培训 | 巡视检查及砍伐树木工作 |
| 四季度 | 一、10月15日 | 农村低压电气安全工作规程培训 | 仪表的使用及保管 |
| | 二、11月15日 | 农村低压电气安全工作规程培训 | 邻近带电导线的工作 |
| | 三、12月15日 | 农村低压电气安全工作规程培训 | |

【简评】这份表格式计划内容具体，措施可行，一目了然。

## 四、知识链接

### （一）计划的概念

计划是党政机关、社会团体、企事业单位或个人对未来一定时期的工作、生活等做出预先打算和安排，以确定目标、任务、措施所形成的一种文书。

### （二）计划的种类

计划是一个统称，规划、纲要、安排、设想、方案、要点、打算等都属于计划的范畴。一般来说，规划、纲要是长远计划，而纲要比规划更概括；安排是短期计划；设想、打算是非正式的计划；方案的可操作性较强；要点是粗线条式的计划。计划通常有以下几种：

按时间分：长期计划、中期计划、短期计划。

按计划功能分：规划性的计划、实施性的计划。

按计划题材分：综合性计划、专题性计划。

按内容性质分：工作计划、学习计划、营销计划、科研计划等。

### （三）计划的作用

一是行动的纲领：减少未来工作的盲目性和随意性。
二是实施管理的重要手段：对管理活动进行协调、控制以减少决策与指挥的失误。
三是评估、考核工作的重要参照系。

### （四）计划的要素

背景和前提。
任务和指标。
措施和步骤。
应变与弹性。
计划实施的具体时间。

### （五）计划的结构

**1. 标题**

（1）完整式（计划单位、计划时限、内容和文种）。如“上海市2006年政府规章制定计划”“广州市水利局2006年工作计划（初稿）”。

（2）省略式。如“厂设备改造方案”“业务进修计划”。

**2. 正文**

（1）条文式。

正文一般由前言、主体、结尾三部分组成。

（2）表格式。

表格式计划的正文一般由表格和文字说明两部分组成。

（3）条文表格结合式。

条文表格结合式计划的正文一般由两部分构成：一部分为计划表格，另一部分为计划的编制说明。

**3. 署名与日期**

（略）

### （六）制订计划的要求

一是切合实际。
二是明确具体（目的、指标、措施、步骤、时间）。
三是留有余地。

## 五、写作训练

完成“一、情境写作”所设题目。

# 第二节 总　　结

## 一、情境写作

结合自己的学习实际，写一份“学期学习总结”。要求：
一是内容、形式要符合总结文种要求。
二是特别注意结构完整、总结全面及人称的使用。

## 二、范文、简评及仿写须知

【范文】

### ××大学政治发展与政府管理研究所年度总结

××大学政治发展与政府管理研究所成立于1999年7月，2000年12月被批准为教育部人文社会科学重点研究基地——政治学基地。本所主要承担国家社会科学基金项目、教育部人文社会科学基金项目、北京大学基金会项目的科研攻关工作。本所还自筹资金开展重大课题的立项和研究工作。现就本所一年来的工作情况总结如下：

一、主要工作情况

（一）制定“十五”科研规划

为推动我所政治学研究的深入发展，为更好地适应改革开放和社会主义现代化建设的需要，根据教育部有关文件要求，在广泛征求专家学者意见的基础上，经过多次讨论，我所制定了××大学政治学研究基地“十五”科研规划。该规划对我国“九五”期间政治学研究状况、“十五”期间政治学研究发展趋势、主要目标和重点研究领域进行了论证。在此基础上，提出了“十五”期间本基地的重点研究课题，以及这些重大研究课题面向全国招标的具体办法。

（二）启动多项重大科研项目

今年以来，我们先后启动多项研究项目。其中重大研究项目有：

1. 当代中国政府管理与发展的基础理论研究。该项目由谢庆奎教授、陈庆云教授主持，下设有政府管理与发展基本理论研究、政府绩效管理研究、公共政策分析等3个子课题。

2. 渐进政治体制改革与中国政治发展研究。该项目由徐湘林博士主持，下设社会转型期中国政治发展的理论与模式研究、中国社会经济发展过程中的权力结构调整分析等2个子课题。

3. 加入WTO对中国中央政府管理体制和地方政府管理体制的影响。该项目由黄恒学教授主持，下设有WTO的规则和组织体系研究、WTO与成员国的相互关系研究、中国现行政府管理体制与WTO规则的差异研究、加入WTO与中国政府管理体制转变等4个子课题。

（三）健全组织机构和规章制度

为做好管理工作，本所多次召开所务会议，研究落实有关管理制度。根据会议研究决定，我所设立学术委员会作为学术指导机构，设立顾问委员会作为顾问咨询机构，学术委员会聘请著名政治学家、吉林大学王惠岩教授担任主任，聘请王乐夫、王邦佐、王浦劬、李景治、李景鹏、陈庆云、刘德厚、俞可平、徐大同、徐鸿武、曹沛霖、谢庆奎担任学术委员会委员；顾问委员会聘请著名政治学家、北京大学赵宝煦教授担任主任，聘请梁守德、丘晓、李忠杰、沈仁道、陈哲夫、张永桃、张汉清、张德信、赵存生、夏书章担任顾问委员会委员。为实现科研管理的科学化和规范化，我所还制定了《学术委员会暂行章程》《科研项目管理暂行办法》《科研经费管理暂行办法》《科研人员聘任暂行办法》《匿名评审暂行条例》《图书资料设备管理暂行条例》《项目管理奖惩办法》等多项规章制度。

（四）设立学术研究中心

为更好地开展学术研究和学术合作，根据实际需要，自4月份以来，我所先后成立了7个学术研究中心。它们分别是：北京大学中国地方政府研究中心，由谢庆奎教授任主任；北京大学中国社会团体研究中心，由李景鹏教授任主任；北京大学公共政策研究中心，由陈庆云教授任主任；北京大学廉政建设研究中心，由李成言副教授任主任；北京大学电子政府研究中心，由杨凤春副教授任主任；北京大学国民素质研究中心，由解思忠研究员任主任；中国人民代表大会制度研究，由蔡定剑研究员任主任。以上7个研究中心均自带项目、自筹经费开展研究。

（五）召开“当代中国政治发展与政府管理”学术研讨会

为促进政治学科的学术交流与发展，经认真筹备，我所于2001年5月11—12日在北京大学召开“当代中国政治发展与政府管理”学术研讨会。出席会议开幕式的领导有：教育部社政司副司长阚延河、副处长田敬诚、北京大学党委副书记赵存生、副校长何芳川、社科部部长程郁缀等人。出席会议并参加研讨的学者有：著名学者赵宝煦、夏书章、丘晓、王惠岩、徐大同、曹沛霖等，国家行政学院行政管理教研部负责人刘熙瑞教授、吉林大学行政学院院长周光辉教授、南开大学政法学院院长朱光磊教授、中国政法大学政治与行政学院院长张桂琳教授、深圳大学管理学院院长黄卫平教授、中国人民大学国际关系学院院长李景治教授、中央编译局当代所所长俞可平教授等兄弟院校学术代表，以及本基地专兼职研究人员80余人。本次会议主要就以下问题进行研讨：

1. 中国政治发展的目标和动力。
2. 中国政治发展的主要领域。
3. 经济全球化对当代中国政治发展的影响。
4. 中国政府管理方式的现代化、科学化。

（六）接受教育部领导现场检查

6月6—8日，教育部普通高校人文社会科学重点研究基地负责人会议在北京举行。经抽签，本基地被确定为北京大学接受与会代表现场参观检查的两个基地之一。6月7日，教育部领导、北京大学领导、各兄弟基地代表共40人莅临本基地进行现场检查。大家在听取了本基地主任谢庆奎教授就基地基本情况、项目进展情况、对外合作情况所做的介绍之后，先后参观检查了办公室、研究室、资料室、计算机房，对我基地开展研究和图书资料情况普遍感到满意。

（七）筹备教育部政治学片基地主任暨学术研讨会

根据教育部今年6月基地主任会议精神，要求分片交流，加强基地建设。政治学片基地主任小组会议提出，年内召开政治学片基地主任会议，交流基地建设经验，并进行学术研讨。为此，我所决定与北京大学邓小平理论研究中心联合召开政治学片基地主任暨学术研讨会。会议时间定为12月下旬。研讨会的主题是：邓小平政治与政府管理的思想与实践；邓小平民主政治思想；邓小平政治体制改革思想；“三个代表”对邓小平政治思想的丰富和发展；市场经济条件下政府管理目标与模式；入世与政府管理模式的转变。现在，有关工作正在筹备之中。

（八）筹办《政治学年鉴》和《政府管理研究》杂志

为及时总结我国政治学研究的重大成果，我所决定成立《政治学年鉴》编辑委员会，聘请石志夫教授任主编，编辑出版自1949年以来的《政治学年鉴》。此外，我所还与北京大学政治学与行政管理系联合向有关部门提出申办《政府管理研究》季刊，目前正等待批准。

二、主要经验

一年来，在教育部社政司和校领导的支持下，我所有条不紊地开展科研工作，并取得了一些阶段性成果。至于如何更好地搞好基地建设，总结起来，我们的体会有以下几条：

（一）院系重视是搞好基地建设的关键

由于我所的成立时间不长，家底比较单薄。目前，基地建设还存在不少实际困难，如缺少办公经费、办公人员、办公用具、电脑设备、图书资料等。在这方面，北京大学政治学与行政管理系为我们提供了大力支持，大大改善了我所的科研条件。

（二）基地建设当以千方百计出成果为己任

我所作为教育部政治学研究基地，其意义在于应当能够成为国内政治学科研究的知识创新基地、科研成果基地，应当使自身的政治学研究水平居于全国领先水平。为此，我所必须千方百计产出优秀成果。我们的经验是：既要将科研工作当作头等大事来抓，又要积极吸收其他研究机构的政治学研究成果。例如，中国政法大学陈红太副教授提出使用我所名义出版《当代中国政府体系》一书，我们经评审，认为该项研究具有一定的学术水平，与作者达成协议，要求其在出版著作封面显著位置注明“教育部人文社会科学重点研究基地基金资助”以及“北京大学政治发展与政府管理研究所”名称。这样，该书已经成为我所的研究成果。

（三）多渠道筹集科研经费，拓宽科研渠道

增加产出科研成果离不开经费的支持。为了拓展科研资金渠道，我所鼓励自筹资金、自带项目入所工作。目前这项工作进展顺利，已经成立7个研究中心。例如，我所专职研究人员李成言副教授与北京市东城区合作，由东城区提供研究经费25万元，立项课题“北京市廉政建设研究”，成立北京大学廉政建设研究中心，科研成果归我所拥有。

（四）关注重大现实问题，提高研究敏锐度

基地既要研究重大理论问题，也要研究重大现实问题。我所工作的一个重要指导思想，就是各项研究工作必须具有问题意识，应当自觉地服务于我国的社会主义现代化建设，服务于我国政治发展和政府管理实践。为此，在重大项目的立项上，我所优先考虑研究重大现实问题。比如，在考虑2001年度的基地重大研究项目时，我们几经权衡，最后决定申报的题目是“加入WTO对中国中央政府管理体制和地方政府管理体制的影响”。

（五）设置不兼职的基地主任，确保各项工作的落实

我所的基本做法是：设置不兼职所长，专门负责基地建设。另外，我所各设有专职办公人员、设备管理员和资料员各1名。我所所务机构7人中，有5人不兼职。现在看来，基地的主要负责人不兼任其他职务，可以集中精力管理基地工作，有利于提高基地的管理水平和加强其他制度建设。

三、存在问题

在实际工作中，有一些问题还需要解决。

（一）在对教育部下拨经费的使用问题上，学校的规定还不够灵活

有时候，科研工作启动以后，急需研究经费支持，但基地却捉襟见肘。建议给予基地一定的经费使用自主权。

（二）学校的办公人员经费迟迟不能下拨，影响正常工作的开展

到目前为止，学校对办公和行政人员的配套经费还没有着落，我所聘请的专驻所研究人员以及行政人员至今没有岗位津贴。

（三）基地是实体，但不落实

目前，有些学校把基地作为实体来建设和管理，但有些学校则不准备把基地建成实体。如果基地实体不实，没有办公房子和经费，那么，许多问题就没法解决。

**【简评】** 这是一份典范总结。先回顾工作，后总结经验并指出不足，主旨明确，不虚美，不隐恶。结构完整，格式规范，文字简练，语体适宜。

**【仿写须知】** 仿写时要注意结构完整、语体适宜，文面形式各方面不走样。

## 三、其他例文

**【例文】**

### 2006年科技工作总结

一年来，市科委全面贯彻落实党的十六大和十六届五中、六中全会、全国科技大会精神，贯彻落实市委八届八次、九次、十次全会和全市科技大会精神，按照科学发展观的要求，围绕创新型城市建设需要，以增强自主创新能力为主线，突出支撑引领作用，全力组织实施《天津市中长期科学和技术发展规划纲要》（以下简称《纲要》）和《天津市科技发展“十一五”规划》（以下简称《规划》），狠抓各项工作措施的落实，实现“十一五”的良好开局。全年完成高新技术产值2 710亿元。专利申请达到13 299件，发明专利申请量占38%，专利授权量为4 159件。市级科技成果登记1 559项，技术市场交易额达到58.9亿元。205项科技成果获得市级科技奖励，12项科技成果获得国家科学技术奖。全社会研发经费支出占地区生产总值的比重预计达到2.1%。国家科技部全国省市科技进步统计监测结果显示，我市综合科技进步水平继续位居全国第三位。

一、实施一批具有带动作用的科技项目、一批科技大项目进入国家各类计划

围绕《纲要》和《规划》确定的重点领域和创新方向，我们全年共组织落实各类科技

项目734项。其中组织实施23个市科技创新专项资金项目，科技创新专项资金项目达到32个，每个项目平均投入市财政资金近千万元，一批具有带动作用的重大科技成果得到转化和产业化。这些项目的实施，引进高水平研发团队7个，预计新增产值80亿元，利税9亿元，将为我市培育出一批新的经济增长点。落实科技支撑、应用基础和前沿技术研究、科技成果转化与产业化推进、科技创新体系和条件平台建设等各类科技计划项目596项。这些项目的实施，集结了市内外科技力量，形成协同推进创新型城市建设的良好局面。

海水淡化与综合利用成套技术研究和示范、新能源汽车、半导体照明等123个科技大项目进入国家层面，成为国家“十一五”（863、973）重大科学研究、科技支撑等主体计划的重大（重点）科技项目，显示了我市在海水淡化及综合利用、新能源、电动汽车、新药创制、干细胞、新材料等领域的国内领先优势。

二、科技先行推进滨海新区开发开放

我们编制了滨海高新区发展规划、滨海新区“十一五”科技发展规划、滨海新区综合配套改革试验区科技和人才体制改革专项方案，完成滨海高新区发展规划研究，滨海高新区规划建设全面启动。明确了推进滨海新区开发开放的科技和人才体制改革的思路和工作重点，提出了在科技创新和吸引人才上先行先试的相关政策措施，通过抓好强化企业技术创新主体地位、全面推进研发转化基地建设、创新科技投融资制度和政策、创新人才制度、加快科技服务体系建设、创新知识产权制度、加强区域科技合作和创新科技管理体制等8项重点任务。专项方案已得到科技部正式函复支持。在滨海新区组织召开了海水淡化及水再生利用国际研讨会暨设备展览、环渤海技术转移与区域合作滨海论坛、全国火炬计划工作会等大型会议。

一批国家科技资源集结滨海新区。在深入推进我市与国家科技部部市工作会商机制和与中国科学院、中国工程院、军事医学科学院、中国医学科学院、国家民航总局、中航集团、电子科技集团、清华大学等全面科技合作的基础上，围绕大型高性能服务器、遥感技术应用、半导体照明、干细胞技术应用、工业生物技术等建立了一批联合研发转化基地。我市与科技部签订了共建国家生物医药国际创新园的协议。国际创新园的核心和标志——天津国际生物医药国际创新园于12月19日奠基。国家科技部徐冠华部长、戴相龙市长等部市领导出席了奠基仪式，并为联合研究院首任院长饶子和院士以及中国科学院、中国医学科学院、军事医学科学院等选派的副院长颁发了市政府的聘书。与中科院合作实施的28个院市科技合作项目，其中产学研合作的科技成果转化项目16项，共建研发机构12个，都取得阶段性进展。

一批国际科技资源聚焦滨海新区开发开放。在科技部和意大利卫生部的支持下，我市与意大利6个研发机构和企业达成合作共建的中意中医药联合实验室揭牌成立。与全欧洲应用科学研究领域最大的科研机构——德国弗朗霍夫研究院达成科技合作意向，将共同推动生物医药、能源、环保等领域科技成果的转化与产业化。在科技部支持和推动下，围绕国家生物医药国际创新园，在美国和欧洲举行了一系列推介活动。下半年，已有百余人次的留学生、外国专家来津考察。目前，已有十几个留学生团队带戒烟新药、肝炎治疗药物、新型无痛微细针药物释放技术、治疗老年痴呆药物、RNA干扰药物、基因工程人胰岛素等一批具有国际领先水平的科技成果在新区研发转化。

三、科技创新取得新突破

在电子信息领域，CMOS图像传感器、ADSL宽带接入、数字电视机顶壳芯片研发及产业化、基于AVS标准的数字电视解码芯片、基于UTI标准的机卡分离数字电视芯片研发取得突破，自主研发的锂离子电池保护电路系列芯片、35kV/1500A超导限流器和大型客机飞行训练与机务人员训练器，达到国内领先水平并填补国内空白。开发出国内首个具有完全自主知识产权的LDAP目录服务系统，打破了国外厂商的垄断；在生物技术与现代医药领域，间充质干细胞血液病注射液、西夫韦肽、重组腺病毒肝细胞生长因子等一批创新药物进入Ⅱ期临床试验阶段。植物甾醇生物法转化雄烯二酮完成中试试验并实现小批量生产。通过发现和使用新菌种，自主开发出用于农业、制药和食品等行业的生物新材料普鲁兰多糖，成为继日本后全球第二个生产国；在高端科学仪器领域，自主开发出系列高品质液相色谱填料和色谱柱等3大类40余个品种200多个规格的产品，并合作开发出国内第一个全自动快速色谱纯化系统，部分专利产品为国际或国内独创产品。

应用基础研究取得成效。全市发表学术论文1.5万篇，我市成为发表高影响论文和国际论文数最多的地区之一。分子基磁性材料、抗菌肽肿瘤疫苗等一批原始性创新成果受到国际学术界的关注。通过应用基础研究，申请发明专利200项，授权发明专利42项；培养出站博士后24人，毕业博士141人，毕业硕士358人。

**四、自主高新技术产业取得新发展**

新建华苑环外软件新园和空港保税软件园，聚集了一批大型软件企业和出口企业。全市软件企业超过500家，软件从业人员2万余人，软件产品登记达到585个，软件著作权登记974个，软件产业继续保持良好发展态势。1—11月，软件产业销售收入92.4亿元，出口额6.7亿元，其中纯软件产品销售收入实现34.6亿元，出口额1.6亿元。通过科技成果转化和产业化，形成了大型高性能服务器、半导体照明用材料和器件产业化基地、锂离子动力电池、调制解调器芯片组等高新技术产业化基地，成为具有自主知识产权高新技术产业发展的新的增长点。其中，通过与中科院合作，建成了大型高性能服务器的产业化基地，7月投产即实现日产400多台服务器的生产能力，形成了年产10万台的产业规模，预计销售收入将达到29亿元，带动相关产业增加10亿元以上的产值，为我市电子信息第一支柱产业又增添了一个大增长点。新能源产业继续保持快速发展。支持力神公司开发出新型的锂离子动力电池。1—11月全市新能源产业销售收入近65亿元。具有自主知识产权的幸福使者电动汽车继续进军国际国内市场，实现向美出口403辆，累计达到515辆，其性能得到美国商界和用户的广泛好评。开发出国内领先水平的2吨/天的电池专用粉碎机，成为我国废旧电池资源化和无害化处置的技术装备。

安排3 300万元的科技型中小企业技术创新资金，重点支持111个中小企业创新发展和快速成长。成立了天津科创天使投资有限公司，对20家初创期科技型企业注入股本金600余万元。建立了高新技术成果认定转化制度，首批认定的34个市级高新技术成果将得到相关优惠政策支持，其中25个转化项目已被列入科技计划，得到政府资金支持。启动实施了服务于广大中小制造业企业信息化的ASP平台建设和示范应用项目，将在广泛提升中小企业设计水平、生产管理术平和营销水平上发挥重要作用。

**五、增强优势产业创新发展后劲**

中药现代化工程今年重点推动了大品种战略和国际化战略，启动了“中药大品种群系统开发”项目，在三年内将连续支持20～30个具有市场潜力的中药品种。到“十一五”末，本市销售收入过亿的中药大品种由目前的3个将增加到20个以上，在国内，中药大品种的份额由目前的1/10提高到1/3。同时，两个中药产品进入国家科技部国际化项目，使我市继续保持在中药现代化、国际化和规模化上的领先地位。支持开发出三厢C系列中档轿车，提升环保经济型轿车的自主创新能力。在装备制造业方面，支持板材成型液压机的研制和产业化。通过建立完善制造业信息化技术创新与服务体系，使制造业信息化工程深入到汽车、机电、冶金、化工、电子信息、轻工、纺织、医药等优势行业，596家制造业信息化示范企业，取得了1 084项专利；推动了先进的计算机辅助设计技术在天津一汽、十八所和陈塘电厂的应用推广。通过力学分析技术应用，我市汽车、燃料电池极板、电厂冷却塔节能技术与装置设计水平大幅提高。我市成为科技部“十一五制造业信息化科技工程”协调指导小组成员单位，将牵头负责华北与东北八省市的制造业信息化组织推动工作，部署实施企业技术创新引导工程。

六、科技支撑社会发展和城市建设

启动了重大疾病与遗传性疾病防治、公共卫生、港口建设、智能交通技术、公共安全与减灾防灾、城市人居环境等技术的研发与应用。大面积超深复杂地下工程综合技术、插入式箱筒型基础防波堤和护岸技术、地面沉降控制技术等攻关，为我市重大城市建设工程提供了有效的技术保障。载药支架关键技术与临床应用、恶性肿瘤体细胞大规模繁育及临床规范化治疗、干细胞移植及相关技术诊断等医疗技术应用，为确保全市人民健康生活提供了技术支撑。围绕节水和水资源开发与综合利用、饮用水安全保障、食品安全、蔬菜良种创新与产业化、物流系统开发与应用等，实施了6项技术集成应用和重大示范工程建设项目。其中，石化企业节水减排科技创新工程，解决了当前企业面临的节水瓶颈问题，对企业节水、污水回用和水资源管理等技术进行集成创新和应用，工程完成后企业实现年节水800万吨以上。通过实施自来水膜法饮用水处理技术研究及示范工程，将大幅度提高本市自来水水质，确保全市饮用水的安全供给。组织实施了科技强警技术研发和应用，我市被国家科技部、公安部列为科技强警示范城市。

贯彻落实国务院《全民科学素质行动计划纲要》和《天津市“十一五”科学普及工作发展纲要》，加大了对各类领导干部、青少年和农村党员干部及群众的科技素质培训力度，大力提高全民科学素质。启动了新型科普传播平台建设工程，将在“十一五”期间，在全市市民集中活动区建设一批大型示范科普显示屏，形成科普大屏幕群和科技文化传播系统。

七、科技支撑新农村建设

围绕社会主义新农村建设需要和都市农业特点，组织实施了蔬菜大品种良种选育、猪肉数字化检测等重大科技创新项目，启动实施了40余项农业科技攻关项目和20项农业科技成果转化项目，推动太阳能、沼气、生态农业、农产品深加工和农业信息化技术在农村建设和农业发展的广泛应用。通过在8个区县新建农业科技信息系统9个核心示范区和15个示范点，开展了“农业短信＋专家系统”“农业科技书屋＋专家系统”等不同模式的示范，带动15 000多个农户，户增效益500元以上。围绕我市区域农业产业特点，加大了农产品深加工、蔬菜育种等技术攻关和推广，提高了农业增效和农民增收能力。

八、加强科技进步环境和科技创新体系建设

新增国家部级重点实验室1个，市级以上重点实验室达到50个；新增国家部委级工程技术研究中心5个、市级工程技术中心9个，市级以上工程技术中心达到44个。支持中机集团四院集体迁入天津，组建了汽车制造装备工程中心。海泰科技企业孵化器被科技部批准为国家级创业服务中心，国家级科技企业孵化器达到5个。天津滨海生产力促进中心成为我市第二个国家级生产力促进中心。通过大型科研仪器协作共用网，入网的高端大型科研仪器开展社会化技术服务超过17万小时，增强了科研院所、大学面向社会科技服务的意识和能力。

加快科技投融资体系建设。围绕中长期科技发展规划纲要的实施，在继续推动创业投资发展的同时，继续加大吸引海外创业资本力度。新增创业投资机构3家，全市创投机构数和注册资本额达到68家和44.1亿元，建立了国内第一个专注于生命科技领域的博乐（天津）生命科技创业投资基金，建立了3支总规模超过2亿元的天使投资基金，与国家开发银行天津市分行等合作建立了面向科技型中小企业和高新技术成果转化的融资平台，在探索知识产权质押贷款和打包贷款上进行了有益探索。

贯彻落实国务院《关于实施科技规划纲要增强自主创新能力的若干政策措施》，完成并由政府颁布了《天津市实施科技规划纲要建设创新型城市的政策措施》。贯彻国务院《关于推进滨海新区开发开放的若干意见》，会同财政局、地税局、国税局修订了我市高新技术企业认定管理办法。新办法将新型业态企业纳入高新技术企业认定范围，将研发投入范围扩大为“企业技术开发费”。根据公布新的高新技术企业认定管理办法，受理了第一批131家认定高新技术企业的申请，已有88家高新技术企业获得批准，享受到相关优惠政策的扶持。

科委办公室
2007年2月14日

**【简评】**这是一份一般的工作总结，成绩、经验总结得都很到位。

## 四、知识链接

### （一）总结的概念

总结是本部门、本单位或个人对已经完成的实践活动实事求是地进行回顾、评估，从中找出经验教训，提炼出有指导意义的理论认识的文书。

### （二）总结的种类

根据不同的分类标准，可将总结分为许多不同的类型。

（1）按时间分，有月份总结、季度总结、半年总结、年度总结、一年以上的时期总结等。

（2）按范围分，有个人总结、班组总结、单位总结、行业总结、地区总结等。

（3）按性质分，有工作总结、教学总结、学习总结、科研总结、思想总结、项目总结等。

（4）按内容分，有全面总结、专题总结等。

区分以上总结的种类，目的在于明确重心、把握界限，为构思写作提供方便。但上述分类不是绝对的，相互之间可以相容、交叉。如《××大学1999年度工作总结》，按性质讲是工作总结，按范围讲是单位总结，按时间讲是年度总结，按内容讲是全面总结。同时，大学的工作总结不可能不涉及教学和科研，那么它也包含了教学总结和科研总结的成分。这说明在总结的分类上，应灵活掌握，不必过于拘泥。

### （三）总结的特点

**1. 自我性**

总结是对自身社会实践进行回顾的产物，它以自身工作实践为材料，采用的是第一人称写法，其中的成绩、做法、经验、教训等，都有自指性的特征。

**2. 回顾性**

总结是回顾过去，对前一段的工作进行检验，目的是做好下一段的工作。这一点与计划正好相反。计划是预想未来，对将要开展的工作进行安排。总结和计划这两种文体的关系是十分密切的：一方面，计划是总结的标准和依据；另一方面，总结又是制订下一步工作计划的重要参考。

**3. 客观性**

总结是对前段社会实践活动进行全面回顾、检查的文种，这决定了总结有很强的客观性特征。它是以自身的实践活动为依据的，所列举的事例和数据都必须完全可靠，确凿无误，任何有违事实的做法都会使总结失去应有的价值。

**4. 经验性**

总结还必须从理论的高度概括经验教训。凡是正确的实践活动，总会产生物质和精神两个方面的成果。作为精神成果的经验教训，从某种意义上说，比物质成果更宝贵，因为它对今后的社会实践有着重要的指导作用。这一特性要求总结必须按照实践是检验真理的唯一标准的原则，去正确地反映客观事物的本来面目，找出正反两方面的经验，得出规律性认识，这样才能达到总结的目的。

### （四）总结的结构

总结一般由标题、正文和尾部三部分组成。

**1. 标题**

总结的标题大体上有两类构成形式：一类是公文式标题；另一类是非公文式标题。公文式标题由单位名称、时间、事由、文种组成，如“××集团公司2000年度思想政治工作总结”“××县2000年普法工作总结”，有的只写“工作总结”等。非公文式标题则比较灵活，有的为双行标题，如“增强体质，全面贯彻执行教育方针——开展多种形式的体育活动”，有的为单行标题，如“推动人才交流，培植人才资源”等。

**2. 正文**

总结正文的结构由前言、主体和结尾组成。

（1）前言。

即正文的开头，一般简明扼要地概述基本情况，交代背景，点明主旨或说明成绩，为主体内容的展开做必要的铺垫。

（2）主体。

这是总结的核心部分，其内容包括做法和体会、成绩和问题、经验和教训等。这一部分要求在全面回顾工作情况的基础上，深刻、透彻地分析取得成绩的原因、条件、做法，以及存在问题的根源和教训，揭示工作中带有规律性的东西。回顾要全面，分析要透彻。

不同类型的总结，内容有所侧重。全面性总结其主体包括两个层次，即成绩和经验、存在的问题和教训。对于一般的工作总结，重点应放在成绩和经验上。

总结正文的结构，主要采用逻辑结构形式。全面性总结是根据过去一段工作中的成绩和问题，或者经验和教训的内在联系去组织材料。专题性总结则以经验为轴心去组织材料。

（3）结尾。

可以概述全文，可以说明好经验带来的效果，可以提出今后努力方向或改进意见。

**3. 尾部**

包括署名和时间两项内容。如果标题中已有署名，这里可不再写。

### （五）撰写总结应注意的问题

**1. 要有实事求是的态度**

工作总结中，常常出现两种倾向：一种是好大喜功，搞浮夸，只讲成绩，不谈问题；另一种是将总结写成了“检讨书”，把工作说得一无是处。这都不是实事求是的态度。总结“回顾的理论性”正是反映在如实地、一分为二地分析、评价自己的工作上，成绩不夸大，问题不淡化。

**2. 总结要写得有理论价值**

一方面，要抓主要矛盾，无论是谈成绩还是谈问题，都不要面面俱到。另一方面，对主要矛盾要进行深入细致的分析，谈成绩要写清怎么做的、为什么这样做、效果如何、经验是什么；谈问题，要写清是什么问题、为什么会出现这种问题、其性质是什么、教训是什么。这样总结，才能对前一段的工作有所反思，并由感性认识上升到理性认识。

**3. 总结要用第一人称**

也就是说，要从本单位、本部门的角度来撰写。表达方式以叙述、议论为主，说明为辅，可以夹叙夹议。

## 五、写作训练

完成“一、情境写作”所设题目。

# 第三节　会议记录

## 一、情境写作

结合班级情况，写一份“班会记录”。要求：

一是内容要符合要求。

二是文面形式不走样。

## 二、范文、简评及仿写须知

**【范文】**

### ×××公司项目会议会议记录

会议名称：×××公司项目会议

时间：1998 年 9 月 1 日

地点：公司会议室

出席人：×××、×××、×××、×××

缺席人：×××

主持人：×××（公司副总经理）

记录：×××（办公室主任）

一、主持人讲话：今天主要讨论一下“中国办公室”软件是否投入开发以及如何开展前期工作的问题。

二、发言：

技术部×××：类似的办公软件已经有不少，如微软公司的 Word、金山公司的 WPS 系列，以及众多的财务、税务、管理方面的软件。我认为首要的问题是确定选题方向，如果没有特点，千万不能动手。

资料部×××：应该看到的是，办公软件虽然很多，但从专业角度而言，大都不很规范。我指的是编辑方面的问题，如 Word 中干脆将行政公文这一块儿忽略掉，而书信这一部分也大多是英文习惯，中国人使用起来很不方便。WPS 是中国人开发的软件，在技术上很有特点，但中国的编辑水平很低，离专业水准很远。我认为我们定位在这一方面是很有市场的。

市场部×××：这是在众多“航空母舰”中间寻求突破，我认为有成功的希望。关键的问题就是软件必须小巧，并且速度极快。因为我们建造的不是“航空母舰”，这就必须考虑到兼容问题。

主持人：综合考虑上述情况，公司决定将“中国办公室”软件投入开发。初步的技术方案要在 10 天内完成，资料部要在 3 个月内完成资料编辑工作，系统集成要在 20 天内完成。该软件预定于元旦投放市场。

散会。

主持人：（签名）

记录人：（签名）

**【简评】**这份专题会议记录记录准确，要点清晰，格式规范，文字、语体等方面均合乎要求。

**【仿写须知】**仿写时要注意文面形式各方面不走样。

## 三、其他例文

【例文1】

### 民主生活会会议记录

会议名称：民主生活会
时间：×××
地点：×××
主持人：×××
记录人：×××
出席人员：×××
一、主持人×××

同志们，今天的民主生活会，主要有两个内容：一是在认真学习两个《条例》后，怎样进一步学好、贯彻落实好；二是通报民主测评情况。

关于两个《条例》，我们已组织党员干部分期、分批进行了学习。两个《条例》的颁布实施，一方面体现我们党以民主监督的形式保证了党的队伍纯洁性，保证了党的纪律的严肃性；另一方面将法律机制引入党的队伍建设中来，使执政党的地位得到进一步的巩固和加强。作为一名党员、一个干部，怎样通过学习贯彻落实两个《条例》来保持共产党员的本色，这是我们这次民主生活会的主要内容之一，也是摆在每个共产党员及每个干部面前的一项重要的政治任务。当然，我们要教育别人，首先要受教育，自己学得好、过得硬，然后才能去教育人，才能有说服力。平时我们不仅要管好自己，还要管好配偶、子女和身边的人，使周围的人通过学习获得正确的权力观、地位观、利益观，忍得住清苦，耐得住寂寞，管得住小节，经得起诱惑，不断提高拒腐防变的能力。我作为一个书记更应严格要求自己，认真学习和遵守两个《条例》，做好表率。

街道的测评分数已发下来了，我也和班子成员进行了个别交流。总的来说，在居民的心中，我们的班子是一个凝聚力强、团结和睦、办事能力很强的团体，所以居民也给了我们很高的评价，打的分也很高，街道的领导也给予了肯定与认可。希望大家在今后的工作中发扬成绩，纠正不足，争取更大的成绩。目前，我们将面临社区整合、换届改选，我首先要端正态度，随时听从组织安排，在其位谋其政。大家也要有正确的认识，做好本职工作。下面，请各位同志结合自己的工作实际谈谈感想以及对今后工作的打算和建议。

二、发言者

（一）×××：虽然说在居委会我算是一名老同志了，但是作为一名新党员，我还有许多要学的，如怎样做才能成为一个合格的党员等。在工作中我会带好新同志，让他们真正能独立完成工作，也会尽自己的力量做好领导的助手，为领导出谋划策。

（二）×××：我进居委会已有半年。在这期间我最大的感受就是社区居委会的氛围好。这不是说这里的环境好，而是说社居委的团结。不管是领导还是各位老师傅，都给了我很大的帮助。李书记亲自教我怎样与居民打交道、如何做好工作台账、怎样做一个居民心中的好干部。老师傅们也经常带着我到新村里去熟悉环境，以便我今后更好地工作。所以我工作起来心情好了，积极性也高了。我的缺点是有时做事粗心，考虑问题不够周全，魄力不够大。我一定在今后的工作中努力改正这些缺点，把工作做得更好，当好领导的助手。

（三）×××：我们居委会就像个大家庭一样，在这里工作很愉快，居委会老干部们都很照顾我，让我感觉在这个环境工作很舒服。我也有些不足之处，比如说：不经常去新村走动，以至于有些人对我不是很熟悉。另外，可能是由于性格比较内向，我做事没什么魄力，没什么冲劲，这一点，我会在以后的工作中争取改进。在今后的工作中，我会更加认真，努力做好本职工作。

主持人：同志们的发言很实在，说出了心里话，我对今后的工作更有信心了。希望同志们在今后工作实践中，进一步贯彻“三个代表”的重要思想，联系各自的思想实际、工作实际，学习、贯彻、落实好两个《条例》，使班子更团结，工作更有劲，社区更先进。

散会。

主持人：（签名）
记录人：（签名）

【简评】记录忠实于原意，详略得当，格式正确。

## 四、知识链接

### （一）会议记录的概念

会议记录指在会议进行过程中由负责记录的人员将会议进行情况、发言和决议等项内容记载下来的文字材料。

### （二）会议记录的内容

会议记录内容包括会议的全部情况：时间、地点、主持人、参加者。会议记录主体是会议报告、发言，必须详尽记录；必要时，报告或发言时的会场气氛、发言人的表情、手势等也应包括在内。

### （三）会议记录的特点

**1. 综合性**

会议记录是在对会议记录中各种材料、与会人员的发言以及会议记录简报等进行综合分析和概括提炼的基础上形成的，它具有整理和提要的基本特点。

**2. 指导性**

这一特性包含两层含义：一是会议记录本身的权威性；二是会议记录集中反映了会议的主要精神和决定事项。因而会议记录一经下发，将对有关单位和人员产生约束力，起着类似于指示、决定或决议等指挥性公文的作用。会议记录还可以作为与会同志向单位领导汇报、向群众传达的文字依据。

**3. 备考性**

一些会议记录主要不是为了贯彻执行，而是向上汇报或向下通报，必要时可作查阅之用。

### （四）会议记录的分类

按照会议性质来分，会议记录大致有办公会议记录、专题会议记录、联席会议记录、座谈会议记录等。

### （五）会议记录的结构

一般会议记录的格式包括两部分：一部分是会议的组织情况，要求写明会议名称、时间、地点、出席人数、缺席人数、列席人数、主持人、记录人等。另一部分是会议的内容，要求写明发言、决议、问题，这是会议记录的核心部分。

对于发言的内容，一是详细具体地记录，尽量记录原话，主要用于比较重要的会议和重要的发言。二是摘要性记录，只记录会议要点和中心内容，多用于一般性会议。

会议结束，记录完毕，要另起一行写“散会”二字，如中途休会，要写明“休会”字样。

### （六）会议记录的写作要求

会议记录是进一步研究工作、总结经验的重要材料。因此会议记录有如下写作要求：

**1. 准确**

要如实地记录别人的发言，不论是详细记录，还是概要记录，都必须忠实于原意，不得添加记录者的观点、主张，不得断章取义。尤其是会议决定之类的东西，更不能有丝毫出入。

**2. 不漏要点**

记录的详细与简略，要根据情况决定。一般来说，决议、建议、问题和发言人的观点、论据材料等要记得具体、详细。一般情况的说明，可抓住要点，略记大概意思。

**3. 始终如一**

始终如一是记录者应有的态度。这是指记录人从会议开始到会议结束都要认真负责地记到底。

**4. 注意格式**

格式并不复杂，一般有会议基本情况（基本情况包括：时间、地点、出席人数、主持人、缺席人、记录人）和会议内容。会议内容是会议记录的主要部分，包括发言、报告、传达人、建议、决议等。

凡是发言，都要把发言人的名字写在前面。一定要先发言的记录于前，后发言的记录于后。记录发言时要掌握发言的质量，重点要详细，重复的可略记，但如果是决议、建议、问题或发言人的新观点，要记得具体详细。

做会议记录，速度要快，要认真听取别人的发言，同时根据会议的主旨选择内容，记好要点。

## 五、写作训练

完成“一、情境写作”所设题目。

# 第四节　规章制度

## 一、情境写作

结合班级情况，写一份“教室公约”。要求：内容要符合国家法律规定，文面形式要注意细节。

## 二、范文、简评及仿写须知

【范文】

### ×××实训基地教室文明公约

教室是进行教学活动的重要场所，由基地办统一管理，依据教学计划调配使用。为有效利用教室资源，保证教学活动的正常开展和教学秩序的稳定，特制定本公约。

所有使用教室人员均应遵守以下规定：

一、教室内原则上只安排、接纳教学活动。非教学活动需使用教室时，必须办理借用手续。

二、进入教学楼须佩戴学员证或携带相应证件，须注意个人形象，穿着应整洁、大方、得体，严禁穿背心、短裤和拖鞋进入教室。

三、教室内必须保持安静，禁止大声喧哗、打闹。上课时须关闭手机或将手机设置成静音状态。

四、遵守教室管理规定，保持教室整洁。自觉维护教室卫生，不在教室、楼道及教学区内随地吐痰、乱丢各种废弃物，不随意张贴各种告示、字条等。

五、爱护教室内各种教学设施及公共财产，不得损坏课桌椅、书写板、门窗、窗帘、照明设施、墙面等公物，损坏公物照价赔偿。

六、教室内禁止吸烟。

七、教室内的各种家具仅供本教室使用，未经基地办同意不得移出本教室，更不能移作他用。

八、不得私拿日光灯起辉器，影响他人使用。

九、不得反锁教室门自习等。

十、不得随意占用教室座位，妨碍他人正常使用。

十一、使用教室应注意节约用水用电，离开教室时应自觉关灯。

十二、严禁携带易燃、易爆等危险品进教学楼，严禁使用明火，严禁移动和毁坏防火器材及防火标志。

请遵守教室文明公约，共同营造良好的学习环境。

×××实训基地
2008年2月29日

【简评】内容简要，结构严谨，语言简明、规范。

## 三、其他例文

【例文】

### ×××学院
### 国家奖学金评选办法
### （试行）

为激励我院学生勤奋学习、努力进取，在德、智、体、美等方面得到全面发展，根据自治区财政厅、教育厅制定的《内蒙古自治区普通高校、高等职业学校国家奖学金管理暂行办法》（内财教字〔2007〕779号）文件精神，结合学院实际，特制定此国家奖学金评选办法。

一、国家奖学金评选范围

国家奖学金是用于奖励高校全日制本专科学生中特别优秀的学生。凡我院二年级以上（含二年级）品学兼优的全日制高职生均可参加评选。

二、评选条件

（一）坚持四项基本原则，拥护中国共产党的领导。热爱社会主义祖国，积极参加院系组织的政治理论学习和各种思想教育活动，并能起模范作用。

（二）自觉遵守宪法和法律，严于律己，以身作则，模范遵守学校各项规章制度，敢于抵制各种不良现象。作风正派，团结同学，在学生中有较高威信。

（三）诚实守信，道德品质优良。热心为集体、为同学服务，有较高的集体责任感和荣誉感，以集体利益为重，不计个人得失，有奉献精神。德育成绩在90分以上，在校期间表现优良。具体实施细则请参照《×××学院学生手册》学生德育成绩考核办法之规定。

（四）在校期间学习刻苦，成绩优秀，评选年度所学课程平均分在85分以上，课程无补考，获学院一等奖学金。

（五）积极参加体育锻炼，自觉坚持参加早操及课外文体活动，体育成绩达到《国家体育锻炼标准》（残障学生除外）。

（六）积极参与社会活动，获得院级以上优秀学生干部者优先考虑。

三、推荐名额和资助标准

（一）国家奖学金的推荐名额

我院国家奖学金的推荐名额于每年9月份由全国学生资助管理中心下达，学生处再根据各系学生人数比例将名额分配到各系。

（二）国家奖学金的资助标准

国家奖学金的资助标准为每人每年8 000元。同一学年内获得国家奖学金的家庭经济困难学生可以同时申请并获得国家助学金，但不能同时获得国家励志奖学金。

四、推荐程序

1. 每年9月30日前，学生根据本办法规定的国家奖学金的基本申请条件及其他有关规定，向所在系（部）提出申请，并递交“普通本科高校、高等职业学校国家奖学金申请表”。

2. 各系（部）对申请国家奖学金的学生进行资格审查和初步评审，确定建议名单后要向本单位师生公示5天。在广泛征求意见后，各系（部）要在规定时间内将建议名单和有关材料报学生处。

3. 学生处对各系（部）上报的有关国家奖学金的申请材料和建议名单进行汇总后提交校学生工作指导委员会在限额内进行评审，确定最终推荐名单。

4. 学院于每年10月31日前将国家奖学金的最终推荐名单及有关材料报送全国学生资助管理中心审批。

五、有关要求

（一）国家奖学金的评选推荐工作体现了党和政府对普通高等学校学生的关怀，学院各级领导要给予高度重视，认真做好国家奖学金的评审和发放工作，确保国家奖学金真正用于资助品学兼优的学生。

（二）各系（部）的评选推荐工作由本单位学生工作领导小组具体负责，评选推荐工作要在年度学生素质发展综合测评和年度评优工作的基础上进行。推荐名单要报经系（部）会议讨论通过，并向本单位师生公示，确保公开、公平、公正。

（三）学院财务处和有关系（部）要严格执行国家有关财经法规，对国家奖学金实行专款专用，及时将国家奖学金发放给获奖的学生，不得截留、挪用和挤占。

（四）国家奖学金应主要用于改善学生本人的学习和生活条件，如发现获奖学生有用奖学金请客、抽烟酗酒或购买高档消费品等铺张浪费行为的，将取消其获奖荣誉称号。

本办法自公布之日起施行，由学生处负责解释。

×××学院
2007年10月28日

## 四、知识链接

### （一）规章制度的概念

规章制度是国家机关、社会团体、企业事业单位等制定的有关行政管理、生产操作、学习和生活等方面的各种规则、章程和制度的总称。

### （二）规章制度的特点

一是执行的强制性。
二是表达的条款性。

三是内容的周密性。

### （三）规章制度的分类

常见的规章制度有：章程、条例、办法、规则、规定、细则、制度、守则、公约等。

### （四）规章制度的结构

规章制度的种类不同，内容、范围各异，所以，写作格式和写法也有所不同。但它们的结构写法又有许多相同之处，一般包括标题、正文和落款三部分。具体如下：

**1. 标题**

规章制度的标题一般有以下三种写法：

（1）由单位名称、事由和文种三部分组成。如“财政部关于企业财务检查中处理财务问题的若干规则”等。

（2）由制发单位名称和文种组成。如“中国作家协会章程”。

（3）由事由和文种组成。如“关于企业国有资产办理无偿划转手续的规定”。

如果该规章制度是试行、暂行，则应在标题内文种前写明。如果该规章制度是草案，则应在标题后用括号加以注明。有些规章制度会在标题下面用括号注明该规章制度何时由何部门何会议发布、通过、批准、修订等情况。

**2. 正文**

规章制度种类很多，各种文体的写法也有所不同。从全文来看，规章制度的基本结构方式主要有两大类：章条式和条款式。具体如下：

（1）章条式（即分章列条款式）。

章条式，即将规章制度的内容分成若干章，每章又分若干条，根据需要，条下有时又分若干项。第一章是总则，中间各章叫分则，最后一章叫附则。

1）总则。一般写原则性、普遍性的内容。包括的主要内容有：制定依据、制定目的（宗旨）和任务、基本原则、适用范围、有关定义、主管部门（该项有时也可视具体情况置于分则或附则中）等情况，类似于文章的前言，对全文起统领作用。

2）分则。从总则以下到附则以上，中间的若干章均为分则。分则是全文的主体部分，通常按事物间的逻辑顺序，或按各部分内容的联系，或按工作活动程序以及惯例分条列项，集中编排。表述奖惩办法的条文也可单独构成罚则或奖励则，作为分则的最后条文。

3）附则。附则通常是全文的最后一章，一般说明该规章制度的实行程序与方式、生效日期、与有关文件的关系及其他未尽事宜的处置办法、作解释权的单位名称等内容。附则只设一章，根据需要，下分若干条，也有附在最后不单独成章的。

法规、条例、准则、规则、章程等条文较多、内容较全面和系统的，多采用章条式。

（2）条款式。

这种写法不分章，而是分条列项来阐述。适用于内容比较简单的规章制度，如守则、公约、须知等。条款式有两种形式：一种是前言条款式，另一种是条款到底式。

1）前言条款式。这种形式分前言和主体两部分。前言不设条，而是简要概述制定该文的目的、依据、性质、意义，常用“为了……特制定本规定”或“为了……，根据……，特制定本守则”。主体部分通常分若干条款写明规定的事项，一般按先主后次、先原则后具体的顺序，逐条写来。

2）条款到底式。这种方式全文都用条款来表述，一贯到底，不另分段作说明。这种写法并非不要前言、结尾，而是将前言、结尾都用条款标出。

规章制度采用分章节列条款式或条款式写法，条理清晰，层次分明，便于记忆、阅读，便于查找、引证，便于贯彻执行。

**3. 落款**

在正文结尾后右下方写明制定本规章制度的单位名称，名称下方写上发文时间（年、月、日）。如果标题已反映出这一部分内容，末尾则不必再写。

### （五）写作要求

制定规章制度，要注意以下几点：

（1）符合党和国家的有关方针、政策、法规，切合本单位或本部门的实际需要，符合民主程序并公示。

（2）要做到结构严谨，内容简要，语言简明、规范。

（3）要定期修订或补充。

## 五、写作训练

完成“一、情境写作”所设题目。

# 第三章　公文类文书

## 第一节　通　　知

### 一、情境写作

结合学校情况，写一份“学生会会议通知”。要求：

一是行款格式要符合要求。

二是要注意文面形式细节。

### 二、范文、简评及仿写须知

【范文】

**国务院办公厅关于禁止非法买卖人民币的通知**

各省、自治区、直辖市人民政府，国务院各部委、各直属机构：

目前，非法倒买倒卖人民币的问题比较严重，影响了人民币的正常流通，破坏了人民币的信誉。为加强对人民币的管理，打击非法买卖人民币的行为，根据《中华人民共和国中国人民银行法》有关规定，经国务院批准，特作如下通知：

一、禁止非法买卖流通人民币（包括纪念币，下同）；经营已退出流通的人民币，必须经中国人民银行批准。

二、未经中国人民银行批准，任何单位和个人不得装帧和经营装帧的流通人民币。

三、违反以上规定的，视情节轻重，由工商行政管理部门没收涉案物品及非法所得，并按有关规定予以处罚。

四、各金融机构及其从业人员不得利用职务之便支持、参与人民币的非法买卖活动，对违反规定的要从严惩处。

五、对在中国境内非法买卖外国货币的，比照上述规定办理。

国务院办公厅

一九九七年七月四日

【简评】这是一份知照性通知，通知事项清楚，格式规范，文字简练，语体适宜。

【仿写须知】仿写时要语言精练，语体适宜，文面形式各方面不走样。

## 三、其他例文

**【例文1】**

### ××市人民政府办公厅
### 关于加快调整城镇供水、防汛工作业务分工的通知

市政办发〔1996〕210号

一九九六年十二月十一日

根据《××省人民政府办公厅关于调整城镇供水、防汛工作业务分工的通知》（××政办发〔1996〕81号）精神，市政府要求认真做好我市的调整工作，现就有关问题通知如下：

一、充分认识调整城镇供水、防汛工作业务分工的作用。多年来，我市城镇区域内城乡供水和防汛工作一直是由城建部门管理，区域外业务由水利部门管理。这种管理权限上的分割，已经不能适应我市经济、社会发展和人民生活的需要。随着“甘露工程”的实施和防洪保安专项资金的征收，水利部门用于供水工程和防洪工程建设的投入将有较大的增加。鉴于此，省人民政府决定将城镇供水和防汛业务划归水利部门管理。这不仅有利于实现城乡供水、防汛工作的统一管理，也有利于资源的综合开发和有效保护，而且还必将有力地推动城镇供水和防汛基础设施建设，增强供水、防汛能力，意义十分重大。

二、按照省政府通知精神，涉及我市的范围是六县三区。上述区县负责城镇供水、防汛工作的人员、资产、债权、债务、技术档案等整体移交水利部门管理。移交后，城镇供水建设、生产经营管理以及防汛工程建设、维护，统一由水利部门负责。

各级政府要将城镇供水设施和防汛工程建设纳入城镇建设的总体规划。城市建设部门应对水利部门实施水源工程建设，供水管网建设，防汛工程建设的新建、改建和扩建等工程项目给予大力协助，积极扶持城镇防汛和供水事业的发展。财政及城市建设部门原来用于县城供水建设、防汛工程建设的城市建设配套费和政策性补贴等资金，继续用于县城供水和防汛工程建设，并随财力的增长和防汛、供水工程建设规模的增大而每年有所增加。

三、城镇供水、防汛工作业务分工移交由区县政府牵头，成立移交工作领导小组。由政府办、水利局、城建局、审计局、国有资产管理局、劳动人事局及相关银行等部门参加，具体负责移交工作的实施。

四、为了确保城镇供水、防汛工作业务分工调整平稳有序地进行，人员的移交由劳动人事部门牵头，以1996年4月8日（省政府第六次常务会议做出移交决定之日）报表数为准。移交程序按国有资产移交办法执行。

五、城镇供水、防汛工作业务调整后，水利部门要加强管理，合理调整供水水价，不断提高效益，把供水产业尽快推向市场。同时，还要搞好城镇供水、防汛工程规划设计工作，全面促进城镇供水、防汛工程的建设和管理。

【例文2】

## 关于调整公司财务部门、会计部门、业务部门及其干部的通知

总部各部门、各子公司、各营业部：

为了加强公司财务、会计和业务三部门的力量，总公司研究决定：对公司财务部门、会计部门、业务部门及其干部做如下调整：

原××分公司财务部并入公司总部财务部，×××同志为总经理，×××同志为副总经理。×××同志不再兼任财务经理，免除×××同志分公司经理助理一职。

原××分公司会计部门合并入总公司会计部，×××同志为总经理，×××同志为副总经理（正职待遇），×××同志为副总经理。

原××公司业务部门合并入总公司业务计划部，×××同志为总经理，×××、×××同志为副总经理。

××公司人力资源部［公盖］
××年××月××日

## 四、知识链接

### （一）通知的概念

通知是上级机关用来批转下级机关的公文、转发上级机关和不相隶属机关的公文、发布规章、向下级机关和有关单位传达需要周知或者共同执行的事项以及任免和聘用干部的知照性公文。

### （二）通知的特点

**1. 知照性**

通知的主要功能在于知照。

**2. 广泛性**

通知的广泛性表现在多方面。

**3. 时效性**

通知有一定的时效要求。

### （三）通知的种类

**1. 印发、批转、转发性通知**

这类通知用于印发本级机关，批转下级机关，转发上级机关、同级机关和不相隶属机关的公文以及发布某些行政法规等。

**2. 指示性通知**

上级机关对下级机关某一项工作做出指示和安排，而根据公文内容又不必用“命令”或“指示”时，可使用这类通知。

**3. 知照性通知**

这类通知用于告知各有关方面周知的事项等，其发送对象广泛，对下级、平级均可发送。

**4. 事务性通知**

这类通知用于上级机关对下级就某一具体事项布置工作，交代任务；同级机关及不相隶属的单位之间就某一项具体工作的进行或某一具体问题的解决要求对方配合、协助办理等。

**5. 任免、聘用通知**

这类通知用于任免或聘用国家机关工作人员职务等。

### （四）通知的格式与写作方法

通知的写作形式多样、方法灵活，不同类型的通知使用不同的写作方法。

**1. 印发、批转、转发性通知的写法**

标题由发文机关，被印发、批转、转发的公文标题和文种组成，也可省去发文机关名称。正文须把握三点：对印发、批转、转发的文件提出意见，表明态度，如“同意”“原则同意”“要认真贯彻执行”“望遵照执行”“参照执行”等；写明所印发、批转、转发文件的目的和意义；提出希望和要求。最后写明发文日期。

**2. 批示性通知的写法**

标题由发文机关、事由和文种组成，也可省去发文机关名称。正文由缘由、内容、要求等部分组成：缘由要简洁明了、说理充分。内容要具体明确、条理清楚、详略得当，充分体现指示性通知的政策性、权威性、原则性。要求要切实可行，便于受文单位具体操作。

**3. 知照性通知的写法**

这种通知使用广泛、体式多样，主要是根据通知的内容，交代清楚知照事项。

**4. 事务性通知的写法**

这类通知通常由发文缘由、具体任务、执行要求等组成。会议通知也属事务性通知的一种，但写法又与一般事务性通知有所不同。会议通知的内容一般应写明召开会议的原因、目的、名称，通知对象，会议的时间、地点，需准备的材料等。

**5. 任免、聘用通知的写法**

这类通知一般只写决定任免、聘用的机关、依据，以及任免、聘用人员的具体职务即可。

## 五、写作训练

完成“一、情境写作”所设题目。

# 第二节　决　　定

## 一、情境写作

结合班级实训情况，以实训工厂名义写一份加强管理的“决定”。要求：

一是内容要符合决定文种要求。

二是注意文面细节。

## 二、范文、简评及仿写须知

【范文】

### 全国人大常委会关于维护互联网安全的决定

（2000年12月28日第九届全国人民代表大会常务委员会第十九次会议通过）

我国的互联网，在国家大力倡导和积极推动下，在经济建设和各项事业中得到日益广泛的应用，使人们的生产、工作、学习和生活方式已经开始并将继续发生深刻的变化，对于加快我国国民经济、科学技术的发展和社会服务信息化进程具有重要作用。同时，如何保障互联网的运行安全和信息安全已经引起全社会的普遍关注。为了兴利除弊，促进我国互联网的健康发展，维护国家安全和社会公共利益，保护个人、法人和其他组织的合法权益，特作如下决定：

一、为了保障互联网的运行安全，对有下列行为之一，构成犯罪的，依照刑法有关规定追究刑事责任：

（一）侵入国家事务、国防建设、尖端科学技术领域的计算机信息系统；

（二）故意制作、传播计算机病毒等破坏性程序，攻击计算机系统及通信网络，致使计算机系统及通信网络遭受损害；

（三）违反国家规定，擅自中断计算机网络或者通信服务，造成计算机网络或者通信系统不能正常运行。

二、为了维护国家安全和社会稳定，对有下列行为之一，构成犯罪的，依照刑法有关规定追究刑事责任：

（一）利用互联网造谣、诽谤或者发表、传播其他有害信息，煽动颠覆国家政权、推翻社会主义制度，或者煽动分裂国家、破坏国家统一；

（二）通过互联网窃取、泄露国家秘密、情报或者军事秘密；

（三）利用互联网煽动民族仇恨、民族歧视，破坏民族团结；

（四）利用互联网组织邪教组织、联络邪教组织成员，破坏国家法律、行政法规实施。

三、为了维护社会主义市场经济秩序和社会管理秩序，对有下列行为之一，构成犯罪的，依照刑法有关规定追究刑事责任：

（一）利用互联网销售伪劣产品或者对商品、服务作虚假宣传；

（二）利用互联网损坏他人商业信誉和商品声誉；

（三）利用互联网侵犯他人知识产权；

（四）利用互联网编造并传播影响证券、期货交易或者其他扰乱金融秩序的虚假信息；

（五）在互联网上建立淫秽网站、网页，提供淫秽站点链接服务，或者传播淫秽书刊、影片、音像、图片。

四、为了保护个人、法人和其他组织的人身、财产等合法权利，对有下列行为之一，构成犯罪的，依照刑法有关规定追究刑事责任：

（一）利用互联网侮辱他人或者捏造事实诽谤他人；

（二）非法截获、篡改、删除他人电子邮件或者其他数据资料，侵犯公民通信自由和通信秘密；

（三）利用互联网进行盗窃、诈骗、敲诈勒索。

五、利用互联网实施本决定第一条、第二条、第三条、第四条所列行为以外的其他行为，构成犯罪的，依照刑法有关规定追究刑事责任。

六、利用互联网实施违法行为，违反社会治安管理，尚不构成犯罪的，由公安机关依照《治安管理处罚条例》予以处罚；违反其他法律、行政法规，尚不构成犯罪的，由有关行政管理部门依法给予行政处罚；对直接负责的主管人员和其他直接责任人员，依法给予行政处分或者纪律处分。利用互联网侵犯他人合法权益，构成民事侵权的，依法承担民事责任。

七、各级人民政府及有关部门要采取积极措施，在促进互联网的应用和网络技术的普及过程中，重视和支持对网络安全技术的研究和开发，增强网络的安全防护能力。有关主管部门要加强对互联网的运行安全和信息安全的宣传教育，依法实施有效的监督管理，防范和制止利用互联网进行的各种违法活动，为互联网的健康发展创造良好的社会环境。从事互联网业务的单位要依法开展活动，发现互联网上出现违法犯罪行为和有害信息时，要采取措施，停止传输有害信息，并及时向有关机关报告。任何单位和个人在利用互联网时，都要遵纪守法，抵制各种违法犯罪行为和有害信息。人民法院、人民检察院、公安机关、国家安全机关要各司其职，密切配合，依法严厉打击利用互联网实施的各种犯罪活动。要动员全社会的力量，依靠全社会的共同努力，保障互联网的运行安全与信息安全，促进社会主义精神文明和物质文明建设。

**【简评】**这份决定原因叙述明确，事项写得准确、具体、可操作，层次分明，条理清楚，格式规范，文字简练，语体适宜。

**【仿写须知】**仿写时要注意语体适宜，文面形式各方面不走样。

## 三、其他例文

**【例文1】**

### 第一届全国数控技能大赛表彰决定

为表彰在第一届全国数控技能大赛中获得优异成绩的选手，根据劳动保障部、教育部、科技部、国防科工委、全国总工会和中国机械工业联合会等部门共同下发的《关于举办第一届全国数控技能大赛的通知》的有关规定和大赛的实际结果，大赛组委会对有关获奖人员和单位表彰如下：

一、对学生组各工种获得前3名的应跃等9位同学设立金银铜奖，颁发奖杯、奖章、奖金和荣誉证书。

二、对学生组各工种获得第4~20名的乐嘉斌等51位同学设立优胜奖，颁发奖杯、奖章、奖金和荣誉证书。

三、对学生组各工种获得第21~60名的童涛等120位同学颁发奖章、荣誉证书和奖品。

四、对参加学生组全国决赛的其他选手，设立优秀奖，颁发奖章和荣誉证书。

五、对获得学生组各工种前20名选手的选送学校浙江工业职业技术学院等单位，设立突出贡献奖，颁发奖牌和荣誉证书。

六、对职工组各工种获得前3名的徐国胜等9位同志设立金银铜奖，颁发奖杯、奖章、奖金和荣誉证书。

七、对职工组各工种获得第4~5名的张继东等6位同志设立优胜奖，颁发奖杯、奖章、奖金和荣誉证书。

八、对职工组各工种获得第6~30名的宋志元等75位同志颁发奖章、荣誉证书和奖品。

九、对参加职工组全国决赛的其他选手，设立优秀奖，颁发奖章和荣誉证书。

十、对获得职工组各工种前10名选手的选送单位天津工程师范学院等，设立突出贡献奖，颁发奖牌和荣誉证书。

十一、对获得团体总分1~6名的广东省等赛区，设立团体一、二、三等奖，颁发奖牌和荣誉证书。

十二、对河北省等9个赛区设立最佳组织奖，颁发奖牌和荣誉证书。

十三、对吉林省等15个赛区设立优秀组织奖，颁发奖牌和荣誉证书。

希望获奖同志以这次竞赛取得的成绩为新的起点，戒骄戒躁，再接再厉，不断学习新知识，掌握新技能，为我国社会主义建设做出新的贡献。希望广大数控领域从业人员和职业学校学生向这些获奖选手学习，刻苦钻研技术，提高自身素质，争当技术能手，为实现新时期的宏伟发展目标而努力。希望企业、职业培训机构和各有关部门继续高度重视职业培训和高技能人才培养工作，激发广大劳动者刻苦学习科技知识，提高自身竞争能力和创业能力，为创造更大的社会价值起到积极的示范作用和推动作用。

第一届全国数控技能大赛组织委员会

2004年11月24日

【例文2】

## 关于×××同志的处理决定

×××同志，男，35岁，曾任本公司财务部出纳。

经人揭发，经本公司依据法律途径查明：×××同志××年×月至××年×月在担任公司出纳期间，将本公司存款5万元挪作其弟购房用。

经过本公司党组织的教育，×××同志已将挪用款全部归还，并加倍偿还了利息损失，并表示对此行为的悔意。

现根据以上情节及表现，经本公司人力资源部研究决定，并报本公司总经理批准，决定对×××同志做出如下处理决定：

一、调离原工作岗位，到公司其他部门任职。

二、每月降工资200元至××年×月×日止。

××市××公司人力资源部

××年×月×日

## 四、知识链接

### （一）决定的概念

决定是党政军机关、社会团体、企事业单位对重大事项或重大行政公务做出安排而制定的一种指挥性公文，属于下行文种。

### （二）决定的分类

按内容划分，决定可以分为以下三种：

**1. 对重大行动做出安排的决定**

这类决定是针对某项重要工作制定决策、安排部署，用来统一思想认识，指导工作进行的，如《国务院关于加快发展中西部地区乡镇企业的决定》等。

**2. 表彰先进的决定**

对有较大贡献的单位、人员做出表彰嘉奖，可以用决定，如《国务院关于表彰国家测绘局第一大地测量队的决定》等。

**3. 处分违法违纪人员的决定**

对犯有重大事故或严重错误的单位或个人进行批评处理，可以用决定，如《国务院关于大兴安岭特大森林火灾事故的处理决定》等。

### （三）决定的结构与写法

**1. 决定的结构**

决定的结构分为首部和正文两部分。

（1）首部。

首部包括标题和成文时间两部分。

1）标题。标题一般有两种构成形式：一种是由发文机关、事由加文种构成；另一种是由事由和文种构成。

2）成文时间。成文时间指发布决定的时间。在标题正上方注明成文的年、月、日，或者在标题下方用括号注明“某年某月某日某会议通过”字样。

（2）正文。

正文的结构一般由三部分组成：一是开头部分，简要交代决定的缘由、目的、根据；二是主体部分，主要写决定的内容，落实决定的要求和措施，要求和措施要具体明白、层次清楚，便于有关单位执行；三是结尾部分，用于提出希望、要求或执行说明。有的决定需要带附件。有附件的决定，应当于正文之后、发文机关署名之前注明附件的名称或依据，并将附件附在主件之后。

**2. 决定的具体写作要求**

（1）决定的原因要写得简短、明确、充分，确保受文机关思想明确、认识清晰。所引用的法律法规条文必须准确。

（2）决定的事项要写得准确、具体、可操作，层次分明，条理清楚，确保受文机关理解、贯彻、执行。

（四）决定与命令（令）、决议的区别

**1. 决定与命令（令）的区别**

命令（令）和决定都是权威性和强制性比较强的文种，但二者之间还是有以下几点区别：

（1）作者权限不同。命令（令）的作者必须是法律授权可以发布命令（令）的各级人民政府，而决定却无此限制，各机关、团体、企事业单位都可以使用。

（2）权威性与强制性不同。命令要求受文者无条件执行，而决定则有一定的灵活性和变通余地。

（3）篇幅长短不同。命令的篇幅均比较短，不做或很少做解释和说明；而决定则有不少的解释和说明、希望与要求，因此篇幅长的比较多。

**2. 决定与决议的区别**

（1）决定可以由会议做出，也可以由领导集体做出，而决议则必须由会议讨论通过。

（2）决定的内容一般来说比较具体，而决议则比较侧重原则，理论性比较强。

## 五、写作训练

完成本节“一、情境写作”设定题目。

# 第三节　会议纪要

## 一、情境写作

结合学院情况，写一份“共青团会议纪要”。要求：
一是内容要符合会议纪要要求。
二是注意文面形式细节。

## 二、范文、简评及仿写须知

**【范文】**

### 山东省政府油区工作座谈会会议纪要

1990年9月18—19日，省政府秘书长郭长才同志到东营市和胜利石油管理局，就油区工作的组织机构以及落地原油管理等问题召开了座谈会，现将会议讨论的主要问题纪要如下：

一、会议认为，山东省油区工作领导小组成立以来，在省委、省政府的领导下，加强领导、健全组织带领油区工作系统广大干部、职工全力为油田的建设服务，做了大量工作，对维护油区秩序、保证油田生产建设的顺利进行、促进地方经济的发展发挥了积极作用。对各级油区办的工作应予充分肯定。

二、为了加强领导，减少层次，胜利油区工作办公室并入山东省油区工作领导小组办公室，作为省油区办的办事机构，挂山东省油区工作领导小组办公室驻胜利油区办公室的牌子，原胜利油区工作办公室20人的事业编制纳入省油区工作办公室。该油区办的主任由省油区办副主任兼任，再配两名副主任。省驻胜利油区办公室行使省油区办的职能，对胜利油区范围内的东营、惠民、淄博、潍坊、德州、济南、聊城等七个市地的油区工作办公室实行业务领导，负责综合、协调、监督、检查，定期对市地油区工作办公室的工作进行考核，并将考核情况反馈给所在市地。

三、落地原油是油田原油产量的一部分，属国家所有。加强落地原油的管理，对于处理好工农关系、确保油田生产建设顺利进行、发展地方经济具有重要作用。根据历史和现实情况，落地原油利益留给地方（试油过程中的落地油，凡是油田能用机械回收的，由油田回收；机械不能回收的，交各所在地油区办组织回收）。考虑到省内一部分以落地原油为原、燃料企业的需要及油区市地的实际情况，省油区办每年从回收的落地油总量中计划安排50%保重点用户，其余的留给油区市地安排。今后原则上保老用户，不开新用户。各级油区办要严格执行统一计划，不准擅自提价，不准倒卖，不准搞土炼油，不准以油谋私。凡出省的需经省油区办批准。如有违法违纪行为，要追究有关人员的责任。具体规定如下：

（一）关于落地原油的价格，全省统一执行每吨273元的标准，其中：

落地原油成本费117元，由市地油区办上缴省油区办，集中转交油田。

烧油特别税35元，由市地油区办代缴当地税务部门。

回收劳务费45元，由市地油区办安排。

管理费18元，其中上缴省油区办13元，用于油区管理工作经费支出。

净化费30元，由市地油区办安排。

装车费8元，由市地油区办安排。

净化费统筹基金20元，由市地油区办掌握，用于扩大再生产。

（二）省油区工作办公室对落地原油实行统一计划、统一分配、统一价格、统一票证。

（三）市地油区办负责本辖区内的落地原油回收、交接、净化、管理，根据省油区办下达的计划分配指标办理调拨、结算、准运手续，并按月向省油区报送各种报表，按季上缴应交款项。

（四）省油区办按季与油田结算，及时核对产量。

（五）鉴于原滨海油区的特殊情况，考虑到该地区的现状和油区的稳定，孤岛油区办体制不变，落地原油的管理业务（回收、净化、调拨、结算、准运等）接受东营市油区办的领导，落地原油回收范围和利益分配由东营市政府和胜利石油管理局商定。油田要充分照顾垦利、河口两县区的利益，地方要充分照顾油田的利益。这一地区落地原油的回收、净化用工，要优先安排油田的待业青年、家属，其次安排当地人员；确实需用外地人员时，要报当地劳动部门批准。

四、为了维护油区秩序，加强对油田物资器材的管理，胜利石油管理局可安排有关职能部门参加省批准的油区各市地道路检查站。对查到的油田物资，由油区办及时交回油田。对不法分子和盗窃团伙，要从严查处。

五、各地油区工作办公室，要在当地党委、政府的领导下，认真协调处理好各方面的关系，搞好油区秩序的治理，为保证油田开发建设，促进地方经济发展做出积极的贡献。

1990 年 9 月 29 日

**【简评】** 概述内容全面，中心部分准确地反映了会议的主要精神和议决事项等。格式规范，文字简练，语体适宜。

**【仿写须知】** 仿写时要注意结构完整，语体适宜，文面形式各方面不走样。

## 三、其他例文

**【例文 1】**

### 全国城市经济体制改革试点工作座谈会纪要

（××××年×月×日）

××××年×月×日至×日，国家体改委在××省××市召开了全国城市经济体制改革试点工作座谈会。中央、国务院有关部门的负责同志，31 个省、自治区、直辖市体改委（办）的负责同志，58 个试点城市的负责同志共 200 多人参加了会议。会上传达学习了中央领导同志最近的重要讲话，交流了试点城市改革的情况和经验，研究了在新形势下积极推进城市经济体制改革的工作。

一、统一认识，明确今年改革的方针和主要任务。（略）

二、进一步简政放权，政企分开，搞活企业。（略）

三、充分发挥社会主义市场经济作用，理顺经济关系。（略）

四、精心指导，保证改革健康发展。（略）

与会同志一致表示，当前改革进入攻坚阶段，我们要坚定地贯彻党中央和国务院的部署，精心组织，精心指导，搞好调查研究，把城市经济体制改革引向深入，为建立有中国特色的社会主义市场经济做出新贡献。

## 四、知识链接

### （一）会议纪要的概念

会议纪要是根据会议记录和会议文件以及其他有关材料整理而成的纪实性公文。需要下发执行的会议纪要，可以用“通知”形式发出。

### （二）会议纪要的特点

会议纪要有以下几个特点：

**1. 综合性**

会议纪要是在对会议中各种材料、与会人员的发言以及会议简报等进行综合分析和概括提炼的基础上形成的，具有整理和提要的基本特点。

**2. 指导性**

这一特性包含两层含义：一是会议本身的权威性，二是会议纪要集中反映了会议的主要精神和决定事项。因而纪要一经下发，将对有关单位和人员产生约束力，起着类似于指示、决定或决议等指挥性公文的作用。会议纪要还可以作为与会同志向单位领导汇报、向群众传达的文字依据。

**3. 备考性**

一些会议纪要主要不是为了贯彻执行，而是向上汇报或向下通报情况，必要时可作查阅之用。

### （三）会议纪要的分类

按照会议性质来分，会议纪要大致有办公会议纪要、专题会议纪要、联席（协调）会议纪要、座谈会议纪要等。

办公会议纪要是记述机关或企业、事业单位等对重要的、综合性工作进行讨论、研究、议决等事项的一种会议纪要。办公会议纪要一般有例行型办公会议纪要和现场办公会议纪要：前者是记述例行办公会议情况及其议决事项的会议纪要；后者是为解决某重大问题而召集有关方面和有关单位在现场研究、议决或协商的办公会议纪要。

专题会议纪要是专门记述座谈会讨论、研究的情况与成果的一种会议纪要。其主要特点是主题的集中性与观点意见的分呈性相结合，既要归纳比较集中、统一的认识，又要将各种不同观点和倾向性意见都归纳表达出来。

### （四）会议纪要的结构

**1. 标题**

标题由制发机关、事由、文种三部分组成。

**2. 受文机关**

不写主送机关，而是抄送各与会机关和需要知道会议情况的机关。

**3. 正文**

正文由会议概况和议定事项组成。

**4. 结尾**

会议纪要结尾包括纪要上报下发单位、印发机关和日期。日期可在正文之后，也可在标题之下。

### （五）会议纪要的写作要求

会议纪要一般分两大部分：开头第一部分一般应写明会议概况，包括会议进行的时间、地点、届次、组织者、出席和列席人员名单、主持人、会议议程进行情况以及对会议的总体评价等。第二部分是纪要的中心部分，反映会议的主要精神、讨论意见和决议事项等。根据会议性质、规模、议题等的不同，会议纪要大致可以有以下几种写法：

**1. 集中概述法**

这种写法是把会议的基本情况、讨论研究的主要问题、与会人员的认识、议定的有关事项（包括解决问题的措施、办法和要求等）用概括叙述的方法进行整体的阐述和说明。这种写法多用于召开小型会议，而且讨论的问题比较集中单一，意见比较统一，容易贯彻操作，写作篇幅相对短小。如果会议的议题较多，可分条列述。

**2. 分项叙述法**

召开大中型会议或议题较多的会议，一般要采取分项叙述的办法，即把会议的主要内容分成几个大的问题，然后标上标号或小标题，分项来写。这种写法侧重于横向分析阐述，内容相对全面，问题也说得比较细，常常包括对目的、意义、现状的分析，以及对目标、任务、政策措施等的阐述。这种纪要一般用于需要基层全面领会、深入贯彻的会议。

**3. 发言提要法**

这种写法是对会上具有典型性、代表性的发言加以整理，提炼出内容要点和精神实质，然后按照发言顺序或不同内容，分别加以阐述说明。这种写法能比较如实地反映与会人员的意见。某些根据上级机关布置的、需要了解与会人员不同意见的会议纪要，可采用这种写法。

## 五、写作训练

完成“一、情境写作”所设题目。

# 第四章　日常类文书

## 第一节　申请书　邀请书　建议书　倡议书　聘请书

### 一、情境写作

结合班级情况，将全班同学分五组，每组选“申请书、邀请书、建议书、倡议书、聘请书”中的一个文种，写成一份日常文书。要求：

一是行款格式要符合该日常文书要求。

二是尽量与自己的学习、生活相结合。

### 二、范文、简评、仿写须知及知识链接

【申请书范文】

**助学贷款申请书**

尊敬的××银行××部领导：

我是×××，于××年××月考进××学院××系××专业××班就读，毕业时间为××年××月。因为父亲有病无力劳动，家庭经济困难，难以支付本人在校期间的学费。为了能顺利完成学业，特向贵行申请国家助学贷款：××至××学年的学费人民币××元（大写：××元整）；××至××学年的学费人民币××元（大写：××元整）；××至××学年的学费人民币××元（大写：××元整）；××至××学年的学费人民币××元（大写：××元整）。以上合计人民币××元（大写：××元整）。贷款期限从××年××月至××年××月，最迟不超过毕业后第×年还清。

我承诺：获得国家助学贷款后，努力学习，积极上进，较好地完成自己的学业，毕业后及时将工作单位或详细的联系方式告知贵行，做一名守信用的当代大学生。我将信守诺言，在××年××月××日前还清贷款。

我的身份证号码为：××××××××××××××××××；我家的详细联系地址：××省××县××镇××村；邮政编码是：××××××；联系电话是：×××××××××××。

此致

敬礼！

申请人：×××

××年××月××日

【简评】申请事项清楚、具体，理由充分、合理，语言准确、简洁，态度诚恳、朴实。

**【仿写须知】** 仿写时，要注意文面形式各方面细节不走样。

**【知识链接】**

## （一）申请书的概念

申请书是个人、单位、集体向组织、领导提出请求，要求批准或帮助解决问题的文书。

## （二）申请书的分类

申请书的使用范围相当广，种类也很多。按作者分类，可分为个人申请书和单位、集体公务申请书。按解决事项的内容分类，可分为入团、入党、困难补助、调换工作、建房、领证、承包、贷款申请书等。

## （三）申请书的结构与写法

**1. 标题**

标题有两种写法：一种是直接写“申请书”；另一种是在“申请书”前加上内容，如“入党申请书”“调换工作申请书”等。一般采用第二种写法。

**2. 称谓**

顶格写明接受申请书的单位、组织或有关领导。

**3. 正文**

正文部分是申请书的主体，先提出要求，再说明理由。理由要写得客观、充分，事项要写得清楚、简洁。注意以下几点：

（1）申请的事项要写得清楚、具体，涉及的数据要准确无误。

（2）理由要充分、合理，实事求是，不能虚夸和杜撰，否则难以得到上级领导的批准。

（3）语言要准确、简洁，态度要诚恳、朴实。

**4. 结尾**

写明惯用语“特此申请”“恳请领导帮助解决”“恳请领导研究批准”等，也可用“此致敬礼”等礼貌用语。

**5. 署名、日期**

个人申请要写清申请者姓名，单位申请要写明单位名称并加盖公章，注明日期。

**【邀请书范文】**

### 邀　请　书

××大学：

根据省委宣传部关于今年重大活动宣传的统一部署，我厅将举办“五月的鲜花——纪念五四运动八十周年大型歌咏会”，该歌咏会由××教育电视台等单位负责承办。本活动时间拟定于5月2日下午，在××工业大学室外演出。因演出活动的需要，经编导与贵单位领导初步协商落实，今正式向贵单位发出参加活动邀请书。请将回执单填好传真给××教育电视台节目编导组。因本次演出纪念活动为全省电视直播，恳请贵单位认真抓好节目的整体质量。节目审查时间为4月20日左右。请贵单位领队及节目指导教师于本月23日（星期二）下午2：00到××教育电视台四楼会议室参加节目协调会。

具体事宜请与编导组联系。

联系电话：×××××××

联系人：王×、周××、陈×

此致

敬礼！

××广播电视台（盖章）
1999年3月19日

【简评】活动内容、目的、时间、地点、方式、邀请对象等都写得很清楚。

【仿写须知】仿写时，要注意文面形式各方面不走样。

【知识链接】

## （一）邀请书的概念

邀请书是行政机关、企事业单位、社会团体或个人邀请有关人士前往某地参加某项活动或事宜的专用书信。邀请书又称邀请信。

## （二）邀请书的结构与写作要求

邀请书通常由标题、称呼、正文、结尾和落款五部分组成。

**1. 标题**

邀请书标题的构成一般有以下两种方式：

（1）单独以文种名称组成，如“邀请书”“邀请信”。

（2）由发文原因和文种名称共同组成，如“关于出席亚太经济发展会议的邀请书”。

**2. 称呼**

称呼要顶格写被邀请的单位的名称或个人姓名，也就是要写明主送对象，如“×××大学”“××同志”。

**3. 正文**

邀请书的正文通常要求写出举办活动的内容、活动目的、时间、地点、方式、邀请对象以及需邀请对象所做的工作等。

活动的各种事宜务必在邀请书中写清楚、写周详。若附有票、券等物，也应同邀请书一并送给主送对象。

若相距较远，则应写明交通路线以及来回接送的方式等。其他差旅费及活动经费的开销来源及被邀人所应准备的材料文件、节目、发言等，也应在正文中交代清楚。

**4. 结尾**

结尾处要求写上礼节性的问候语。如“恳请光临”“致以敬意”等。

**5. 落款**

邀请书的落款要署上发文单位名称或发文个人的姓名及发文日期。邀请单位还应加盖公章，以示慎重。

**【建议书范文】**

## 关于加强我厂日常成本管理的几点建议

尊敬的总经理：

近几年来，由于成本提高，我厂生产的电控产品市场竞争能力已相对减弱，与广东、上海等地同类、同规格商品比较，我厂的产品价格偏高。对此，我们认为应从加强我厂日常成本管理入手，逐步扭转成本过高的局面。现结合本厂实际，提出以下几点建议：

第一，建立健全生产耗材目录，尤其要对耗材库存数量制定最高库存限额标准。

目前，我厂积压材料较多。据查，耗材总额已达×××万元，其中仅油漆一项，按生产耗用可使用62年之久，因而严重影响了企业资金的周转。这表明，由于没有材料库存最高限额而给企业带来的经济损失是严重的。

第二，对现有的生产材料耗用定额应定期修订，以杜绝材料耗用上的损失浪费。

现阶段所用的材料耗用定额偏高，仅铜料一项耗费量就十分惊人。现有定额每件产品耗铜料0.5千克，经我们实地测验，每件产品实际耗用铜料为0.35千克，若在责任心强的工人手中，其耗费还可下降，实耗仅为0.3千克。若按每月产量2万件计算，每月可节约铜料3 000千克，节约金额可达2.4万元。由于材料消耗定额偏高，操作中不注意铜材的节约，大料加工成小料，损失浪费很大。有的用铜料加工各种民用品，也有个别人将节余的铜料窃为己有。故我们建议材料消耗定额应尽早修订，使之合理化，既不浪费，又可满足产品用料要求。对于材料消耗定额超定额部分应实行限额议价处理，以加强有关人员的责任感。

第三，建议实行成本标准控制。

这种控制可从两方面进行：一是劳动定额标准，即制定劳动作业时间标准以及单位时间的产量。二是成本预算标准，即凡是订有岗位责任的场所，均应按业务量制定出相应的费用支出预算，在执行中如有超过预算的，要单独办理追加预算的报批手续。

第四，建议实行制度上的控制。

要根据有关法规和财务会计制度，并结合我厂的经营情况，制定有关成本控制的制度，如“物资出入门制度”“汽车司机及押运人员差旅费管理办法”“材料节约奖励办法”“物资出入库制度”和“计件超额奖励办法”等。这些制度的建立，在成本控制、保证标准成本的执行上都可起到积极作用。

第五，建议实行反馈控制。

要在成本控制过程中强调反馈责任，建立反馈制度。各有关部门应定期向厂部报送“成本计划执行情况报告”“材料消耗定额执行情况报告”和“预算差异因素分析报告”等文件，以考核各岗位业绩，评议奖罚。

第六，加强产品质量检测工作，严格控制废品的产生，直至无废品。

第七，在健全厂内银行内部资金管理核算的基础上，进一步完善厂内“购料”制度，实行钱货两清的核算制度，以杜绝材料消耗上的损失浪费。

以上建议妥否，请审定。

××厂财会科
××××年×月×日

【简评】该建议书原因陈述清楚，建议合理，内容具体，条目清晰，切实可行。

【仿写须知】仿写时，要注意文面形式各方面不走样。

【知识链接】

（一）建议书的概念

建议书是指个人、单位或集体向有关单位或上级机关和领导就某项工作提出某种建议时使用的一种常用书信。有的建议书也称“意见书”。

（二）建议书的结构

建议书一般由标题、称呼、正文、结尾和落款五部分构成。

**1. 标题**

标题一般在第一行中间写上“建议书”字样。有的建议书还写上所建议的内容，如“关于暑期中小学补课的建议书”。

**2. 称呼**

建议书称呼要求注明受文单位的名称或个人的姓名，要在标题下隔两行顶格写，后加冒号。

**3. 正文**

建议书正文由以下三部分构成：

（1）要先阐明提出建议的原因、理由以及自己的目的、想法。这样往往可以使受文单位或个人从实际出发，考虑你的建议的合理性，为采纳你的建议打下基础。

（2）建议的具体内容。建议的内容一般要分条列出，这样可以做到醒目。建议要具体明白、切实可行。

（3）提出自己希望被对方采纳的想法，但同时也应谨慎虚心，不说过头的话，不用命令的口气。

**4. 结尾**

结尾一般是表示敬意或祝愿的话。

**5. 落款**

落款要署上提建议的单位名称或个人姓名及成文日期。

【倡议书范文】

## 中国国际慈善基金会致全国社会组织抗震救灾倡议书

2008年5月12日，我国四川省汶川县发生8.0级强烈地震灾害，波及陕西、甘肃、云南、重庆等多个省（市），给人民生命财产造成十分严重的损失。在此，我们向灾区同胞表示深切的慰问！并向全国社会组织发出如下倡议：

积极响应党中央、国务院关于开展抗震救灾的号召，发扬“一方有难、八方支援”的中华民族优良传统，全力以赴投入抗震救灾行动中。希望广大社会组织充分发挥各自的专长，强强联手，为抗震救灾提供相关服务。动员社会力量向地震灾区捐款捐物。我们相信，在党中央、国务院的坚强领导下，一定能赢取抗震救灾的全面胜利！

部分地震受灾省（市）接收捐赠账户及联系方式：

四川省接收捐赠账户

户名：四川省慈善总会

开户行：工行成都指挥街分理处

账号：4402233009024905168

联系人：张丽娟

联系电话：028－84423021

甘肃省接收捐赠账户

户名：甘肃省民政厅

开户行：兰州市商业银行金汇支行

账号：7028820191629865

联系人：齐志玲 0931－8878008 转 80507，13893378827

0931－8868097（电话和传真）

陕西省接收捐赠账户

户名：陕西省救灾募捐办公室

账号：3700021309024903702

开户行：工行东新街分理处（新城）0102053

联系人：罗忠沐，电话：029－85768335，029－85768336

地址：陕西省西安市解放路 177 号钻石国际商务中心 11 层 1123 室（东七路西口，火车站广场南 100 米）

云南省接收捐赠账户

户名：云南省接收救灾捐赠办公室

账号：24014401040000477

开户行：云南省昆明市农行北市区支行 487 白云路支行

联系人：高绍堂

地址：云南省昆明市白云路 538 号（云南省民政厅内）

邮编：650224

联系电话：13888793299，0871－5731838

中国国际慈善基金会
联系人：马海涛
联系电话：010－85869888

中国国际慈善基金会
××××年××月××日

**【简评】**倡议原因阐述清楚，倡议事项写得具体，格式规范，语体适宜。
**【仿写须知】**仿写时，要注意文面形式各方面不走样。

**【知识链接】**

## （一）倡议书的概念

倡议书是个人或集体提出建议并公开发起，希望共同完成某项任务或开展某项公益活动所运用的一种信函文书。

## （二）倡议书的种类

从作者角度分，倡议书分为个人倡议书和集体倡议书两种。

从传播角度分，倡议书有传单式倡议书、张贴式倡议书、广播式倡议书和登载式倡议书。

## （三）倡议书的结构

倡议书由标题、称谓、正文、署名、署时构成基本内容和基本格式。

**1. 标题**

倡议书的标题通常只写“倡议书”三字。但有时也可把倡议的内容或倡议的单位写在标题内。

**2. 称谓**

有明确倡议对象的，写上倡议对象的名称，如“全国未婚青年朋友们”“××毕业班全体党员”。有的倡议面很广，可以写“亲爱的朋友们”，或省略称谓。

**3. 正文**

正文是倡议书的主体部分。这部分内容主要包括倡议目的和倡议事项。倡议目的包括倡议的原因、意义。这里的理由要说得充分。只有说清、讲透才能引起公众关注，赢得响应。倡议事项要写得具体、可行。倡议事项简单的，可以紧接着倡议目的之后写。倡议事项多的，可分条列写。

**4. 署名、时间**

有的采取集体署名的方式，如“1983级数学班全体共产党员”，有的可让每个党员亲笔署名，以示真实和参与者众，显示其广泛的群众基础。若几个单位共同倡议，谁牵头谁排在前面，然后逐行签写倡议单位名称。按一般书信格式在署名下行书写年、月、日。

【聘请书范文】

## 聘请书

为提高我院的科研水平，本院成立了科研项目评估委员会，特聘请×××教授为该委员会学术顾问，指导我院的科研工作。

此致

敬礼！

××市社会科学院（盖章）
院长：×××（盖章）
××年×月×日

【简评】范文开门见山地交代了聘请原因，并在聘请书结尾写上表示敬意和祝颂的结束用语，以表诚恳之意。

【仿写须知】仿写时，要注意文面形式各方面不走样。

【知识链接】

### （一）聘请书的概念

聘请书是用于聘请某些有专业特长或名望权威的人完成某项任务或担任某种职务时的书信体文书。聘请书也简称为聘书。

### （二）聘请书的结构

**1. 标题**

在正中写上标题“聘书”或“聘请书”字样；被聘请者的姓名、称呼，有的在开头写明，有的在正文中写明。

**2. 正文**

一般要交代聘请的原因和干什么事情。正文中还可写上对被聘者的希望。

**3. 结语**

一般要写上表示敬意和祝颂的话。

**4. 署名**

另起一行，在右下方写上聘请单位的名称，在署名下边书写年、月、日。

### （三）聘请书写作的注意事项

（1）对为什么聘请、聘请谁、聘请原因一定要写清楚。特别要写清干什么工作，否则被聘请者就无法应聘，或者即便接受了聘请书，也只能盲目应聘。

（2）因为聘请书是以单位名义发出的，所以一定要加盖公章，方能生效。

## 三、写作训练

完成“一、情境写作”所设题目。

# 第二节　广告　启事　海报　讣告

## 一、情境写作

将全班同学分为四组，结合班级情况，每组选择“广告、启事、海报、讣告”中的一个文种，写成一份文稿。要求：

一是行款格式要符合要求。

二是尽量与自己的学习、生活相结合。

## 二、范文、简评、仿写须知及知识链接

**【广告范文】**

### “中国人民保险公司上海分公司”电视广告脚本

镜头一：（特写）两条金鱼在鱼缸里悠闲自在地游来游去。

镜头二：（叠化到中间）一只金鱼缸安稳地放在架子上。

镜头三：（拉至全景）突然，鱼缸从架子上跌落下来，掉在地上摔得粉碎，水、金鱼和玻璃碎片四处飞溅。

画外音：哎呀！

镜头四：一条金鱼在地上来回翻腾，奄奄一息。

镜头五：（全景推至中景）地上的水、金鱼和碎玻璃片逐渐聚拢起来，顺着倒下的轨迹回复到架子的原来位置上，玻璃碎片合拢成鱼缸，两条金鱼又像往常那样在水缸里悠闲自在地游来游去。

画外音：咦？

镜头六：（用特技叠上字幕）“参加保险，化险为夷”。

画外音：噢！

镜头七：（叠化到全景）“中国人民保险公司上海分公司”。

**【简评】**这则30秒的电视广告脚本，只有七个镜头，却传达了丰富的信息内容。通过动态变化的视觉画面，以金鱼缸由完好→破碎→复原的过程为象征，及三个感叹词：“哎呀”“咦”“噢”相互配合，使得叙事波澜起伏，将参加保险的重要意义和作用形象直观地传达出来了。

**【仿写须知】**仿写时要注意结构完整，语体适宜，文面形式各方面不走样。

【知识链接】

## （一）广告的概念

广告是一种通过媒介与消费者沟通的传播活动。

## （二）广告的分类

由于分类的标准不同，看待问题的角度各异，广告的分类很多。

（1）最常见、最简单的分类标准，就是以传播媒介为标准对广告进行分类，主要可分为：报纸广告、杂志广告、电视广告、电影广告、幻灯片广告、包装广告、广播广告、海报广告、招贴广告、POP 广告、交通广告、直邮广告等。随着新媒介的不断增加，依媒介划分的广告种类也会越来越多。

（2）以广告传播范围为标准，可以将广告分为国际性广告、全国性广告、地方性广告、区域性广告。

（3）以广告传播对象为标准，可以将广告分为消费者广告和商业广告。

（4）以广告主为标准，基本上可以将广告分为一般广告和零售广告。

## （三）广告文案的写作要求

下面仅以电视、报纸广告文案写作为例，略述广告文案的写作要求。

**1. 电视广告文案写作**

电视广告文案的表现方式有其特殊性，具体来说，有以下几个方面：

（1）特殊的形式。

电视广告文案是广告文案在电视广告中的特殊形式。因为电视广告文案在写作过程中除了运用一般的语言文字符号外，还必须掌握影视语言，运用蒙太奇思维，按镜头顺序进行构思，这颇似电影文学剧本的写作，所以电视广告文案又被称为电视广告脚本。

电视广告的各种构成要素：素材、主题、艺术形式、表现手段以及解说词等，都是广告创意的重要组成部分。这一切都必须首先通过电视广告文案的写作体现出来，从而使电视广告文案显示出有别于其他广告文案的特殊性。

（2）特殊的性质。

电视广告文案是电视广告创意的文字表达，是体现广告主题、塑造广告形象、传播广告信息内容的语言文字说明，是广告创意的具体体现。因而，它是现代广告文案写作的重要组成部分。

然而，它又与报纸、杂志等平面广告文案的性质有明显的区别：它并不直接与受众见面，因为它不是广告作品的最后形式，只不过是为导演进行再创作提供的详细计划、文字说明或蓝图，是电视广告作品形成的基础和前提。因此，它对未来广告作品的质量和传播效果具有举足轻重的作用。

电视广告文案包括既相连接又各自独立的两种类型：一是文学脚本，二是分镜头脚本。文学脚本是分镜头脚本的基础；分镜头脚本是对文学脚本的分切与再创作。前者由文案撰写者（编剧）撰写，后者由导演完成。

（3）特殊的语言——影视语言。

影视语言不仅是电视广告的信息传达手段，也是电视广告形象得以形成、体现的必不可少的先决条件，因而它是电视广告的基础和生命。

1）影视语言具有以下特点：

①具体性与直观性。它总是以具体形象来传情达意、传递信息。

②运动性与现实性。摄影机具有客观地记录现实的作用和“物质现实的复原”功能，因而影视画面的基本特征是“活动照相性”，可以使观众产生一种身临其境的现实感。

③民族性与世界性。影视语言不仅具有鲜明的民族性特征，而且是一门世界性语言，可以成为各国人民交流思想、传递信息、沟通感情的工具。

2）影视语言主要由以下三部分要素构成：

①视觉部分，包括屏幕画面和字幕。

②听觉部分，包括有声语言、音乐和音响。

③文法句法部分，多用蒙太奇镜头剪辑技巧。

（4）特殊的创作规律。

电视广告所独具的蒙太奇思维和影视语言，决定了电视广告文案的写作既要遵循广告文案写作的一般规律，又必须掌握电视广告脚本创作的特殊规律。具体要求如下：

1）电视广告文案的写作，必须首先分析研究相关资料，明确广告定位，确定广告主题。在主题的统率下，构思广告形象，确定表现形式和技巧。

2）电视广告文案的写作，必须运用蒙太奇思维，用镜头进行叙事。语言要具有直观性、形象性，容易化为视觉形象。

3）按镜头段落为序，运用语言文字描绘出一个个广告画面，且必须时时考虑时间的限制。因为电视广告是以秒为计算单位的，每个画面的叙述都要有时间概念。镜头不能太多，必须在有限的时间内传达出所要传达的内容。

4）电视广告是以视觉形象为主，通过视听结合来传播信息内容的，因此电视广告文案的写作必须做到声音与画面的和谐，即广告解说词与电视画面的“声画对位”。

5）电视广告文案的写作，应充分运用感性诉求方式，调动受众的参与意识，引导受众产生正面的“连带效应”。为达此目的，文案必须写得生动、形象，以情感人，以情动人，具有艺术感染力。这是电视广告成功的基础和关键。

6）写好电视广告解说词（也称广告词或广告语）。它的构思与设计，将决定电视广告的成败。广告词的写作要求有以下几方面：

①写好人物独白和对话。它的重要特征是偏重于“说”，要求生活化、朴素、自然、流畅，体现口头语言特征。

②对于旁白或画外音解说，可以是娓娓道来的叙说，可以是抒情味浓重的朗诵，也可以是逻辑严密、夹叙夹议的说理。

③以字幕形式出现的广告词要体现书面语言和文学语言的特征，并符合电视画面构图的美学原则，具备简洁、均衡、对仗、工整的特征。

④重点写好广告词中的标语口号，要求尽量简短，具备容易记忆、流传、口语化以及语言对仗、合辙押韵等特点。

（5）时段的选择。

目前，电视广告片的各种常规时段有 5 秒、10 秒、15 秒、30 秒、60 秒等。我们在选择电视广告文案的表现形式时，不仅要将广告策略、广告信息内容、广告目标受众等情况作为参考依据，而且还要与时段的选择产生对应。

1）一般情况下，5秒时段的电视广告片，其目的通常是加深受众对广告信息的印象，强化受众对广告主体特定形象的记忆。因此，一般采用瞬间印象体的表现形式——以一闪而过却具有某种冲击力的画面，与简洁凝练的广告语相结合，来表现企业形象或品牌个性。如“乘红河雄风，破世纪风浪”“鹤舞白沙，我心飞翔”“喝孔府宴酒，做天下文章”“金利来，男人的世界”“一品梅，芳香满人间”“好空调，格力造”等。

2）10秒和15秒时段的电视广告片，其广告目的是要在短时间内对广告信息做单一的、富于特色的传播，突出企业形象、品牌个性或独具的“卖点”。因此，适合采用名人推荐体、动画体、新闻体、悬念体、简单的生活情景体等表现形式。如李媛媛做的“朴欣口服液”广告、赵本山做的“泻痢停”广告等，都曾由30秒的长广告片剪辑成15秒的广告片。

3）30秒时段的电视广告片，可以从多角度表现产品的功能、利益点。适于采用名人推荐体、消费者证言体、示范比较体、生活情景体以及简短的广告歌曲形式等。如“盖中盖”广告、“朴雪口服液”广告、“南方黑芝麻糊”广告、“孔府家酒”广告、“沱牌曲酒”广告等。

4）60秒时段的电视广告片，可以表现更丰富的广告内容。可以采用广告歌曲体、生活情景体、消费者证言体、示范比较体等较为完整的表现形式。

**2. 报纸广告文案写作**

（1）要研究广告版面的大小。

报纸广告所占版面的大小，是广告主实力的体现，直接关系到广告的传播效果。实践证明，广告的版面越大，读者注意率越高，广告效果也就越好（当然这也不是绝对的）。因此，一般来说，广告版面的大小与广告效果是成正比的。

按一般常规，报纸广告的版面大致可分为以下几类：跨版、整版、半版、双通栏、单通栏、半通栏、报眼、报花等。究竟选择哪种版面来做广告，要根据企业的经济实力、产品生命周期和广告宣传情况而定。一般来说，首次登广告，新闻式、告知式宜选用较大版面，以引起读者注意；后续提醒式、日常式广告，可逐渐缩小版面以强化消费者记忆。节日广告宜用大版面，平时广告可用较小版面。

（2）要研究广告位置的排放。

所谓研究广告位置，就是研究报纸广告放在哪一版，放在什么位置效果最好。除专页广告（整版全登广告）没有位置问题外，其他版面形式广告均有位置的排放问题。同一则广告，放在同一版面的不同位置，广告效果会大不一样。原因在于广告版面的注意值不同。经科学研究验证，根据读者视线移动规律，报纸版面的注意值是左面比右面高、上面比下面高、中间比上下高。中缝广告处于两个版面之间，不易引起读者的注意。

（3）要讲究“情境配合”。

报纸的每个版面，都有不同的内容和报道重点，如新闻版、经济版、法制版、文化教育版，等等。报纸广告应根据广告产品内容的不同，放在相应的版面中。比如，各种企业或产品广告可放于经济版；影视、图书、音像广告可放于文化教育版等。同类产品广告应排在一起，便于消费者选择；各种分类小广告可放于经济版下方。

广告的内容不同，版面不同，注意值不同，情境不同，广告文案撰写的角度、方式和手段均应做出适当的对应，力求扬长补短。

（4）要研究报纸广告各种版面中广告文案的写作特征。

1）报花广告、报眼广告。由于报花广告、报眼广告版面面积小，容不下更多的图片，所以广告文案写作占据核心地位，具有举足轻重的作用。应特别予以注意的是以下几方面：

①要选择具有新闻性的信息内容，或在创意及表现手段方面赋予其新闻性。

②广告标题要醒目，最好采用新闻式、承诺式或实证式标题类型。

③广告正文的写作可采用新闻形式和新闻笔法，尽量运用理性诉求方式。

④广告文案的语言要相对体现理性的、科学的、严谨的风格。

⑤广告文案需简短凝练，忌用长文案，尽量少用感性诉求，尤其不能用散文体、故事体、诗歌体等假定性强的艺术形式，以免冲淡报眼位置自身所具有的说服力与可信性。

2）半通栏广告。半通栏广告一般分为大、小两类：65 mm×120 mm 和 100 mm×170 mm。由于半通栏广告版面较小，而且众多广告排列在一起，互相干扰，广告效果容易被互相削弱。因此，如何将广告做得超凡脱俗、新颖独特，使之从众多广告中脱颖而出、跳入读者视线，是广告文案写作应特别注意的。其文案写作要注意以下几个方面：

①制作醒目的广告标题。标题字数要少，字体要大，新颖别致，有冲击力，能一下子抓住受众的注意力。

②用短文案。语言要高度凝练简洁，提纲挈领，突出重点信息。力求做到小版面、多内涵。

③文案的写作要注意与画面编排的有机结合。最好在编排先行、编排为主的制作意念中进行。

3）单通栏广告。单通栏广告也有两种类型：100 mm×350 mm，或者 650 mm×235 mm。单通栏广告是广告中最常见的一种版面，符合人们的正常视觉，因此版面自身有一定的说服力。从版面面积看，单通栏是半通栏的 2 倍，这种变化也应相应地体现于广告文案的撰写中，其文案写作要注意以下几个方面：

①文案写作可以作为广告的核心部分，文案的对应性诉求可以起主要作用。

②广告标题的制作既可以运用短标题形式，也可以采用理性诉求的长标题形式；但为了与画面的编排相和谐，最好用单标题而不用复合标题。

③文案中可以进行较为细致的广告信息介绍和多方位的信息交代、信息表现。但正文字数不可多于 500 个汉字，以免造成版面拥挤，影响编排效果。

④文案的结构可以有充分的运用自由度，体现文案最完整的结构类型。

4）双通栏广告。双通栏广告一般有 200 mm×350 mm 和 130 mm×235 mm 两种类型。在版面面积上，它是单通栏广告的 2 倍。这就给广告文案写作提供了较大的驰骋空间，凡适于报纸广告的结构类型、表现形式和语言风格都可以在这里运用。其文案写作应特别注意以下几点：

①可以诉求广告主体的立体信息、综合信息。

②广告标题可以采用多句形式和复合形式。

③可以多采用论辩性文案表现形式，并通过一些小标题来达到引发受众阅读的目的。

④版面编排可以放在次要地位，说服和诱导的重任基本上靠广告文案来完成。

⑤如果广告产品处于成熟期，在采用感性诉求时，应更注重于广告主体的品牌体现、一贯观念体现。

5）半版广告。半版广告一般有 250 mm×350 mm 和 170 mm×235 mm 两种类型。半版、整版和跨版广告均被称为大版面广告，是广告主雄厚的经济实力的体现。它给广告文案的写作提供了广阔的表现空间。半版广告文案的写作应特别注意以下几个方面：

①运用画面表现的“大音稀声，大象无形”的美学原理，努力拓宽画面的视觉效果。“以白计黑，以虚显实”，充分利用受众的想象力。

②文案写作既可以进行感性诉求，也可以进行理性诉求。可以运用适于报纸广告的各种表现形式和手段，辅助画面营造气势、烘托气氛，强化视觉冲击力。

③采用大标题、少正文文案、重点性附文方式，删繁就简，突出定位，以体现主体品牌形象的气势和形式吸引力。

6）整版广告。整版广告一般可分为 500 mm×350 mm 和 340 mm×235 mm 两种类型。它是我国单版广告中最大的版面，给人以视野开阔、气势恢宏的感觉。如何有效地利用整版广告的版面空间创造最理想的广告效果，这是广告文案写作的重要任务。

目前，整版广告大体有三种用法：

①有文无图，或偶有插图，基本以文案方式出现。运用介绍性的文体对产品系列或企业做较为详细的、全方位的介绍。

②以图为主，辅之以文。以创意性的、大气魄的大画面、大文字或少文字来进行感性诉求。广告文案的点睛作用、文案与画面风格的协调是值得重视的关键要素。

③运用报纸的新闻性和权威性，采用报告文学的形式来提升企业的形象。

实践证明，第二种用法效果最佳。因此，这种类型的整版广告现在越来越多。

7）跨版广告。跨版广告即一个广告作品刊登在两个或两个以上的报纸版面上。一般有整版跨板、半版跨板、1/4 版跨版等几种形式。跨版广告很能体现企业的大气魄、厚基础和经济实力，是大企业所乐于采用的。

**【启事范文】**

## 联合国第四次世界妇女大会会标、会歌、招贴画征集启事

1995 年 9 月，金秋的北京将举办新中国成立以来最大的国际性会议——联合国第四次世界妇女大会。这是世界对中国的信赖，是中国对世界的贡献。届时，两万多位来自五洲四海的嘉宾将相聚北京，讨论全球妇女问题。妇女是人类的一半。妇女问题关系全人类。世界各国新闻媒介、记者就其数量而言，将给予大会超过对奥运会的关注。

“以行动谋求平等、发展与和平”，为让大会这一主题深入人心，让灿烂的中华文化融入世界，大会组委会和人民日报、新华社、解放军报、光明日报、经济日报、工人日报、中国青年报、中国妇女报、农民日报、中国文化报、中国教育报、科技日报、北京日报、文汇

报、羊城晚报、北京青年报以及中央电视台、中央人民广播电台等18家新闻单位联合发起，向我国社会各界征集大会会标、会歌和招贴画。

征集到的作品由文化部艺术局邀请有关专家组成评委会进行评选。凡入选正式使用的作品，将由大会组委会颁发证书、纪念品及一次性稿酬。会标和招贴画将各另评选出5幅提名作品，颁发证书及设计稿酬；同时选出优秀设计在1995年9月大会召开期间举办“联合国第四次世界妇女大会会标、招贴画征集作品展”。会歌创作和会标、招贴画设计一经选中，版权归第四次世界妇女大会中国组委会所有。

具体要求如下：

### 会　标

一、要求以简洁、概括、生动、美观的造型突出“以行动谋求平等、发展与和平”的第四次世界妇女大会主题精神，并能体现或象征“中国”“妇女”的含义。

二、图案尺寸，要求不小于10 cm，不大于15 cm。寄送彩色稿的同时，请附图案设计说明及墨稿。

三、会标中如有文字出现，则需中英文同时使用。一般要求注明“1995 北京”。

四、请写明设计者的姓名、性别、年龄、联系地址、单位、邮编、电话。

五、会标设计稿请寄至北京北河沿大街甲83号文化部艺术局美术处。邮编：100722；联系电话：4012255转423。截稿日期为1994年2月28日（以寄出邮戳为准）。

六、会标设计原稿不再退回本人，留作大会资料。

### 会　歌

一、作品体裁不限，歌词要求紧扣世界妇女大会“以行动谋求平等、发展与和平”的主题，曲调要清新流畅、富有生气。

二、专业作者、业余作者创作的歌曲均可报名参加。

三、应征作品要求提交歌曲盒式录音带一份，歌片15份（五线谱、简谱均可）。词、曲作者请注明姓名、性别、年龄、工作单位、联系地址、邮编、电话。

四、应征作品由各省、自治区、直辖市文化厅（局）及总政文化部进行初评后，择优上报至文化部艺术局。具体征集办法及截稿日期请与各省、自治区、直辖市文化厅（局）联系。部队系统与总政文化部联系。中央直属艺术院（校、团）、民委及在京产业系统所属艺术院（校、团）可直接与文化部艺术局音舞处联系。电话：4031059（或4012255）转322（或321）；地址：北京北河沿大街甲38号文化部艺术局音舞处，邮编：100722。

五、不符合规定程序上报的作品一律不予接受。

### 招 贴 画

一、招贴画要求突出体现1995年北京第四次世界妇女大会及其主题精神。画面美观、大方、醒目。

二、招贴画要注明“联合国第四次世界妇女大会”“1995年北京”字样。如画面需要，可写上大会主题词“以行动谋求平等、发展与和平”（要求：中英文对照）。

三、设计尺寸为 54 cm×78 cm（二开纸竖幅）

四、来稿请附设计说明及作者姓名、性别、年龄、联系地址、单位、邮编、电话。

五、招贴画设计先进行初选。可将设计照片（要求图案清晰、颜色准确）或设计小稿（要求 16 开纸）于 1994 年 7 月 5 日以前寄至北京北河沿大街 83 号文化部艺术局（以邮戳为准），联系地址、电话、邮编同会标栏所注。

七、招贴画设计初选通过后，再通知设计者寄正式大稿，以做候选和参加“联合国世界妇女大会招贴画征集作品展览”之用。

八、招贴画原稿设计不退，留作大会资料。

（注：招贴画设计画面需有第四次世界妇女大会会标。会标将于 1994 年 3 月份选定，并届时通过参加联合征集的 18 家新闻单位公布）

附：

一、联合国世界妇女大会会徽图案（略）。

二、第四次世界妇女大会主题词（中英文）：

“以行动谋求平等、发展和平”

“Action for Equality，Development and Peace”

第四次世界妇女大会中国组委会

××年××月××日

**【简评】** 这份分段式启事虽然内容较多，却也不失简明，征稿理念、要求叙述非常清晰，且格式规范、语体适宜。值得学习模仿。

**【仿写须知】** 仿写时，要注意保持文面形式各方面不走样。

**【知识链接】**

### （一）启事的概念

启事是机关、企事业单位、团体或个人需要向公众说明某事或希望公众协助办理某事时使用的一种事务文书。

### （二）启事的分类

常见的启事大致可归纳为以下几类：

寻访类。如寻物启事、寻人启事等。

招领类。拾遗者发启事寻找物（或人）的失主。

征求类。如征稿启事、征物启事、征求某种人才的启事、征婚启事等。

征询类。征询对某物的产权、对某件事情的结论有无异议。

通知类。邀集亲友、校友、会友、社会同人举行某种活动，由于被告知者居住分散或不确定，往往发启事广泛告知。

声明类。遗失证件、支票，发启事告知社会有关方面，声明作废。

道歉类。社会活动中发生侵权行为，经有关方面调解，有时以公开道歉为和解条件，可用启事公开道歉。

鸣谢类。受别人祝贺、援助、恩惠之后，往往要表示谢意，用启事公开道谢，也兼有表彰之意。

辞行类。多用于个人或团体离开某地时向社会各界或亲友公开道别。

陈情类。对某事情或某一方针政策有异议，可以启事形式向社会公开陈述意见以征求支持，或请求主持公道。

喜庆类。生活中遇有喜庆之事（如订婚、结婚、寿诞、荣膺、开幕、奠基等）公开告白亲友或邀集举行庆祝活动，均可以启事形式告白。

丧祭类。在举行追悼、祭奠活动时，除用丧帖告知亲友外，也往往同时发启事，以便广泛告知社会亲友。

迁移类。厂家、店铺、机关团体的办公地址、个人住址等迁移新址时，如认为有必要向社会公开告白，也常采用发表启事的方式。

更改类。对已公布出的事项文字错误做更改通知或勘误说明。

其他类。图书期刊出版发行的预告、预订，公开的警告或悬赏，公开推荐人才或出租出售物品，开业或停业的通知等，都可以启事形式告知大众。

### （三）启事的特点

**1. 告启性**

启事面向大众告知事宜。它只具有知照性，而没有强制性和约束力。

**2. 简明性**

启事要求写得简洁明了。无论是登报、广播、电视宣传还是张贴，启事都必须写得十分简明。有的启事三言两语，有的启事用单行单句排列内容，竭力做到一目了然。

除了为读者提供方便之外，启事的简明性，也受篇幅版面限制。张贴的启事不允许写得长。电台、电视、报纸期刊启事，是要出钱刊登的，这就更要精简文字，压缩版面，力求用最少的钱达到最优的启知效果，这更促成了启事的简明性。

### （四）启事结构与写作要求

**1. 启事结构**

启事结构通常由标题、正文、结尾三部分组成。

（1）标题。有以下几种形式：用文种做标题；用内容做标题；内容和“启事”组成标题；启事者和内容组成标题；启事者、内容和“启事”组成标题。

（2）正文。启事的正文有多种写法，如：一段式写法，内容简单的启事通常一段成文；分段式写法，内容较丰富的启事通常分几个段落成文。

（3）结尾。启事的结尾一般包括联系地址、电话、联系人姓名或者签署启事者姓名、时间等。

**2. 写作要求**

（1）内容要简明。

（2）用语要礼貌。

【海报范文】

## 北京2008年奥运会火炬接力宣传海报

**【简评】** 这份海报造型与色彩和谐，重点突出，整个画面热烈、欢快，充满活力。

**【仿写须知】** 仿写时，要注意海报设计的六大原则。

**【知识链接】**

### （一）海报的概念

海报是主办单位向公众报道举行文化、娱乐、体育等活动的一种事务文书。

### （二）海报的分类

从内容分，有演出海报、讲演海报、比赛海报、展览海报等。

从形式分，有文字海报和美术海报两种。

### （三）海报的结构

**1. 标题**

（1）用文种做标题。有的海报标题只写“海报”两字。

（2）用内容做标题。

（3）用主办单位的名称做标题。

**2. 正文**

海报的正文要用简洁的文字写清楚活动内容、时间、地点、参加办法等。

（1）一段式。

内容简单的通常只用三言两语，一段成文。例如：“××月××日下午××时，我校和××学院足球队在本校大操场进行友谊比赛，欢迎踊跃观赛。”

（2）项目排列式。

内容稍多的可分项排列成文。例如：

特邀××学院××教授主讲“沟通”。

××讲座形式：视频为主，辅以讲解。

时间：××年××月××日至××日，每晚××时至××时。

地点：××报告厅。

入场办法：××月××日起在本馆门口售票处售票，每票××元。

（3）附加标语式。

有的海报在正文首或正文末加上排列整齐的标语，起到画龙点睛的作用。配上这类标语之后，会产生渲染吸引作用，但要遵守真实的原则，不能哗众取宠，招摇撞骗。

**3. 结尾**

结尾由主办单位、海报制作时间等构成。如果正文已把有关内容写清楚了，可以不设结尾。

有的结尾还会加上一些吸引人的口号，如“售完即止，勿失良机！”之类。

### （四）海报设计的原则

海报设计的六大原则：

一是单纯。形象和色彩必须简单明了。

二是统一。海报的造型与色彩必须和谐，要具有统一协调效果。

三是均衡。整个画面要具有冲击力与均衡效果。

四是突出重点。海报的构成要素必须化繁为简，尽量挑选重点来表现。

五是惊奇。海报无论在形式上还是在内容上都要出奇创新，具有强大的令人惊奇的效果。

六是技能。海报设计需要有高水准的表现技巧，无论是绘制还是印刷都不可忽视技能性的表现。

【讣告范文】

## 鲁迅先生讣告

鲁迅（周树人）先生于一九三六年十月十九日上午五时二十五分病卒于上海寓所，享年五十六岁。即日移置万国殡仪馆，由二十日上午十时至下午五时为各界瞻仰遗容的时间。依先生的遗言，“不得因为丧事收受任何人的一文钱”，除祭奠和表示哀悼的挽词、花圈等以外，谢绝一切金钱上的赠送。谨此讣闻。

鲁迅先生治丧委员会：
蔡元培、内山完造
宋庆龄、A. 史沫特莱
沈钧儒、萧三、曹靖华
许季、茅盾、胡愈之
胡风、周作人、周建人
1936 年 10 月 19 日

**【简评】**这篇讣告首先写明逝者姓名、逝世日期、具体时间、地点、终年岁数，然后写明瞻仰遗容地点、时间，重点写明先生遗言“不得因为丧事收受任何人的一文钱”，彰显鲁迅先生一生品格。

**【仿写须知】**仿写时，要注意文面形式各方面不走样。

**【知识链接】**

### （一）讣告的概念

讣告是机关、单位、个人把某人去世的不幸消息向死者的亲戚、朋友、家属发出的通告性文书。讣告又称“讣闻”“讣文”。“讣”原指报丧的意思，就是将人去世的消息报告给相关人员。

### （二）讣告的分类

讣告通常有以下三种形式：

**1. 一般性讣告**

普通公民去世，以讣告发布消息。

**2. 公告式讣告**

重要人物去世，以此发布消息，以示隆重。

**3. 简便式公告**

作为一般消息晓谕社会、告知个人。

### （三）讣告的结构与写作要求

一般性讣告是最常见的讣告形式。主要内容一般包括以下四个方面：

**1. 标题**

标题一般有以下两种形式：

一种由文种名称组成，在头一行中间写上“讣告”二字。另一种由死者名和文种名共同构成。如“鲁迅先生讣告”。

标题字体一般要略大于正文字体，或者给标题字加黑。

**2. 正文**

讣告的正文通常要写出以下几项内容：

首先，写明死者的姓名、身份、死因、逝世的日期、具体时间、地点、终年岁数。这里需指出的是，“终年”有的也写为“享年”，意思是“享受过的有生之年”。“享年”一般用于自己的长辈或人们所敬重的老者；“终年”指死时已活到多少岁。“终年”的用法较为广泛，不带有感情色彩。

其次，简介死者生平主要经历及政治、学术、艺术、技术等方面的主要成就。需要指出的是，死者的经历是其代表性的经历，而不是其个人履历的一种复写。

最后，告知吊唁、追悼会的时间、地点、接送车辆安排等其他有关事宜。

**3. 落款**

讣告的落款署明发讣告的单位、团体或个人的名称以及发讣告的时间。

**4. 讣告写作注意事项**

讣告的语言要求准确、简练、严肃、郑重。

时代变化了，有些带有极强书面语味道的词语理应淘汰，如用“先父”“先母”代替过去的“先考”“先妣”。

凡讣告的用纸，依据我国的传统忌用红色，一般用白纸，上书黑字即可。

一般性讣告需在告别仪式之前尽早发出，以便死者亲友及时做出必要的安排和准备，如备花圈、写挽联等。

## 三、写作训练

完成“一、情境写作”所设题目。

# 第三节　欢迎词　欢送词　答谢词　贺词　解说词　讲话稿　演讲稿

## 一、情境写作

将全班同学分成七组，结合班级情况，每组选“欢迎词、欢送词、答谢词、贺词、解说词、讲话稿、演讲稿”中的一个文种，写成一份文稿。要求：

一是行款格式要符合要求。

二是注意文面形式细节。

## 二、范文、简评、仿写须知及知识链接

**【欢迎词范文】**

### ××大学校长×××欢迎词

尊敬的泽尔滕教授、莫里斯教授、杨曹文梅女士，各位领导，各位嘉宾，女士们，先生们：

在第三届公司治理国际研讨会隆重开幕之际，请允许我代表南开大学向与会的各位领导、各位嘉宾和远道而来的朋友们，表示热烈的欢迎和诚挚的问候。

公司治理是中国企业改革和社会主义市场经济体制不断完善所面临的重要课题，也是国际学术界关注的热点问题之一。在经济全球化日益加速的背景下，为了推动相关领域的理论研究和实践，我们搭建了中外学者相互交流和研讨的学术平台。

南开大学分别于2001年11月、2003年11月主办了两届公司治理国际学术研讨会，在国内外引起了热烈的反响。今天举行的第三届公司治理国际研讨会，再次得到来自美国、德国、英国、日本等国家及中国香港、中国台湾和大陆学者的热烈响应。300多名海内外的专家学者会聚南开，共同围绕公司治理改革与评价国际化挑战这样一个主题，开展深入的研讨和广泛的交流，这必将在思想的交锋中碰撞出智慧的火花。本次会议还得到国家自然基金委员会等部门的大力支持，美国百人会团还专门组团参会。在这里，我对参加本次研讨会的单位和朋友表示衷心的感谢。

近年来，南开大学商学院在改革中求发展，在创新中求突破，取得了显著的成绩，已经成为我校最具活力和发展潜力的学院之一。在拥有工商管理一级学科博士学位授权点和企业管理国家级重点学科的基础上，公司治理研究中心于2004年成功入选全国高校人文社会科学重点研究基地，中国企业管理与制度创新基地也被列入教育部“985工程”二期哲学社会科学创新基地建设名单。在不久前，我校工商管理博士后流动站被评为全国同类学科唯一的优秀博士后流动站。

需要特别指出的是，在公司治理研究领域，在李维安院长的带领下，专家学者们深入实际调查，广泛开展学术合作与交流，形成了较强的研究团队，取得了一批标志性的成果并产生了广泛的影响。这些进步与成绩包含着商学院广大师生的不懈努力，也是与国内外各界朋友们的支持和鼓励分不开的。在此，我代表南开大学对长期支持我校公司治理研究的各界朋友们表示深深的谢意。目前，南开大学全校师生正在团结一致，务实求新，为建设国际知名高水平大学努力奋斗。在未来的发展中，希望继续得到各位专家和朋友们的大力支持和帮助。最后预祝本次国际学术研讨会取得圆满成功。谢谢大家！

**【简评】**这篇欢迎词充分显示了欢愉性特点，“热烈的欢迎和诚挚的问候”“我代表南开大学对长期支持我校公司治理研究的各界朋友们表示深深的谢意”“对参加本次研讨会的单位和朋友表示衷心的感谢”，热情洋溢，令来宾愉悦。此外，学院成就的介绍也恰到好处。

**【仿写须知】**仿写时，要注意文面形式各方面不走样。

【知识链接】

## （一）欢迎词的概念

欢迎词是由东道主出面对宾客的到来表示欢迎的讲话文稿。

## （二）欢迎词的特点

**1. 欢愉性**

中国有句古话是“有朋自远方来，不亦乐乎”，所以致欢迎词时应有一种愉快的心情，言词用语务必富有激情和表现出致词人的真诚，这样才能给客人一种“宾至如归”的感觉，为下一步各种活动的完满举行打下好的基础。

**2. 口语性**

欢迎词是在现场当面向宾客口头表达的，所以口语化是对欢迎词文字上的必然要求，在遣词用语上要运用生活化的语言，既简洁又富有生活的情趣。口语化会拉近主人同来宾的亲切关系。

## （三）欢迎词的分类

**1. 根据表达方式分类**

从表达方式上，欢迎词可分为：

（1）现场讲演欢迎词。

一般指欢迎人在被欢迎人到达时在欢迎现场口头发表的欢迎稿。

（2）报刊发表欢迎词。

这是发表在报刊或公开发行刊物上的欢迎稿。它一般在客人到达前后发表。

**2. 根据社交的公关性质分类**

从社交的公关性质上，欢迎词可分为：

（1）私人交往欢迎词。

私人交往欢迎词一般是在个人举行较大型的宴会、聚会、茶会、舞会、讨论会等非官方的场合下使用的欢迎稿。通常要在正式活动开始前进行。私人交往欢迎词往往具有很大的即时性、现场性。

（2）公事往来欢迎词。

这样的欢迎词一般在较庄重的公共事务中使用。要有事先准备好的得体的书面稿，文字措辞较私人交往欢迎词要正式和严格。

## （四）欢迎词的结构与写作要求

欢迎词一般由标题、称呼、正文和落款四部分组成。

**1. 标题**

标题写法一般有两种：一种是单独以文种命名，如“欢迎词”。另一种是由活动内容和文种名共同构成，如“在××学术讨论会上的欢迎词”。

**2. 称呼**

称呼要求写在开头顶格处。要写明来宾的姓名称呼。如“尊敬的各位女士、各位先生”

“亲爱的××大学各位同人”等。

**3. 正文**

欢迎词的正文一般可有开头、中段和结尾三部分构成。

（1）开头。

开头通常应说明现场举行的是何种仪式，发言者代表什么人向哪些来宾表示欢迎。

（2）中段。

欢迎词在这一部分一般要阐述和回顾宾主双方在共同的领域所持的共同的立场、观点、目标、原则等内容，较具体地介绍来宾在各方面的成就及在某些方面做出的突出贡献，同时要指出来宾本次到访或光临对增加宾主友谊及合作交流所具有的现实意义和历史意义。

（3）结尾。

通常在结尾处再次向来宾表示欢迎，并表达自己对今后合作的良好祝愿。

**4. 落款**

欢迎词的落款要署上致辞单位名称、致辞者的身份、姓名，并署上成文日期。

### （五）欢迎词写作的注意事项

欢迎词是出于礼仪的需要而使用的，因此要十分注意礼貌。具体而言，要注意以下几点：

一是称呼要用尊称，感情要真挚，要能得体地表达自己的原则立场。

二是措辞要慎重，勿信口开河，同时要注意尊重对方的风俗习惯，应避开对方的忌讳，以免发生误会。

三是语言要精确、热情、友好、温和、礼貌。

四是篇幅短小，言简意赅。一般的欢迎词都是一种礼节性的外交或公关辞令，宜短小精悍。

**【欢送词范文】**

## 欢　送　词

同志们：

在全国上下众志成城抗震救灾的关键时刻，今天，我们在这里为湖北水文抢测队奔赴四川抗震救灾前线举行欢送仪式。首先，我代表省局党委和全省1 400多名水文职工向湖北水文抢测队员致以最崇高的敬意，向对你们奔赴前线开展抗震救灾工作给予支持的家人表示衷心的感谢。

灾情就是命令，时间就是生命。汶川大地震牵动着全国人民的心。当前，地震灾区堰塞湖数量不断增加，情况日益严重，对灾区人民构成严重威胁。党中央、国务院和水利部高度重视，根据灾情需要和上级要求，你们临危受命，驰援灾区，使命光荣，任务艰巨。希望你们发扬一方有难、八方支援的精神和艰苦奋斗、连续作战的作风，听从指挥，迎难而上，积极主动，科学测报，用百倍的努力去完成此次堰塞湖实地勘测和水文监测任务，用实际行动为灾区建设和安全贡献一分力量。也相信你们会不辱使命，不负众望，把湖北水文人的深情厚谊播撒到四川灾区人民的心中，为湖北水文增光添彩，我们为你们骄傲。同时希望你们相互关照，保重身体，注意安全，健康而去，平安而归。

湖北人民和你们的家人期待着你们胜利归来！

党委书记、省局局长：×××
××年××月××日

【简评】这篇欢送词表达了领导对员工的真诚情感，关爱与鼓励之情溢于言表。言辞把握得很有分寸。

【仿写须知】仿写时，要注意文面形式各方面不走样。

【知识链接】

（一）欢送词的概念

欢送词是在接待迎送宾客结束时，对其离去表示友情欢送的致辞。

（二）欢送词的特点

**1. 惜别性**

欢送词要表达亲朋远行时的感受，所以依依惜别之情要溢于言表。当然格调也不可过于低沉。尤其是公共事务的交往，更应把握好分别时所用言辞的分寸。

**2. 口语性**

同欢迎词一样，口语性也是欢送词的一个显著特点之一。遣词造句应注意使用生活化的语言，使送别既富有情趣又自然得体。

（三）欢送词的分类

按表达方式来分，可分为现场讲演欢送词和报纸期刊发表欢送词两种。

按社交的公关性质来分，欢送词可分为私人交往欢送词和公事往来欢送词两种。

（四）欢送词的结构

欢送词的结构与欢迎词的结构大体相同。

（五）欢送词的写作要求

除应用的时间、场合不同外，欢送词主要功用与欢迎词并无实质性的区别。除内容外，其写法与欢迎词也大致相同。只是要注意了解来宾来访期间的活动情况。得悉了这些情况，欢送词就会写得内容丰富而准确。

【答谢词范文】

## 加拿大淡水鱼研究所所长的答谢词

女士们，先生们：

我荣幸地代表来自世界各地21个不同国家的科学家，在这里答谢陈教授刚才热情洋溢的欢迎词。

使我感到特别荣幸的是我能代表所有参加此次国际会议的“外宾”讲话，因为这是我们第一次有幸在中国参加这一学术会议。

我感谢大会组织委员会对我们的邀请，感谢他们为这次会议的准备工作所付出的辛勤劳动和心血。我们刚到武汉不久，但大会的计划组织工作已给我们留下了深刻的印象。我们同时也感谢中国主人对我们的深情厚谊。

科学是不分国界的，科学使我们走到一起。我希望今后几天的接触交流将使我们大家感到满意。看到这样盛大的国际聚会，我感到愉快，我向参加今天会议的所有人员表示祝贺。我相信他们的研究工作达到了本领域的高水平。

陈教授，谢谢你热情的欢迎词，同时也感谢你们埋头苦干的组织委员会。此外，我们还要感谢武汉市政府和人民，因为他们为了我们在这里过得愉快和留下深刻的印象已经做了并且还在做大量的工作。

谢谢！

**【简评】**这份答谢词表达了对主人的热情好客的真挚感谢之情。开头先向主人致以感谢之意；主体对主人所做的安排给予高度评价，对大会的计划组织工作予以充分肯定；然后，谈自己的感想和心情，“我希望今后几天的接触交流将使我们大家感到满意”；结尾再次致谢。

**【仿写须知】**仿写时，要注意文面形式各方面不走样。

**【知识链接】**

（一）答谢词的概念

与欢迎词相关联，答谢词是指客人在举行必要的答谢活动中所发表的感谢主人的盛情款待的讲话。

（二）答谢词的结构与写作要求

答谢词的开头，应先向主人致以感谢之意。

答谢词的主体，先是用具体的事例，对主人所做的一切安排给予高度评价，对主人的盛情款待表示衷心的感谢，对访问取得的收获给予充分肯定。然后，谈自己的感想和心情，比如颂扬主人的成绩和贡献、讲述对主人的美好印象、阐发访问成功的意义等。

答谢词的结尾，主要是再次表示感谢，并对双方关系的进一步发展表示诚挚的祝愿。

答谢词的写作重点在于表达出对主人的热情好客的真挚感谢之情。

**【贺词范文】**

## 胡锦涛2008年新年贺词

女士们，先生们，同志们，朋友们：

新年的钟声即将敲响，2008年就要到来了。在这个充满希望的美好时刻，我很高兴通过中国国际广播电台、中央人民广播电台和中央电视台，向全国各族人民，向香港特别行政区同胞和澳门特别行政区同胞，向台湾同胞和海外侨胞，向世界各国的朋友们，致以新年的祝福！

2007年，世界发生了新变化，中国也取得了新进步。中国各族人民万众一心，继续推动全面建设小康社会进程。中国的综合国力进一步增强，人民生活进一步改善。中国人民加强同各国人民的交流合作，积极致力于国际热点问题的妥善解决，努力推动建设持久和平、共同繁荣的和谐世界。两个多月前，中国共产党召开了第十七次全国代表大会，描绘了在新的时代条件下继续全面建设小康社会、加快推进社会主义现代化的宏伟蓝图。中国各族人民正以自己的勤劳和智慧，为谱写美好生活新篇章进行着新的奋斗。

2008年，对中国人民来说，是十分重要的一年。我们将隆重纪念改革开放30周年。1978年开始的改革开放，是决定当代中国命运的关键抉择，使社会主义中国的面貌发生了历史性变化。我们将坚定不移地高举中国特色社会主义伟大旗帜，深入贯彻落实科学发展观，继续解放思想，坚持改革开放，发展社会主义市场经济，发展社会主义民主政治，发展社会主义先进文化，继续以改善民生为重点加强社会建设，努力使全体人民学有所教、劳有所得、病有所医、老有所养、住有所居，促进社会和谐。我们将坚持“一国两制”、“港人治港”、“澳人治澳”、高度自治的方针，同广大香港同胞、澳门同胞一道，共同维护香港、澳门长期繁荣稳定。我们将坚持“和平统一、一国两制”的基本方针，牢牢把握两岸关系和平发展的主题，始终不渝地为两岸同胞谋福祉、为台海地区谋和平，坚决维护国家主权和领土完整。

当前，国际形势总体上保持稳定，同时，全球经济失衡加剧，国际安全形势更加复杂，人类面临诸多难题和挑战。共同分享发展机遇，共同应对各种挑战，推进人类和平与发展的崇高事业，是各国人民的共同愿望。借此机会，我愿重申，中国将高举和平、发展、合作旗帜，始终不渝走和平发展道路，始终不渝实施互利共赢的开放战略，继续致力于推进国际关系民主化，推动经济全球化朝着均衡、普惠、共赢的方向发展，促进人类文明交流互鉴，呵护人类赖以生存的地球家园，维护世界和平稳定。

此时此刻，我们深深挂念世界各地身受战火、贫困、疾病、灾害煎熬的人们。中国人民深切同情他们的遭遇，愿尽己所能帮助他们早日摆脱困境。我们衷心希望各国人民自由、平等、和谐、幸福地生活在同一个蓝天之下，共享人类和平与发展的成果。

2008年，第29届夏季奥运会和残奥会将在北京举办。我们将以最大的热情、尽最大的努力，让这届奥运会和残奥会成为增进中国人民同世界各国人民相互了解和友好合作的盛会。我们热忱欢迎各国体育健儿来中国参加奥运会和残奥会，也热忱欢迎各国朋友来中国观看奥运会和残奥会。

最后，我从北京祝大家在新的一年里幸福安康！

**【简评】**这篇贺词以新年祝福开头，第二段回顾2007年中国取得的新进步，第三段阐述2008年对中国人民的重要性，第四段阐述了对外政策，表达了中国秉持的和谐理念，第五段“深深挂念世界各地身受战火、贫困、疾病、灾害煎熬的人们”，第六段表示将以最大的热情、尽最大的努力办好奥运会和残奥会，最后以良好的祝愿结尾。全文在措辞上体现出一种喜悦、美好之情。

**【仿写须知】**仿写时，要注意文面形式各方面不走样。

**【知识链接】**

（一）贺词的概念

贺词是人们在事情已经发生时表示的庆贺与道喜之辞。

（二）贺词的特点

**1. 喜庆性**

祝词、贺词是在喜庆的场合对祝贺对象的一种真诚的祈颂祝福和良好心愿的表达，因此喜庆性是祝词、贺词的基本特点。在措辞用语上务必体现出一种喜悦、美好之情。

**2. 体裁的多样性**

贺词无须拘泥于某种文体，可以根据祝贺对象的具体情况采用合适贴切的文章体裁。如既可以用一般的应用文体，也可以采用诗、词、对联等各种其他的文体样式。

（三）贺词的分类

**1. 根据祝贺对象分类**

从祝贺对象上看贺词可以分为四类：

（1）祝贺寿诞。

祝贺寿诞的主要对象是老年人。在祝贺中，既赞颂他已取得的辉煌成绩，又祝愿他幸福健康长寿。祝贺寿诞的对象也可以是自己，称“自寿”。自寿往往抒发个人的感慨、抱负，或自勉。

（2）祝贺事业。

事业成功的祝贺涉及范围极广。如会议开始时祝其圆满成功，会议结束时贺会议圆满结束；展览会剪彩时祝其取得较好的社会效益，结束时贺其已取得的预期目的；某人考入大学时，贺其金榜题名，祝其鹏程万里、百尺竿头再进一步；其他如公司开业、银行开张、期刊创刊、社团纪念等，均可贺其已取得的成就，祝其今后事业的顺利、发达。

（3）祝贺婚嫁。

既贺新婚，又祝新人婚姻今后和谐美满。

（4）祝贺酒宴。

酒宴上的贺词，其实是向赴宴宾客表达的一种庆贺。

**2. 根据表达形式分类**

贺词从表达形式上看可分为两类：

（1）现场即席致辞祝贺。

一般说来，在较为随意轻松的场合可以即兴表示祝贺。但在公共事务场合下，为庄重严肃起见，应按事先拟好的祝贺词发言。

（2）信函电传祝贺。

有时祝贺人无法到场祝贺，在这样的情况下，可以用书信的方式祝贺，也可以拍发电报、传真或用电子邮件来表示祝贺之意。

### （四）贺词的结构

贺词的结构一般包括以下几个部分：

**1. 标题**

写上“贺词”或“贺信”“贺电”，或加上致贺场合、致贺对象，如“中共中央、全国人大常委会、国务院庆祝广西壮族自治区成立三十周年的贺电”“在××××会上的贺词”等。文种名称要根据不同的使用场合加以选择，书面称“贺信”，电文用“贺电”。

**2. 称谓**

顶格写受贺单位名称或个人姓名及称谓。

**3. 正文**

正文是贺词的主体，分若干层表达，言简意赅。一般表示祝贺、阐明意义、提出期望等。致贺对象和致贺因由不同，内容也有所不同。如果是祝贺会议，首先祝贺胜利召开，然后阐明会议意义，预祝会议圆满成功；如果是祝寿，则是祝贺寿辰、评价功绩品格、祝愿健康长寿。

**4. 署名署时**

署上致贺单位或个人姓名，写明年、月、日。

### （五）贺词的写作要求与注意事项

写作贺词要围绕中心，突出主题，内容准确。写作时，要对致贺对象有一个透彻的了解。比如会议，必须了解会议召开的背景、会议性质意义及主要议题；祝寿，必须了解受贺方的生平事迹、成就、贡献、品德等。同时必须做到表达得体，切合身份。

祝词和贺词在某种场合可以互用，但它们所包含的含义并不相同。祝词一般的对象是事情未果，表示祝愿、希望的意思；而贺词一般对象是事情已果，表示庆贺、送喜的意思。由此可知，祝词和贺词的区别是显而易见的。祝词在事前，贺词在事后。今天人们在实际使用时常常将祝词、贺词混在一起，其实祝贺之间不难分清，所以这里我们将其归为一节进行介绍。

**【解说词范文】**

## 电视片《话说长江》开篇解说词

你可能以为这是大海，这是汪洋吧？不，这是崇明岛岛外的长江！

你可能会联想到长长的飘带，洁白的哈达。是啊，多美啊，这也是长江！

如果说是三级跳远的话，那么，我们刚才从长江的入海处起跳，中间在三峡落了一脚，现在已跳到了世界屋脊的青藏高原了。

长江就是从这儿起步，昂首高歌，飘逸豪放地奔向太平洋。

长江在这个世界上已经生活了千千万万个春秋。但是她依旧是这样年轻，这样清秀！她总是像初生牛犊一样不知疲倦，永远充满了青春的活力！

那么长江的音容笑貌和性格究竟如何呢？

我们打算从长江的源头开始，顺流而下，逐段地给你介绍长江的千姿百态：长江流域的山水风光、风土人情、历史文化以及古往今来的变迁与发展。

我们热切地希望，朋友们看完了《话说长江》之后，能够激起一腔美化中华大地的热血。有如长江之水，惊涛拍岸！那该有多好啊！

**【简评】**这是《话说长江》解说词开篇。它抓住了事物的关键，开头三段大气而灵性，尽写长江大美；后续文字说明写作思路及写作目的，几如行云流水，给人无限期待。

**【仿写须知】**仿写时，要注意文面形式各方面不走样。

**【知识链接】**

### （一）解说词的概念

解说词是对事物或人物进行解释说明的一种应用文体。它通过对事物的准确描述、热情渲染来感染观众或听众，使其了解事物的来龙去脉和意义，从而收到宣传的效果。

### （二）解说词的特点

**1. 说明性**

解说词是配合实物或图画的文字说明，这就要求其既要便于讲解，又要便于观众一目了然，这就需要做到直观与具体。要用形象的文字把实物介绍给观众，使观众对实物或图画获得深刻认识。

**2. 顺序性**

解说词是按照实物陈列的顺序或画面推移的顺序编写的。陈列实物或画面有相对的独立性。反映在解说词里，应该节段分明，每件实物或每个画面都有一节或一段文字说明。在书面形式上，要依照时空顺序排列文字。

### （三）解说词的分类

解说词可分为人物事迹展览解说词、导游解说词、影视新闻纪录片解说词等。

### （四）解说词的结构与写作要求

解说词写作的形式多样，方法灵活：可用平实的语言，也可用文学的语言；可用散文形式，也可用韵文形式。

解说词是解说客观事物的，而客观事物是复杂的，只有仔细地观察、深刻地研究，才能把它如实地反映出来，介绍给读者。因此，要写好解说词，就要认真观察、研究被解说的事物，准确地把握事物之间的关系。具体地说，解说词的写作要求有以下几点：

一是要根据解说对象的特点，有明确的主题和说明重点，要突出事物的主要方面，抓住事物的关键。即使是拓展性内容，也不能游离解说的主题。

二是要注意知识和情理的扩展。解说词补充和增加解说对象的相关信息，主要是知识和情理的扩展，使读者接收到画面和实物本身无法传递和难以表达的含义。

三是处理好整体与局部的关系。解说词是一个有机的整体，但各个部分又有相对的独立性。每个部分既要紧密相连，又要各有侧重。

四是语言要精练、准确、口语化。解说词写作要求语言要求精练、准确、口语化，力避音同字不同的术语。可采用描述型、说明介绍型、分析型等写作形式。

**【讲话稿范文】**

## 在延安文艺座谈会上的讲话

同志们：

今天邀集大家来开座谈会，目的是要和大家交换意见，研究文艺工作和一般革命工作的关系，求得革命文艺的正确发展，求得革命文艺对其他革命工作的更好的协助，借以打倒我们民族的敌人，完成民族解放的任务。

在我们为中国人民解放的斗争中，有各种的战线，其中也可以说有文武两个战线，这就是文化战线和军事战线。我们要战胜敌人，首先要依靠手里拿枪的军队。但是仅仅有这种军队是不够的，我们还要有文化的军队，这是团结自己、战胜敌人必不可少的一支军队。“五四”以来，这支文化军队就在中国形成，帮助了中国革命，使中国的封建文化和适应帝国主义侵略的买办文化的地盘逐渐缩小，其力量逐渐削弱。到了现在，中国反动派只能提出所谓“以数量对质量”的办法来和新文化对抗，就是说，反动派有的是钱，虽然拿不出好东西，但是可以拼命出得多。在“五四”以来的文化战线上，文学和艺术是一个重要的有成绩的部门。革命的文学艺术运动，在十年内战时期有了大的发展。这个运动和当时的革命战争，在总的方向上是一致的，但在实际工作上却没有互相结合起来，这是因为当时的反动派把这两支兄弟军队从中隔断了的缘故。抗日战争爆发以后，革命的文艺工作者来到延安和各个抗日根据地的多起来了，这是很好的事。但是到了根据地，并不是说就已经和根据地的人民群众完全结合了。我们要把革命工作向前推进，就要使这两者完全结合起来。我们今天开会，就是要使文艺很好地成为整个革命机器的一个组成部分，作为团结人民、教育人民、打击敌人、消灭敌人的有力的武器，帮助人民同心同德地和敌人做斗争。为了这个目的，有些什么问题应该解决的呢？我以为有这样一些问题，即文艺工作者的立场问题，态度问题，工作对象问题，工作问题和学习问题。

立场问题。我们是站在无产阶级的和人民大众的立场。对于共产党员来说，也就是要站在党的立场，站在党性和党的政策的立场。在这个问题上，我们的文艺工作者中是否还有认识不正确或者认识不明确的呢？我看是有的。许多同志常常失掉了自己的正确的立场。

态度问题。随着立场，就发生我们对于各种具体事物所采取的具体态度。比如说，歌颂呢，还是暴露呢？这就是态度问题。究竟哪种态度是我们需要的？我说两种都需要，问题是在对什么人。有三种人，一种是敌人，一种是统一战线中的同盟者，一种是自己人，这第三种人就是人民群众及其先锋队。对于这三种人需要有三种态度。对于敌人，对于日本帝国主义和一切人民的敌人，革命文艺工作者的任务是暴露他们的残暴和欺骗，并指出他们必然要失败的趋势，鼓励抗日军民同心同德，坚决地打倒他们。对于统一战线中各种不同的同盟者，我们的态度应该是有联合，有批评，有各种不同的联合，有各种不同的批评。他们的抗战，我们是赞成的；如果有成绩，我们也是赞扬的。但是如果抗战不积极，我们就应该批评。如果有人要反共反人民，要一天一天走上反动的道路，那我们就要坚决反对。至于对人民群众，对人民的劳动和斗争，对人民的军队，人民的政党，我们当然应该赞扬。人民也是有缺点的。无产阶级中还有许多人保留着小资产阶级的思想，农民和城市小资产阶级都有落后的思想，这些就是他们在斗争中的负担。我们应该长期地耐心地教育他们，帮助他们摆脱背上的包袱，同自己的缺点错误作斗争，使他们能够大踏步地前进。他们在斗争中已经改造或正在改造自己，我们的文艺应该描写他们的这个改造过程。只要不是坚持错误的人，我们就不应该只看到片面就去错误地讥笑他们，甚至敌视他们。我们所写的东西，应该是使他们团结，使他们进步，使他们同心同德，向前奋斗，去掉落后的东西，发扬革命的东西，而决不是相反。

工作对象问题，就是文艺作品给谁看的问题。在陕甘宁边区，在华北华中各抗日根据地，这个问题和在国民党统治区不同，和在抗战以前的上海更不同。在上海时期，革命文艺作品的接受者是以一部分学生、职员、店员为主。在抗战以后的国民党统治区，范围曾有过一些扩大，但基本上也还是以这些人为主，因为那里的政府把工农兵和革命文艺互相隔绝了。在我们的根据地就完全不同。文艺作品在根据地的接受者，是工农兵以及革命的干部。根据地也有学生，但这些学生和旧式学生也不相同，他们不是过去的干部，就是未来的干部。各种干部，部队的战士，工厂的工人，农村的农民，他们识了字，就要看书、看报，不识字的，也要看戏、看画、唱歌、听音乐，他们就是我们文艺作品的接受者。即拿干部说，你们不要以为这部分人数目少，这比在国民党统治区出一本书的读者多得多。在那里，一本书一版平常只有两千册，三版也才六千册；但是根据地的干部，单是在延安能看书的就有一万多。而且这些干部许多都是久经锻炼的革命家，他们是从全国各地来的，他们也要到各地去工作，所以对于这些人做教育工作，是有重大意义的。我们的文艺工作者，应该向他们好好做工作。

既然文艺工作的对象是工农兵及其干部，就发生一个了解他们熟悉他们的问题。而为要了解他们，熟悉他们，为要在党政机关，在农村，在工厂，在八路军新四军里面，了解各种人，熟悉各种人，了解各种事情，熟悉各种事情，就需要做很多的工作。我们的文艺工作者需要做自己的文艺工作，但是这个了解人熟悉人的工作却是第一位的工作。我们的文艺工作者对于这些，以前是一种什么情形呢？我说以前是不熟，不懂，英雄无用武之地。什么是不熟？人不熟。文艺工作者同自己的描写对象和作品接受者不熟，或者简直生疏得很。我们的文艺工作者不熟悉工人，不熟悉农民，不熟悉士兵，也不熟悉他们的干部。什么是不懂？语言不懂，就是说，对于人民群众的丰富的生动的语言，缺乏充分的知识。许多文艺工作者由于自己脱离群众、生活空虚，当然也就不熟悉人民的语言，因此他们的作品不但显得语言无味，而且里面常常夹着一些生造出来的和人民的语言相对立的不三不四的词句。许多同志爱说“大众化”，但是什么叫作大众化呢？就是我们的文艺工作者的思想感情和工农兵大众的思想感情打成一片。而要打成一片，就应当认真学习群众的语言。如果连群众的语言都有许多不懂，还讲什么文艺创造呢？英雄无用武之地，就是说，你的一套大道理，群众不赏识。在群众面前把你的资格摆得越老，越像个“英雄”，越要出卖这一套，群众就越不买你的账。你要群众了解你，你要和群众打成一片，就得下决心，经过长期的甚至是痛苦的磨炼。

在这里，我可以说一说我自己感情变化的经验。我是个学生出身的人，在学校养成了一种学生习惯，在一大群肩不能挑手不能提的学生面前做一点劳动的事，比如自己挑行李吧，也觉得不像样子。那时，我觉得世界上干净的人只有知识分子，工人农民总是比较脏的。知识分子的衣服，别人的我可以穿，以为是干净的；工人农民的衣服，我就不愿意穿，以为是脏的。革命了，同工人农民和革命军的战士在一起了，我逐渐熟悉他们，他们也逐渐熟悉了我。这时，只是在这时，我才根本地改变了资产阶级学校所教给我的那种资产阶级的和小资产阶级的感情。这时，拿未曾改造的知识分子和工人农民比较，就觉得知识分子不干净了，最干净的还是工人农民，尽管他们手是黑的，脚上有牛屎，还是比资产阶级和小资产阶级知识分子都干净。这就叫作感情起了变化，由一个阶级变到另一个阶级。我们知识分子出身的文艺工作者，要使自己的作品为群众所欢迎，就得使自己的思想感情来一个变化，来一番改造。没有这个变化，没有这个改造，什么事情都是做不好的，都是格格不入的。

最后一个问题是学习，我的意思是说学习马克思列宁主义和学习社会。一个自命为马克思主义的革命作家，尤其是党员作家，必须有马克思列宁主义的知识。但是现在有些同志却缺少马克思主义的基本观点。比如说，马克思主义的一个基本观点，就是存在决定意识，就是阶级斗争和民族斗争的客观现实决定我们的思想感情。但是我们有些同志却把这个问题弄颠倒了，说什么一切应该从“爱”出发。就说爱吧，在阶级社会里，也只有阶级的爱，但是这些同志却要追求什么超阶级的爱，抽象的爱，以及抽象的自由、抽象的真理、抽象的人性等等。这是表明这些同志是受了资产阶级的很深的影响。应该很彻底地清算这种影响，很虚心地学习马克思列宁主义。文艺工作者应该学习文艺创作，这是对的，但是马克思列宁主义是一切革命者都应该学习的科学，文艺工作者不能是例外。文艺工作者要学习社会，这就是说，要研究社会上的各个阶级，研究它们的相互关系和各自状况，研究它们的面貌和它们的心理。只有把这些弄清楚了，我们的文艺才能有丰富的内容和正确的方向。

今天我就只提出这几个问题，当作引子，希望大家在这些问题及其他有关的问题上发表意见。

毛泽东

1942 年 5 月 2 日

**【简评】**这篇讲话态度明朗，赞成什么，反对什么，毫不含糊。口语化特点鲜明，言语通俗，适合听众的接受水平，使人喜闻乐见。

**【仿写须知】**仿写时，要注意文面形式各方面不走样。

**【知识链接】**

（一）讲话稿的概念

讲话稿也称“发言稿”，是在某种特殊场合要讲话前所拟定的书面稿子。其作用是节省时间，集中、有效地围绕议题把话讲好，不至于走题或把话讲错。

## （二）讲话稿的特点

**1. 通俗**

讲话要通俗，就是要适合人的听觉的需要，适合听众的接受水平，容易叫别人理解和接受。

**2. 口语化**

讲话要口语化，就是写的稿子别人看起来顺眼、听起来顺耳。它的语言简短精练，形象、生动、具体，别人不仅听得明白，而且印象深、记得牢。

## （三）讲话稿的分类

**1. 根据形式分类**

从形式上分，讲话稿有以下三种：

（1）即兴式讲话稿。

这种讲话稿是指讲话人员事先没有准备，但受到别人讲话或会场情绪的影响，引发了自己对某个问题的感受，觉得有必要阐述一下自己的看法，抒发一下自己的感情，于是就临场进行准备，大体列出要讲的几个问题。

（2）要点式讲话稿。

这种讲话稿是指讲话人事先有所准备，明确列出主要观点、层次、关键性问题，但更为具体的内容，则靠临场发挥，现想现说。

（3）宣读式讲话稿。

这种讲话稿是指讲话人事先已经做了充分的准备，甚至讲话稿经过写作班子反复修改、多次讨论，已成定文。讲话人在会上照着原文读一读就行了。

**2. 根据用途分类**

从用途上分，讲话稿有以下两种形式：

（1）开幕词。

开幕词是指在大型的会议上领导同志代表组织向大会做带有提示性、指导性发言的讲话稿。其内容包括：宣布会议名称、出席会议的单位和人员；说明会议的中心议题、会议的背景和意义；提出会议的开法和要求；表示讲话人对会议的期望和祝愿。

（2）闭幕词。

闭幕词是指在较为大型的会议结束时领导同志所做的最后讲话。所以，会议闭幕词也常写为“会议总结讲话”或“会议结束时的讲话”。闭幕词的内容包括：回顾会议的主要内容；对会议的评价；概略分析会议决定的主要问题；对贯彻会议精神提出意见。

（3）会议发言稿。

会议发言稿是指领导同志或出席会议人员为在会议的正式场合所做的发言而拟写的讲稿。

## （四）讲话稿的结构

**1. 开头**

讲话稿的开头如同文章的开头一样，是十分重要的。聪明的听众往往从开头几句话中就能听出讲话者的身份、修养、才能、性格，知道讲话内容的性质、分量。因此，开头要写得很得体，要体现出讲话者和听众之间的亲密关系，要符合讲话场合的需要，要用简要的言辞交代出全部讲话的要领，使听众先有所了解并造成一种气氛，达到控制和掌握听众情绪、吸引其注意力的目的。

**2. 主述**

这是讲话稿的主要部分。讲话的内容较多，可以在这部分中分项来说，使层次分明清楚，便于听众领会掌握。一般地说，一次讲话最好集中地阐述一个中心论点，次要问题一带而过。切忌巨细不分，面面俱到。

**3. 结尾**

讲话稿的结尾，要能够概括全文，起到“收口”的作用。也就是说，为了使听众对全部讲话内容有清晰、完整、深刻的印象，在讲话的结尾一般要对主要的内容加以概括，做个简要的小结。结尾的形式可以灵活多样，既可以写口号、提希望，也可以发号召、提建议等。

### （五）讲话稿的写作要求与注意事项

**1. 要研究听众**

讲稿的效果好不好，不是撰稿人个人或少数人坐在办公室里评定的，而是要由广大的听众来打分。因此，讲稿首先要考虑听讲的是什么人，这些人有什么特点，怎样才能说服他们。同时，事先要尽可能估计到可能有人产生什么样的怀疑、提出什么样的问题，或有什么不同的议论，以便能够及时予以回答。这就要求演讲者把“想”和“讲”有机地统一起来。

**2. 要讲人们最关心的问题**

这就要求撰稿人吃透两头。一是了解上面的方针政策，二是了解听众需要解决什么问题。两头吃透了，该讲什么、不该讲什么，哪些多讲、哪些少讲，心中就有数了。这样讲起来，有针对性，听众也会觉得受益匪浅，听得全神贯注。

**3. 态度明朗、观点正确**

对所讲的问题是赞成还是反对，是表扬还是批评，讲话人不能含糊其辞、模棱两可。举例要恰当，引用材料要准确，对于有些材料要进行辨伪考信，不能拿来就用。看问题要持客观态度，实事求是，不夸大，不缩小，不曲意附和，不任意上纲。

**4. 主题单一**

一次会议总有一个主题，讲话者也往往不止一个。所以讲话者首先要围绕会议主题讲，不能离开会议主题，信口开河。

**5. 口语化**

要做到口语化，有以下几个方面的注意事项：

（1）用句要短，修饰语要少。文言句子和倒装句要尽量避免使用，以免造成听众的错觉或分散注意力。

（2）一些书面语言的词汇，要改用口语词汇。如“迅速”可改成“很快就”，“立即”可写成“马上”，“从而”可改成“这样就”，“连日来”可写成“这些天来”，“地处”可改成“位置在”等。

（3）一个意思有几个词都可以表达的，要尽量选择其中一听就懂的词，如“对垒”“交锋”就不如“比赛”通俗易懂。

（4）不该省的字不要省。如“同期”最好写成“同一时期”，以免发生误会。

（5）要分清同音的字和词。比如“全部”容易错听为“全不”，“喉头”跟“猴头”分不清，应写成“喉咙”就好。

(6) 方言土语要少用。听众一般都来自五湖四海，如果方言土语用多了，有些人听不懂，就会窃窃私语，也会影响会场秩序。

(7) 用引号表示相反意思的词，在其前面要加上“所谓”二字，以表示否定。用括号做注释的，要改为直接叙述。

(8) 有些难懂的、文绉绉的成语，最好不用。但是早已口语化了的成语，还是可以用的，这样才能使讲话稿的文字生动，雅俗共赏。

总之，讲话要收到良好的效果，最根本的是和群众同呼吸、共命运，思想感情同听众一致。那种“打官腔”式的讲话，只能是官僚主义的表现。

**6. 讲话稿和发言稿的区别**

“讲话”和“发言”本是同义语，但由于约定俗成的原因，现在多数是把领导和主持人的发言称为“讲话”，其他个人或与会人员所说的，统称为“发言”。

讲话稿一般应由讲话人自己写。只有在特殊情况下，可经过授意由别人代写，或由秘书、干事等代劳。讲话稿有详稿、略稿和腹稿之分。详稿准备较充分，只消拿到会议上去念就行了；略稿是个提纲、要点，在发言时要再进行发挥；腹稿，仅仅在头脑里酝酿一下，考虑个大概，到时即席发言，然后根据别人的记录整理成书面的东西。

**【讲演稿范文】**

## 最后一次演讲

这几天，大家晓得，在昆明出现了历史上最卑劣最无耻的事情！李先生究竟犯了什么罪，竟遭此毒手？他只不过用笔写写文章，用嘴说说话，而他所写的，所说的，都无非是一个没有失掉良心的中国人的话！大家都有一支笔，有一张嘴，有什么理由拿出来讲啊！有事实拿出来说啊！为什么要打要杀，而且又不敢光明正大的来打来杀，而偷偷摸摸的来暗杀！这成什么话？

今天，这里有没有特务？你站出来！是好汉的站出来！你出来讲！凭什么要杀死李先生？杀死了人，又不敢承认，还要诬蔑人，说什么“桃色事件”，说什么共产党杀共产党，无耻啊！无耻啊！这是某集团的无耻，恰是李先生的光荣！李先生在昆明被暗杀是李先生留给昆明的光荣！也是昆明人的光荣！去年“一二·一”昆明青年学生为了反对内战，遭受屠杀，那算是青年的一代献出了他们最宝贵的生命！现在李先生为了争取民主和平而遭受了反动派的暗杀，我们骄傲一点说，这算是像我这样大年纪的一代，我们的老战友，献出了最宝贵的生命！这两桩事发生在昆明，这算是昆明无限的光荣！

反动派暗杀李先生的消息传出以后，大家听了都悲愤痛恨。我心里想，这些无耻的东西，不知他们是怎么想法，他们的心理是什么状态，他们的心是怎样长的！其实很简单，他们这样疯狂的来制造恐怖，正是他们自己在慌啊！在害怕啊！所以他们制造恐怖，其实是他们自己在恐怖啊！特务们，你们想想，你们还有几天？你们完了，快完了！你们以为打伤几个，杀死几个，就可以了事，就可以把人民吓倒了吗？其实广大的人民是打不尽的，杀不完的！要是这样可以的话，世界上早没有人了。

你们杀死一个李公朴，会有千百万个李公朴站起来！你们将失去千百万的人民！你们看着我们人少，没有力量？告诉你们，我们的力量大得很，强得很！看今天来的这些人，都是我们的人，都是我们的力量！此外还有广大的市民！我们有这个信心：人民的力量是要胜利的，真理是永远存在的。历史上没有一个反人民的势力不被人民毁灭的！希特勒，墨索里尼，不都在人民面前倒下去了吗？翻开历史看看，你们还站得住几天！你们完了，快完了！我们的光明就要出现了。我们看，光明就在我们眼前，而现在正是黎明之前那个最黑暗的时候。我们有力量打破这个黑暗，争到光明！我们的光明，就是反动派的末日！

李先生的血不会白流的！李先生赔上了这条性命，我们要换来一个代价。“一二·一”四烈士倒下了，年轻的战士们的血换来了政治协商会议的召开；现在李先生倒下了，他的血要换取政协会议的重开！我们有这个信心！

“一二·一”是昆明的光荣，是云南人民的光荣。云南有光荣的历史，远的如护国，这不用说了，近的如“一二·一”，都是属于云南人民的。我们要发扬云南光荣的历史！

反动派挑拨离间，卑鄙无耻，你们看见联大走了，学生放暑假了，便以为我们没有力量了吗？特务们！你们错了！你们看见今天到会的一千多青年，又握起手来了，我们昆明的青年绝不会让你们这样蛮横下去的！

反动派，你看见一个倒下去，可也看得见千百个继起的！

正义是杀不完的，因为真理永远存在！

历史赋予昆明的任务是争取民主和平，我们昆明的青年必须完成这任务！

我们不怕死，我们有牺牲的精神！我们随时像李先生一样，前脚跨出大门，后脚就不准备再跨进大门！

**【简评】**这篇即席演讲第一句话就义正词严地痛斥国民党反动派造下的滔天罪行：“这几天，大家晓得，在昆明出现了历史上最卑劣最无耻的事情！”接着连用五个感叹句，当面质问、斥责卑劣无耻的反动派，表现了闻一多先生对下劣的反动派的极端蔑视。接下来众多斩钉截铁的短语，犀利无比，说明了反动派必将灭亡、人民必定胜利的真理。“正义是杀不完的，因为真理永远存在！”这是在正告反动派：正义的力量、真理的光辉是永远扑不灭的！演讲的最后，“我们不怕死，我们有牺牲的精神，我们随时像李先生一样，前脚跨出大门，后脚就不准备再跨进大门！”表现出闻一多先生视死如归的伟大精神和英雄气概。

**【仿写须知】**仿写时要注意结构完整、语体适宜，文面形式各方面不走样。

**【知识链接】**

## （一）讲演稿的概念

讲演稿也叫演说词，是在较隆重的集会或会议上发表的讲话文稿。演讲稿是演讲的依据，是对演讲内容和形式的规范和提示，它体现着演讲的目的和手段。演讲稿的写作对演讲思维模式的形成和发展大有裨益。

## （二）讲演稿的特点

**1. 针对性**

讲演稿的内容多是听众最关心、最感兴趣、最想了解的，表达方式也因人而异，十分注意效果。

**2. 鼓动性**

讲演的目的是感动听众，说服听众，以情感人，激发共鸣，争取最佳说服效果。

**3. 有声性**

讲演稿要能将无声文字通过演讲者声情并茂的讲演变为有声语言。要好说、好听、好懂、好记，写得朗朗上口，讲得悦耳动听，通俗易懂，明白如话，幽默风趣。

### （三）讲演稿的分类

从讲演场合划分，可分为会场讲演稿、广播讲演稿、电视讲演稿、课堂讲演稿、法庭辩论稿等。

从讲演内容和性质划分，可分为政治讲演稿、学术讲演稿、社会活动讲演稿等。

从表达方式上划分，可分为记叙性讲演稿、议论性讲演稿、抒情性讲演稿等。

### （四）讲演稿的结构与写作要求

讲演稿的结构由标题、称呼和正文三部分构成。

**1. 标题**

讲演稿的标题无固定格式，一般有以下四种类型：

揭示主题型，如“人应该有奉献精神”。

揭示内容型，如“在省科技工作会议上的讲话”。

提出问题型，如“当代大学生应具备什么素质”。

思考问题型，如“象牙塔与蜗牛庐”。

**2. 称呼**

提行顶格加冒号，根据受听对象和讲演内容的需要来决定称呼。常用“同志们”“朋友们”等，也可加定语渲染气氛，如“年轻的朋友们”等。

**3. 正文**

正文由开头语、主体和结语三部分构成。具体如下：

（1）开头语。

开头语的任务是吸引听众、引出下文。有六种形式：

1）由背景和问候、感谢语开始。

2）概括讲演内容或揭示中心论点。

3）从讲演题目谈起。

4）从讲演缘由引起。

5）从另一件事引入正题。

6）用发人深思的问题开头。

（2）主体。

主体即中心内容。一般有以下三种类型：

1）记叙性讲演稿。以对人物事件的叙述和生活画面描述行文。

2）议论性讲演稿。以典型事例和理论为论据，用逻辑方式行文，用观点说服听众。

3）抒情性讲演稿。用热烈抒情性语言表明观点，以情感人，说服听众，寓情于事、寓情于理、寓情于物。

（3）结语。

结语是讲演成功的关键：或提出希望，给人鼓舞；或表示决心，誓言警人；或照应题目，完整文意。要做到言有尽而意无穷。

## 三、写作训练

完成“一、情境写作”所设题目。

# 第四节　个人简历　自荐信　慰问信　表扬信　请柬　唁电

## 一、情境写作

将全班同学分成六组，结合班级情况，每组选“个人简历、自荐信、慰问信、表扬信、请柬、唁电”中的一个文种，写成一份文稿。要求：

一是行款格式要符合要求。

二是要注意文面形式各方面细节。

## 二、范文、简评、仿写须知及知识链接

**【个人简历范文】**

（一）个人简历封面范式

北京大学

2015应届本科毕业生

姓名：

专业：

联系地址：

联系电话：

E-mail:

（二）表格式个人简历范文

个 人 简 历

| 姓 名 | ××× | 性 别 | 女 | 贴照片处 |
| --- | --- | --- | --- | --- |
| 出生日期 | 1996－03－06 | 民 族 | 汉族 | |
| 政治面貌 | 团员 | 婚姻状况 | 未婚 | |
| 户口所在地 | 南昌市 | 身份证号码 | 00011119960000 | |
| 现居住地 | 南昌市二七北路××号 | | | |
| 受教育情况 | | | | |
| 毕业院校 | 江西现代职业技术学院 | | | |
| 所学专业 | 计算机网络与多媒体 | 学 历 | 大专 | |
| 毕业年份 | 2015 | 英语水平 | 英语四级 | |
| 联系方式 | | | | |
| 联 系 人 | ××× | 电 话 | 13500000000 | |
| 个人主页 | www. Flashzoo. net | 电子邮件 | zhangyuling@ email. com | |
| 地址邮编 | 南昌市二七北路88号 330077 | | | |
| 技能特长 | 能熟练地进行英语的听、说、读、写，并通过国家英语四级考试。尤其擅长撰写和回复英文商业信函，能熟练运用网络查阅相关英文资料并能及时予以翻译。<br>国家计算机等级考试二级，熟悉网络和电子商务。精通办公自动化，熟练操作Windows 98/2000。能独立操作并及时高效地完成日常办公文档的编辑工作 | | | |
| 实习及社会实践 | 2014年7月在××化工网站进行电子商务实习。实习期间的主要职责是：<br>1. 协助网站编辑在互联网查阅国内以及国外的化工信息；<br>2. 搜集、整理相关的中英文资料；<br>3. 整理和翻译英文资料 | | | |
| 获奖情况 | 三次校二等奖学金，一次校单项奖学金 | | | |
| 科研情况 | 2013. 12论文《社会变化带来的新增汉语词汇》发表于《中国科技信息》2013年第23期 | | | |
| 求职意向 | 网络工程师 | | | |

**【简评】**这份表格式个人简历列出了个人基本情况，写明了其受教育情况及在校期间所获得的奖励，列出了实习情况，最后表达了个人求职意向。

**【仿写须知】**仿写时，要注意文面形式各方面不走样。

**【知识链接】**

（一）个人简历的概念

简历是对自己的生活经历有选择、有重点地加以概述的一种常用文书。

写好个人简历非常重要。一份适合职位要求、翔实且打印整齐的简历，很可能会赢得聘用单位面试的机会。

个人简历一般很少单独寄出，它总是作为自荐信的附件呈送给用人单位。

### （二）个人简历的结构

一般来说，简历应包括以下四个部分：

**1. 第一部分为个人基本情况**

应列出自己的姓名、性别、年龄、籍贯、政治面貌、学校、系别及专业，以及婚姻状况、健康状况、身高、爱好与兴趣、家庭住址、电话号码等。

**2. 第二部分为学历与特长情况**

应写明曾在某某学校、某某专业或学科学习（及起止日期），并列出所学主要课程及学习成绩，在学校和班级所担任的职务，在校期间所获得的各种奖励和荣誉。特长情况要详细叙述。

**3. 第三部分为工作资历情况**

若有工作经验，最好先列出最近的资料，然后再详述曾工作的单位、日期、职位、工作性质。

**4. 第四部分为求职意向**

即求职目标或个人期望的工作职位，表明你通过求职希望得到什么样的工种、职位。

### （三）个人简历的写作要求

简历的内容有很强的目的性。如果是求职，写作重点应放在学历、专业特长、能力业绩上；如果是晋升职称，写作重点应放在任现职以来所取得的科研水平、工作实绩能力上，突出个人贡献，展示取得的成果，写出特色。具体应做到以下几方面：

**1. 简短明了**

个人简历通常很简短，一般情况下不要超过 1 页纸。与求职目标有关的情况要重点突出，其他无关紧要的一带而过。

**2. 整洁清晰**

用人单位看到一份整洁清晰的简历，就仿佛看到了你本人。你不妨很规范地将个人简历打印出来——这既能向用人单位展示你所具备的文件打字、排版能力，又能因整洁清晰的简历而获得面试的机会。

**3. 准确无误**

一份好的简历在用词、术语及撰写上一定是准确无误的。撰写时要打草稿，反复修改、斟酌，在没有任何错误后，再打印出来。一份准确无误的简历能使用人单位感受到你认真的态度。

**4. 真诚坦率**

诚实地描绘自己。真诚坦率地推荐自己会使你得到意料不到的好结果。

**【自荐信范文】**

尊敬的××公司领导：

您好！

我是××大学电子工程专业××××届毕业生，我真心希望加入贵公司，会竭尽所能为贵公司的发展出一分力量。

我自1997年进入××大学以来，凭借自身扎实的基础和顽强拼搏的奋斗精神，经过几年不断的学习，在各方面都取得了长足的发展。在专业知识的学习上，我本着实事求是的态度，努力培养自己的实践动手能力。综合积分为××××分，在整个学院名列前茅，于1999年通过了国家英语四级考试和吉林省计算机二级考试，并取得"优秀"。在此基础上，又通过了全国计算机二级考试，为今后外语和计算机的学习打下了坚实基础；在专业外语上，我有一定的实践基础，有较强的翻译能力。

在业余时间，我相继学习了Windows 98/NT、C语言、Fortran语言及Office 97、AutoCAD R14、CAM、Word、Photoshop 5.0、ME等应用软件，同时具有较强的硬件基础。工业计算机编程能力强，能设计计算机程序控制系统，熟悉MCS—51系列单片机实用接口技术。在专业方面，具有扎实的专业基础，我的各门专业课都在80分以上，大部分科目成绩超过90分，对机电一体化设计有浓厚的兴趣，特别是在动力传动系统及控制方面有丰富的实践经验和理论基础。现在我正在进行导师分给的"微机控制的多功能全智能化实验台及液压动力控制系统设计"课题研究，为下学期的毕业设计收集参数。请贵公司领导相信，我有决心，也有能力把领导交给的工作做好。

思想上，我积极要求进步，1998年被发展为入党积极分子，并参加了"邓小平理论研究小组"及党校学习班，现已毕业，并获1998—1999年度"优秀共青团员"称号，1999年被发展为重点积极分子；2000年被列为预备党员发展计划。在校期间，我踊跃参加各项体育、文娱活动，以此培养团结协作精神，并展现自己的才华。我长期担任班级干部，设计并组织过多项活动，有一定的组织能力。稳重但不缺乏热情，锐意进取又能与人和睦相处，这是年轻的我的真实写照，愿成为贵公司的一员，凭借我的热情和才能，不遗余力地为贵公司的腾飞做出贡献。

×××<br>2000年11月

**【简评】**这封自荐信不卑不亢，向用人单位陈述自己的学识、才能和经历，抓住了重点，要言不繁，尽可能用有限的文字充分展示自己的才干和专长。

**【仿写须知】**仿写时，要注意结构完整、语体适宜，文面形式各方面不走样。

**【知识链接】**

## （一）自荐信的概念

自荐信是求职人为求得某一职位而向用人单位着重陈述自己学识、才能和经历的专用书信。写自荐信的目的是打动、说服用人单位，促使用人单位最终录用求职者。

## （二）自荐信的特点

### 1. 文字简洁，要点突出

自荐信要抓住重点，要言不繁，尽可能用有限的文字充分展示自己的才干和专长。

**2. 态度谦和，言辞恳切**

求职者应根据自身的情况自信、谦逊、不卑不亢、实事求是地展示自己。

### （三）自荐信的结构

**1. 标题**

标题起着主导的作用，应力求清晰美观。

**2. 导语**

它是自荐材料正文之前的导引部分。

**3. 正文**

正文包括毕业生的基本情况、学业成绩与知识结构、科研成果、社会工作与实践活动、获奖情况等项目。可以表格形式与条文形式结合使用。

**4. 附文**

附文包括班主任意见、系组织意见、院（校）组织意见，以及通信地址、联系电话、联系人姓名、邮政编码等。

**5. 附件**

附件包括各种奖励证书的原件或复印件、发表的各种论文、文章剪报的原件或复印件，各种实物性图片、影像资料等。

### （四）自荐信的写作要求

**1. 自我介绍和写自荐信的理由**

自荐信的首段要抓住招聘经理的注意力。说明你为何寄履历表——你对公司有兴趣并想担任他们空缺的职位。要说明你干的是同一行业，有着同样的工作兴趣，或者你一直通过新闻关注该公司或者该行业。如果你是由一位朋友或者同事介绍给公司的，可在信中适当提及他们。当你要求担任公司某空缺职位时，要说得越具体越好。

**2. 自我推荐**

自荐信的第二部分要简短地叙述自己的才能，特别是强调这些才能将满足公司的需要。但没有必要具体陈述，因为履历表将负责这部分内容的展示。在自荐信的第二部分中，你应强调你的才能和经验将会有益于公司的发展。

**3. 制订计划**

自荐信的结尾要表明你的下一步计划。不要只让招聘者来决定，不要坐等电话，要自己采取行动。要表明如果几天内等不到他们的电话，你会自己打电话确认招聘者是否收到履历表和自荐信以及是否安排面试。语气坚定但要有礼貌。

**【慰问信范文】**

## 致邹韬奋夫人沈粹缜的慰问信

粹缜先生：

在抗战胜利的欢呼声中，想起毕生为民族的自由解放而奋斗的韬奋先生已经不能和我们同享欢喜，我们不能不感到无限的痛苦，您所感到的痛苦自然是更加深切的了。我们知道，韬奋先生生前尽瘁国事，不治生产，由于您的协助和鼓励，才使他能够无所顾虑地为他的事业而努力。现在，他一生光辉的努力已经开始获得报赏了。在他的笔底，培育了中国人民的觉醒和团结，促成了现在中国人民的胜利，中国人民一定要继续努力，为实现韬奋先生全心向往的和平、团结、民主的新中国而奋斗不懈。韬奋先生的功业在中国人民心目中永垂不朽，他的名字将永远是引导中国人民前进的旗帜。想到这些，您，最亲切地了解韬奋先生的人，一定也会在苦痛中感到安慰的吧！您的孩子——嘉骝，在延安过得很好，他的品格和勤学，都使他能无负于他的父亲，这也一定是可以使您欣慰的事吧！向您致衷心的慰问，并祝您和您的孩子们健康！

周恩来

1934 年 9 月 12 日

【简评】这封慰问信所表达的感情非常真挚，情动于衷，形之于纸，说国事，叙家常，感人至深。

【仿写须知】仿写时要注意有真情实感，文面形式各方面不走样。

【知识链接】

（一）慰问信的概念

慰问信是组织或个人在他人处于特殊情况下时向对方表示问候、关心的应用文。

（二）慰问信的特点

**1. 发文的公开性**

慰问信可以直接寄给本人，但大多是以张贴、登报、在电台或电视上播放的形式出现的。公开性是慰问信的一个特点。

**2. 情感的沟通性**

无论是对有突出贡献者的慰问还是对遭遇困难者的慰问，情感的沟通是支撑慰问信的一个深层基础。双方的情感交流和相互理解正是通过或赞扬或同情的方式来实现的。

**3. 书信体的格式**

慰问信采用的为书信体格式。

（三）慰问信的分类

慰问信包括两种：一种是表示同情安慰，另一种是在节日表示问候。

（四）慰问信的结构

**1. 标题**

正中写“慰问信”三字。

**2. 开头**

顶格写受慰问的单位名称或个人姓名，后加冒号，表示领起正文。写给个人的可在姓名前加“亲爱的”“敬爱的”等敬词，姓名后可加“同志”“先生”等称呼。

**3. 正文**

另起一行，空两格开始写正文。慰问的内容包括概述背景、事由，叙述对方的先进思想、高尚风格、可贵品德，然后表示慰问或向其学习。

**4. 结尾**

表示愿望和决心，并写祝愿、致敬等话语。

**5. 落款**

署单位名称或个人姓名、日期。

### （五）慰问信的写作要求

慰问信要表达亲切或关怀的情谊，语气要诚恳、真切，行文要朴实、精练。

**【表扬信范文】**

××旅行社：

我们是来自山东日照的一批客人，从×月×日以来，我们得到了×××的热情接待，她的讲解使我们了解了桂林的概况和风土人情，她的山歌让我们久久难忘。

这次桂林之行我们非常开心，非常满意×××的工作，真的很感谢她。她是名优秀员工，值得表扬！

此致

敬礼！

山东日照客人

×年×月×日

**【简评】**表扬其卓越工作，感谢其美好情谊，很好。

**【仿写须知】**仿写时，要注意文面形式各方面不走样。

**【知识链接】**

### （一）表扬信的概念

表扬信是用来表彰某个行政机关、企事业单位、社会团体或个人的先进思想、先进事迹、高尚风格，用以弘扬正气的一种专用书信。

### （二）表扬信的特点

**1. 弘扬正气，褒奖善良**

表扬信要表扬的都是那些无私奉献、乐于助人、为社会做出贡献的单位或个人，以期形成一种良好的社会风气。

**2. 表扬为主，兼顾感谢**

表扬信一般都有感谢的成分，尤其是表扬的事迹同写信人有关时，更要在表扬信中表达出自己的谢意。

**3. 发文的公开性**

表扬信可以张贴、登报，也可以在电台、电视台播放。

### （三）表扬信的结构与写法

**1. 标题**

一般而言，表扬信标题单独由文种“表扬信”组成。位置在第一行正中。

**2. 称谓**

表扬信的称呼应在开头，顶格写上被表扬的机关、单位、团体的名称或个人姓名。写给个人的表扬信，应在姓名之后加上“同志”“先生”等字样，后边加冒号。若是直接张贴到某机关、单位、团体的表扬信，开头可不必再写受文单位。

**3. 正文**

正文的内容要另起一行，空两格写。一般要求写出下列内容：

（1）交代表扬的理由。

重点概述人物事迹的发生、发展、结果及其意义。叙述要清楚，要突出最本质的方面。要让事实说话，少讲空道理。

（2）指出行为的意义。

在叙事的基础上进行评价、议论，赞颂该人所作所为的道德意义。如指出这种行为属于哪种好思想、好风尚、好品德。

**4. 结尾**

该部分要提出对对方的表扬，或者向对方的单位提出建议，希望对某某某给予表扬。要在结尾处写上“此致”“敬礼”等结束用语。注意“此致”“祝”“谨表”“向你”等字写在末尾，其余的字，要另起一行，顶格写。

**5. 落款**

落款应写明发文单位名称或个人姓名，并在下方注明成文日期。

**【请柬范文】**

×××先生：

兹定于9月12日晚7:00—9:00在市政协礼堂举行中秋茶话会，届时敬请光临。

此致

敬礼！

××市委宣传部

2000年9月10日

**【简评】** 措辞文雅、大方，语言简洁、明确。

**【仿写须知】** 仿写时，要注意文面形式各方面不走样。

**【知识链接】**

### （一）请柬的概念

请柬是为邀请宾客参加某一活动所使用的一种书面形式的通知。发送请柬是为了表示邀请的诚挚。请柬又称请帖。

### （二）请柬的特点

**1. 确指性**

请柬的发送对象是特定的单位或个人。

**2. 礼仪性**

请柬包含表达尊重、联络情感的意味，具有礼仪性。

### （三）请柬的分类

按用途分，有会议类请柬，用于庆祝会、纪念会、座谈会等；有活动类请柬，用于典礼、仪式、宴请等。

### （四）请柬的结构与写作要求

请柬的结构分横式、直式两种。一般由以下几部分组成：

**1. 标题**

居中标明“请柬”字样。“请柬”二字也可标于经过艺术加工、美观庄重的信柬封面之上。

**2. 称谓**

顶格写被邀请对象。单位名称需用全称。姓名后缀职务、职称或“先生”“女士”“小姐”。

**3. 正文**

正文交代会议或活动的目的、内容、性质、时间、地点，文末写“敬请光临”“恭候光临”等礼貌用语。

**4. 落款**

签署发文单位名称或个人姓名，标明年、月、日。

### （五）请柬写作注意事项

（1）措辞与邀请对方参与的活动风格要相适应。一般来说，邀请书和请柬都要求文辞典雅得体。宜用谦敬、期盼性语言，以表诚邀之心。

（2）一般书信都是双方因不便或不宜直接交谈而采用的交际方式。请柬却不同，即使被请者近在咫尺，也须送请柬，这主要是表示对客人的尊敬，也表明邀请者对此事的郑重态度。

（3）邀请单位或个人的称谓、活动时间和地点不得有误。

**【唁电范文】**

## 毛泽东致周恩来

恩来同志：

17日电悉。尊翁逝世，政治局同仁均深致哀，尚望节哀。重病新愈，望多休息，并注意以后在工作中节劳为盼。

毛泽东

1942年7月17日24时

【简评】先悼逝者，后慰生者，语重心长，情深意切。

【仿写须知】仿写时，要注意结构完整、语体适宜，文面形式各方面不走样。

【知识链接】

（一）唁电的概念

唁电是向遭遇丧事者表示吊问的电文。它既可以表达对死者的悼念之情，又可以向丧家表示安慰和问候。

（二）唁电的分类

**1. 单位、团体之间拍发的唁电**

这类唁电所悼念的死者多是原机关单位或群众团体的主要领导人，或在某方面有建树、为社会做出了巨大贡献的杰出人物。因为发电方同逝世者不在一地，来不及前往悼念，故而以唁电形式表示哀悼和慰问。

**2. 以个人名义向丧家拍发的唁电**

这类唁电的发布者同逝者生前往往是志同道合的朋友，有过密切交往或深受其教诲、关怀、帮助的。在惊闻噩耗后，以唁电表示悼念之情。

**3. 国与国之间拍发的唁电**

这类唁电一般发给对方国家机关，逝世者一般为国家的重要领导人或为两国友好做出过巨大贡献的重要人物，发去唁电以示哀悼。

（三）唁电的结构

**1. 标题**

唁电标题的构成有以下两种形式：

（1）直接由文种构成。如直接在第一行正中书写“唁电”二字。

（2）由逝者亲属姓名或单位名称和文种名共同构成。如“致许广平女士的唁电”。

**2. 开头**

唁电开头是收唁电方的单位或逝世者家属的称呼。收唁电者是家属的，一般应在姓名后边加“同志”“先生”“女士”“夫人”等相应称呼。顶格写，称呼后面加冒号。

**3. 正文**

正文要另起一行，空两格再写。正文通常由以下几项内容构成：

（1）直接抒写噩耗传来之后的悲恸，话无须多。

（2）以沉痛的心情，简述逝者生前所表现的优秀品德及功绩。

（3）表达致电单位或个人继承逝者遗志的决心，或要在逝者优秀品德或精神的感召下奋勇前进等。

（4）向逝者家属表示亲切的问候和安慰。

**4. 结尾**

唁电结尾，一般写上“肃此电达”“特电慰问”等字样。

**5. 落款**

落款写在右下方，要写明拍发唁电的单位名称或个人姓名。然后在此下面还要署上发电时间。

（四）唁电的写作要求

一是唁电重在安慰对方，所以要把重点放在问候对方上，要让对方感受到你的关怀。不可为死者大用笔墨，这样会使对方看完信更加悲伤。

二是用词要十分恰当，尤其对死者评价要准确，如不太了解死者情况，可少说或不说。

三是唁电的语气要体贴入微，如话家常，要让对方能真正从你的文字中得到抚慰和问候。

四是唁电不可太长。

## 三、写作训练

完成“一、情境写作”所设题目。

# 第五节　意向书　合同

## 一、情境写作

将全班同学分为两组，结合班级情况，每组选“意向书、合同”中的一个文种，写成一份文稿。要求：

一是行款格式要符合要求。

二是尽量与自己的学习、生活相结合。

## 二、范文、简评、仿写须知及知识链接

【意向书范文】

### 联办综合服务公司意向书

××市化工厂（以下简称甲方）和×××公司（以下简称乙方）于××××年×月×日在×地就创办联营综合服务公司的问题进行了初步协商。根据双方需要，为更合理利用双方优势，提高经济效益和社会效益，双方在平等互利的基础上达成如下联营意向：

一、联营综合服务公司在创建之初的生产经营项目主要有二：一是利用甲方在生产过程中产生的废渣、石灰生产煤渣砖；二是代客户运输。

二、甲方提供数辆载重车给联营企业，按月收取适当的租用费。乙方提供一块土地给联营企业，按月收取适当的租用费。乙方一并提供综合服务公司所需的生产人员。

三、此联营项目投资总额人民币约十余万元（包括基建、厂房、设备及流动资金）。甲方投资比例约八成，乙方投资比例约二成，实现的利润按投资比例分成。

四、综合服务公司是具有法人资格、实行独立核算、自负盈亏的企业。

五、双方各派代表若干人组成筹建小组，具体负责筹建工作。筹建小组应于明年春完成可行性研究并提交工作方案。

六、有关具体问题双方在进行可行性研究后进一步协商。

七、本意向书一式四份，双方各执两份。

| | |
|---|---|
| 甲方（盖章）： | 乙方（盖章）： |
| 甲方代表×××（签字）： | 乙方代表×××（签字）： |
| ××年×月×日 | ××年×月×日 |

**【简评】**这份意向书标题由项目名称和文种构成。导言写双方单位名称、因何事项进行了“初步协商”和合作的指导思想。主体采用条文式结构，依次写了联营综合服务公司的经营项目、双方的职责、双方投资比例、公司的性质、经济形式、组建筹建小组及意向书份数等内容。语言留有余地和弹性，颇能体现意向书的写作特点。

**【仿写须知】**仿写时，要注意结构完整、语体适宜，文面形式各方面不走样。

**【知识链接】**

### （一）意向书的概念

意向书是经济活动中双方或多方当事人就开展业务而签署的用来表示合作意向的文书。它是双方进行实质性谈判的依据，是签订协议（合同）的前奏。

### （二）意向书的特点

**1. 协商性**

意向书不具备法律效力。它是双方初步协商的产物，但具有促使双方进一步协商而签订合同的导向作用。

**2. 意向性**

意向书的文字比较灵活，条款也比较有原则性，对实质性的关键问题只表达原则性的意向，不像合同那样须做出具体、准确的表述。

### （三）意向书的分类

从文体格式分，意向书可分下列两种类型：

条款式意向书。类似合同，分条列项式。

书信式意向书。即用信函文体写作的意向书。

### （四）意向书的结构

**1. 标题**

常见的标题形式有两种：一种直接写文种，即“意向书”；另一种由项目名称和文种构成。

**2. 正文**

正文由导言、主体和结尾三部分构成。具体如下：

（1）导言。

一般写各方当事人的单位名称，因何事项进行了协商以及合作的指导思想，继而用“双方就有关事宜，达成如下意向”一类承上启下的惯用语导出主体部分。

（2）主体。

主体部分是意向书的重点，一般写双方的意图及初步商谈后达成的倾向性认识和比较认同的事项。多采用分条列项形式。各项条款之间的界限要清楚，各自的内容要相对完整。

（3）结尾。

一般应写明“未尽事宜，在签订正式合同时予以补充”之类用语，以便留有余地。

**3. 尾部**

意向书签订各方单位的名称、签订时间、通信地址、电子邮箱、电话号码等。

### （五）意向书的写作要求

一是要准确地表达各方协商的事项。

二是语言要适应意向书的特点。因为意向书的内容比较有原则性、笼统，须为以后的谈判和正式签订合同留有余地，因而必须注重使用富有弹性的语言，不宜把关键问题的条款尤其是数字写得太具体、太精确。

三是各条款的内容要合理合法。

### （六）意向书与合同的关系

**1. 两者的概念**

（1）关于合同。

实践中，合同可以用不同的名称出现，如合同、合同书、协议、协议书、备忘录、契约等。

《中华人民共和国合同法》第2条对合同所做的定义是“平等主体的自然人、法人、其他组织之间设立、变更、终止民事权利义务关系的协议”。由此可见，合同就是具有特定内容的协议，用来约定当事人相互之间的权利义务关系。同样具备上述特征的协议就是合同。名字并不重要，关键是看其内容。

（2）关于意向书。

意向书是双方当事人通过初步洽商，就各自的意愿达成一致认识而签订的书面文件，是双方进行实质性谈判的依据，是签订协议（合同）的前奏。

**2. 两者的区别**

（1）内容不同。

合同的内容是合同签订主体之间的民事权利义务关系，而意向书的内容仅是合同签订主体就某一事项共同意识的一致认定，并不是双方民事权利义务关系。

（2）签订时间。

合同的签订时间是在双方就权利义务关系达成一致协议后；而意向书的签订时间在是当

事各方就某一事项达成共识后。

（3）法律后果。

合同的签订会导致法律效力的产生，对签约主体具有约束力；而意向书的签订不会导致法律效力的产生，对签约主体不具有约定力。需要指出的是，有的意向书具备了签约主体之间法律权利义务关系的内容，因此对签约主体是具备法律约束力的，实际上它已经属于合同了，只是名称不同而已。所以不能片面地认为意向书具备法律效力或不具备法律效力，关键还是要看其内容是否具备了合同的内容。

**3. 两者的联系**

签订意向书是签订合同的基础，但并不是所有合同的签订都必须签订意向书。意向书的签订是为了使合同签订主体能就彼此权利义务顺利达成一致，是为了合同的顺利签订。而合同往往是在意向书的基础上签订的，所以意向书的内容往往会影响合同的内容。

【合同范文】

## 劳动合同（外商投资企业）

甲方（用工单位）名称：________
性质：________
地址：________
电话：________
法定代表人：________

乙方（工人）姓名：________
性别：________
年龄：________
籍贯：________
现住址：________

乙方属性：（在□打上√号）
原固定工　□
合同制工　□
临时工　□
身份证号码：________

×劳合　　　号　　　单位劳合书　　　号

甲方因生产（工作）需要，按照用工有关规定考核后，同意招、聘、雇________为本公司员工。双方根据《中华人民共和国劳动法》及________，同意签订本合同，并达成协议条款如下：

**一、工作任务及工种**

乙方同意按甲方生产（工作）需要在________岗位，承担________工作任务，为____工种，因生产情况变化，甲方有权调整乙方岗位工种，如乙方认为难以适应调整的岗位、工种，可申请离职。

二、合同期和试用期

合同期从________年________月________日起至________年________月________日，试用期满，甲方应及时对乙方进行考核，合格者定级定薪，不合格可延期或辞退（延期不得超过三个月）。如过期不考核，视为合格，履行合同。合同期届满，经双方同意，可以续订合同。

三、劳动时间、报酬、保险、福利和政治待遇

1. 劳动时间

每周实行________日工作制，每日为________小时制，每月预计加班________小时，月加班时间不超过36小时。

2. 劳动报酬

（1）关于职工工资部分，由甲方依照政府有关现行规定办理，根据乙方的岗位、责任、技术水平、工作（业务）性质，暂定为每日工资________元×25.5＝月工资________元。晋级加薪，每年的月工资增加________元至________元不等。

实行计件工资制的，月工资按计件单价结算，具体办法可在本合同双方约定栏中约定。甲方因故停工连续________天以上，或月累计________天以上的，每天发给乙方________元作为基本生活费。甲方每月至少发放一次工资，每月________日为发薪日，超过规定日期的，从第六日起按拖欠工资的________%赔偿乙方损失。

（2）奖金：应按单位的经济效益和乙方的劳动贡献定，一般每月________元至________元；年终奖金每年视效益另定。

（3）加班工资：法定节日为________元。公休假日和平时为________元。从事夜间（22时至次日6时）工作的，每班发给________元作为夜餐津贴。

3. 劳动保险和福利待遇

（1）甲方必须按规定为乙方办理退休养老保险、待业保险和工伤保险，按规定缴纳保险金（临时工的社会保险每月自付________元，先由甲方支付，后在其当月工资中扣除；临时工不享受待业保险待遇，在未实行工伤保险前及甲方没有为乙方办理工伤保险时，乙方在合同期间因工伤、残、亡的，按现行规定、办法执行）；

（2）乙方在合同期患疾病或合同期满但在治疗期内的，甲方应根据其工龄或累计投保工龄发给一定比例的工资（根据其工龄或累计投保工龄）：________年以下的________%；________年至________年为________%；________年至________年为________%；________年以上的为________%，其医药费报销________%，或每月发给乙方________元包干使用。需住院治疗的应经公司批准，其住院的医药费应实报实销。

（3）乙方为已婚女工的，产假期间甲方发给100%的月工资及生活补贴和全勤奖。

（4）在合同期内，乙方服务每满一年，甲方应根据有关规定每年为其安排探亲假一次，共________天；夫妻生活在一地，与父母异地的，每满四年为其安排探亲假一次，共________天。临时工在甲方工作满一年以上再续签合同的可安排探亲假，其探亲假为________天；满一年以上的，每年探亲假为________天。在批准探亲期间，均发给月工资及各种补贴（不影响年终奖）；路费按规定报销或实行包干制。

（5）法定节日及遇乙方婚、丧假期，甲方必须将乙方按规定所休假天数视为有薪假期；如超过________天，经批准可做事假处理，否则，按旷工处理。

4. 政治待遇

乙方在合同期间，有权参加员工大会和经选举的员工代表大会，参加政治活动、技术文化学习、评选先进、晋级提拔及申请参加工会、党、团组织。在不影响生产（工作）的情况下，甲方应允许乙方参加上述组织的活动。

四、劳动保护和劳动条件

1. 甲方必须为乙方提供生产厂地和生产工具，乙方个人专用工具应妥善保管，丢失应按使用年限折旧赔偿。

2. 甲方必须根据国家有关规定和乙方岗位工作需要发给劳动保护用品：________，丢失不补；保健食品（费）：________。

3. 甲方应为乙方提供住房，房租、水、电费由乙方自付。如房租按商品化标准收取的，甲方应给乙方住房补贴，每月为________元；如乙方自行解决住房的，甲方应给乙方住房补贴。每月为________元。

4. 膳食：甲方自办食堂的，按饭菜成本收费；不办食堂，在外搭膳的，所需管理费由甲方支付。甲方给乙方膳食补贴每月________元。

五、劳动纪律

乙方在合同期必须遵守如下纪律：

1. 按时上下班。不得迟到早退。

2. 严格遵守操作规程，保证安全生产。

3. 爱护单位财产，不得无故损坏，不得贪污、盗窃单位财物。

4. 上班工作时间，不得做私事，不得看无关书报。

5. 保质保量完成当班、当月任务，不得投机取巧。

6. 听从指挥，服从调配，不得打、骂、吵闹，影响正常的工作秩序。

7. 有事要请示报告，不得擅自主张。

六、合同的解除及其责任

1. 有下列情形之一的，可以解除劳动合同：

（1）双方一致同意的。

（2）符合本合同本条下述第3项和第5项规定的。

（3）乙方试用期满，不符合录用条件或本人不愿意供职的。

（4）乙方患病（不含职业病）或非因工负伤，经治疗不能复工或调整工作岗位后仍不能从事正常工作的。

（5）甲方濒临破产，处于法定重整（整顿）期间，需要裁减人员的。

（6）甲方因生产、经营、技术条件发生变化，经劳动主管部门确认乙方为无法调剂的富余人员。

2. 有下列情形之一的，本合同自行解除：

（1）甲方宣告破产。

（2）乙方被除名、开除、劳动教养或判处徒刑的。

3. 乙方在合同期内有下列情况之一的，甲方可以将其辞退：

（1）严重违反劳动纪律，影响生产、工作秩序的。

（2）违反操作规程，损坏设备、工具，浪费原材料、能源，造成经济损失的。

（3）服务态度恶劣，损害消费者利益，影响甲方声誉的。

（4）有贪污、赌博、营私舞弊等违法行为，尚不够追究刑事责任的。

（5）无理取闹、打架斗殴，严重影响社会秩序或犯有其他严重错误的。

4. 乙方有下列情况之一的，甲方不得解除合同：

（1）合同期限未满，又不符合本合同第六条第三项所列情形的。

（2）患有职业病或因工负伤未能治愈恢复健康的。

（3）患疾病或非因工负伤，在规定的医疗期间的。

（4）女工在孕期、产假或哺乳期内的。

（5）前往中国香港、中国澳门、中国台湾地区或国外探亲，在规定假期内的。

5. 甲方有下列情形之一的，乙方可以辞职：

（1）调整工种后所从事专业不对口，不能发挥技术特长的。

（2）人格受到甲方负责人侮辱的。

（3）甲方连续两个月不支付工资的。

（4）甲方不履行劳动合同，或者违反国家政策、法规，分割工人合法权益的。

（5）经国家有关部门确认，甲方劳动安全、卫生条件恶劣，无有效的保护措施，严重损害工人身体健康的。

（6）经甲方同意，自费考入中专以上学校学习的。

（7）经有关部门批准，到中国香港、中国澳门、中国台湾地区或国外定居的。

6. 任何一方解除劳动合同或是否续订劳动合同，应提前30日通知对方，并按有关程序解除或续订合同手续。

7. 任何一方违反合同规定，解除合同，给对方造成经济损失的，对方有权根据其责任和造成的后果，追究对方直接经济责任；如赔偿培训费或补偿给对方________个月工资。

8. 乙方符合下列情形之一的，甲方应发给补偿金：

（1）合同期满终止劳动合同的。

（2）依本合同第六条第一款第一、四、五、六项和第五款规定解除劳动合同的（拖欠工资的，还应补发所欠工资及利息）。补助费标准按乙方在甲方服务的工龄计算：每满一年的，计发解除劳动合同当年本人一个月的平均工资；满半年不足一年的，按一年工龄计发；不满半年的，计发半个月的平均工资。

9. 按照本合同第六条第1款第（4）项解除劳动合同的，甲方发给乙方________个月平均实发工资的医疗补助费。

**七、双方认为需要约定的其他事项**

1. ____________________________________________

2. ____________________________________________

**八、本合同未尽事宜或合同条款与劳动法规、政策规定有出入的，按现行劳动法规和政策执行。**

**九、本合同从签订日起，经劳动部门鉴证后生效，涂改或冒签无效。**

甲方签字盖章：　　　　　　　　乙方签字：
法定代表人签字：　　　　　　　委托代表人签字：
合同签订时间：　　年　　月　　日
鉴证人员签名：

注：

（1）常年性生产的岗位，劳动合同期限一般不得少于三年，试用期为 3 ~6 个月。

（2）本合同期满，经双方同意续订合同的，要重新办理合同签订、鉴证手续。

（3）本合同一式二份，甲、乙双方各执一份。

**【简评】**这是一份规范的劳务合同，双方权利义务约定得相当细致。

**【仿写须知】**仿写时，要注意文面形式各方面不走样。

**【知识链接】**

### （一）合同的概念

合同是当事人之间设立、变更、终止民事关系的协议文本。

### （二）合同的特点

签订合同是一种法律地位平等的双方民事法律行为。

签订合同是当事人意思表示一致的民事法律行为。

签订合同是一种合法的行为。

签订合同是具有法律约束力的行为。所谓法律约束力，一是不得擅自变更或解除合同；二是若违反合同，应当承担相应的违约责任。

### （三）合同的分类

一般来说，对合同可以做出如下分类：

**1. 有名合同和无名合同**

（1）有名合同，又称为典型合同，是指由法律赋予其特定名称及具体规则的合同。如《中华人民共和国合同法》所规定的 15 类合同，包括：买卖合同，供用电、水、气热力合同，赠与合同，借款合同，租赁合同，融资租赁合同，承揽合同，建设工程合同，运输合同，技术合同，保管合同，仓储合同，委托合同，行纪合同和居间合同。这些都属于有名合同。

（2）无名合同，又称非典型合同，是指法律上尚未确定一定的名称与规则的合同。根据合同自由原则，合同当事人可以自由决定合同的内容，因此即使当事人订立的合同不属于有名合同的范围，只要不违背法律的禁止性规定和社会公共利益，也仍然是有效的。可见，当事人可以自由订立无名合同。

**2. 双务合同和单务合同**

根据合同当事人是否互相负有给付义务，可将合同分为双务合同和单务合同。

（1）双务合同是指当事人双方互负对待给付义务的合同，即双方当事人互享债权，互负债务，一方的权利正好是另一方的义务，彼此形成对价关系。例如在买卖合同中，卖方有获得价款的权利，而买方正好有支付价款的义务；反过来，买方有取得货物的权利，而卖方正好有交付货物并转移货物所有权的义务。

（2）单务合同，是指合同双方当事人中仅有一方负担义务而另一方只享有权利的合同。例如，在借用合同中，只有借用人负有按约定使用并按期归还借用物的义务；又如，在赠与合同中，赠与人负担交付赠与物的义务，而受赠人只享有接受赠与物的权利，不负担任何义务。

在实践中，大多数的合同都是双务合同，单务合同比较少见。

**3. 有偿合同和无偿合同**

根据合同当事人之间的权利义务是否存在对价关系，可以将合同分为有偿合同与无偿合同。

（1）有偿合同是指当事人一方给予对方某种利益，对方要得到该利益必须为此支付相应代价的合同。实践中，绝大多数反映交易关系的合同都是有偿的，如买卖合同、租赁合同、加工承揽合同、运输合同、仓储合同等。

（2）无偿合同，是指一方给付对方某种利益，对方取得该利益时并不支付相应代价的合同，如赠与合同、借用合同等。

实践中，无偿合同数量比较少。而有的合同既可以是有偿的，又可以是无偿的，如自然人之间的保管合同、委托合同等，双方既可以约定是有报酬（即有偿）的保管、委托，也可以约定为没有报酬（即无偿）的保管、委托。

需要注意的是，双务合同不一定就是有偿合同，无偿合同也不一定就是单务合同。在无偿合同中，一方当事人可能也要承担一定的义务，如借用合同是无偿合同，借用人无须向出借人支付报酬，但属于双务合同，出借人有交付借用物的义务，借用人负有正当使用和按期返还的义务。

**4. 诺成合同和实践合同**

根据合同的成立是否需要交付标的物，可将合同分为诺成合同和实践合同。

（1）诺成合同，又称不要物合同，是指当事人双方意思表示一致就可以成立的合同。大多数的合同都属于诺成合同，如买卖合同、租赁合同、借款合同等。

（2）实践合同，又称要物合同，是指除当事人双方意思表示一致以外，尚须交付标的物才能成立的合同。在实践合同中，仅有双方当事人的意思表示一致，还不能产生合同上的权利义务关系，必须有一方实际交付标的物的行为，才能产生合同成立的法律效果。例如赠与合同，必须由赠与人将赠与物交给受赠人，合同才成立；又如小件寄存合同，必须要寄存人将寄存的物品交给保管人，合同才能成立。

实践中，大多数的合同都属于诺成合同，少部分为实践合同。

**5. 要式合同和不要式合同**

根据法律对合同的形式是否有特定要求，可将合同分为要式合同与不要式合同。

（1）要式合同，是指根据法律规定必须采取特定形式的合同。对于一些重要的交易，法律常要求当事人必须采取特定的方式订立合同。例如，中外合资经营企业合同必须由审批机关批准，合同方能成立。

（2）不要式合同，是指当事人订立的合同依法并不需要采取特定的形式，当事人可以采取口头方式，也可以采取书面形式。

除法律有特别规定以外，合同均为不要式合同。根据合同自由原则，当事人有权选择合同形式，但对于法律有特别的形式要件规定的，当事人必须遵循法律规定。

**6. 主合同和从合同**

根据合同相互间的主从关系，可以将合同分为主合同与从合同。

（1）主合同是指不以其他合同的存在为前提而能够独立存在的合同。

（2）从合同是指不能独立存在而以其他合同的存在为存在前提的合同。

例如，甲与乙订立借款合同，丙为担保乙偿还借款而与甲签订保证合同，则甲乙之间的借款合同为主合同，甲丙之间的保证合同为从合同。

### （四）合同的结构

合同主要由以下四部分组成：

标题。

订立合同的双方。

正文。

结尾。

其中，正文条款涉及以下几个方面的内容：

标的。

数量和计量单位。

质量。

价金。

期限。

地点。

履行方式。

结算。

违约责任。

### （五）合同的写作要求

**1. 订立合同的基本原则**

（1）平等原则。

（2）自愿原则。

（3）公平原则。

（4）诚实信用原则。

（5）合法原则。

**2. 合同的写作要求**

（1）合同的条款要齐全、完备。

（2）要写明产品的名称、类型、规格。

（3）要写明产品的数量和计量单位。

（4）要写明产品的分等级价格。

(5) 要写明产品的质量要求。
(6) 要写明产品的交接方式、时间和地点。
(7) 要写明产品的运输方式及路线。
(8) 要写明产品的包装及其回收。
(9) 要写明产品的验收方法及其途中损耗。
(10) 要写明结算方式、开户银行、账号及其代转、代收单位。
(11) 要写明违约责任的划分。
(12) 要写明双方协议的其他事项。

**3. 订立合同的注意事项**

(1) 合同的规定要具体。
(2) 合同的措辞要准确、严密。
(3) 合同不得随意涂改。

## 三、写作训练

完成“一、情境写作”所设题目。

# 第六节 短信 留言条 假条 借条

## 一、情境写作

将全班同学分为四组，结合班级情况，每组选“短信、留言条、假条、借条”中的一个文种，写成一份文稿。要求：

一是文面形式要符合要求。

二是尽量与自己的学习、生活相结合。

## 二、范文、简评、仿写须知及知识链接

**【短信范文】**

一天，有只老虎追一只螃蟹，追着追着螃蟹不见了。老虎一抬头发现树上有一只蜘蛛，就笑着说：“别以为你上了网我就不认识你了！”

**【简评】**小小幽默，颇有意趣，作为短信可令亲友一笑。

**【仿写须知】**仿写时要注意格式、标点等问题。

**【知识链接】**

### （一）短信的概念

短信类似于信件，而形式上又较为简短，是人们在网络环境下为了更好地进行沟通而逐

渐产生的一种新的应用文体形式。短信又称短消息，人称“第五媒体”。

### （二）短信的特点

**1. 个性化**

由于手机为个人专属用品，所以短信能够进行“一对一”的信息、广告传播，使传播形式由传统的“大众传播”“分众传播”或“针对性传播”最终升级为“个性化传播”。

**2. 情境性**

手机是个人随身物品，通过手机定位等功能，可以得知用户的目前位置并推断其当前状况，从而可以根据当前情境，有针对性地对手机用户发送信息或广告。

**3. 直达性**

利用手机短信来发送信息，能够直接把内容送到目标受众的个人手机上，排除了一般广告过程中存在的干扰，很大程度上保证了内容及时、完整、高效地直接送达。

### （三）短信的分类

短信内容可谓五花八门、各具特色，其中最初始也最广泛的便是各类个性短信。这些短信游走于手机之间，其传播速度之快、范围之广可谓惊人。

**1. 情感表达类**

例如：老爸、老妈：我很好。二老注意身体，天很冷了，保重！

**2. 幽默搞笑类**

例如：叉对叉说：什么时候整的容啊？脸上那颗痣呢？叉对叉说：这么多天了，还没挖掉鼻屎？

**3. 节日祝福类**

例如：今天是母亲节，我用心灵之纸折成最美的康乃馨，献给你的妈妈，祝她幸福、平安！更感谢她养育你，使你成为我生命中最不可缺少的人！

**4. 经典对白类**

例如：播下一个行动，你将收获一种习惯；播下一种习惯，你将收获一种性格；播下一种性格，你将收获一种命运。

**5. 方言表达类**

例如：曾经有份贼纯的爱情，搁在俺跟前儿，俺没咋当回事儿。直到让俺整没了，俺才发现：世上最憋屈的事儿就是这个了。（东北方言）

### （四）短信的写作要求

手机短信短小精悍，情境性强，这就要求语言必须简练、隽永，以最少的字传达最多的信息。另外，在同一情境下写作短信，要具有创造性思维，善于运用新颖的形式、别致的话语表达自己的真情实意。这样就更能反映出编写者语言运用能力和创造性思维能力的强弱。短信还可与修辞相结合，形式如下：

**1. 排比显气势**

例如：有一种默契叫心照不宣，有一种感觉叫妙不可言，有一种幸福叫有你相伴，有一种思念叫望眼欲穿，有一句成语叫心有灵犀。祝你新年快乐！

**2. 比喻明事理**

例如：您是火种，点燃了学生的心灵之火；您是石阶，承受着我一步步向上的攀登；您是蜡烛，燃烧了自己，照亮了别人。

**3. 对偶显工整**

例如：黄河滚滚，川流不息；长江滔滔，源远流长。走过千山万水，经历一段坎坷，铸就一份辉煌。

**4. 反复见真情**

例如：中秋节花好月圆，你家圆，我家圆，家家团圆；国庆节万民同庆，江南庆，江北庆，举国同庆。

**5. 谐音见诙谐**

例如：鸡年到了，给你鸡情的祝福，愿你的生活鸡极向上，能把握每个发财的鸡会，把鸡肤保养得青春焕发，事业生鸡勃勃，要鸡得长联系，可不要总关鸡！

**6. 顶真显奇妙**

例如：悠悠的云里有淡淡的诗，淡淡的诗里有绵绵的喜悦，绵绵的喜悦里有我轻轻的问候。

**7. 对比显巧妙**

例如：流星划过天际，我错过了许愿；浪花拍上岩石，我错过了祝福；故事讲了一遍，我错过了聆听；人生只有一回，我庆幸没有错过你这个好友！今晚邀你共同赏月！

**8. 化用展幽默**

例如：网上无计可销愁，聊天解烦忧，忽见美眉在招手，顿首，顿首，关掉其他窗口，聊到最后，是一北方老叟。

**9. 叠字增色彩**

例如：漫漫长路改变不了夸父追日的决心，茫茫大海摧残不了精卫填海的意志，浅浅海峡虽然增添浓浓的乡愁，却无法动摇我们统一的信念。回来吧，台湾！

**10. 押韵出韵律**

例如：明月千里难以触摸，对你的思念无处寄托。举杯邀明月，请她对你说：福多！乐多！团圆多！

**11. 故事诉真情**

例如：如果有来世，就让我们做一对小小的老鼠：笨笨地相爱，呆呆地过日子，拙拙地相依偎，傻傻地在一起。

**【留言条范文】**

### 留　言　条

刘磊同学：

原定星期日的春游改在星期六了。气象台预报星期日有中雨。上午8时在校门口集合，请准时参加。

同学：王明

1995年3月31日

【简评】留言信息清楚，格式正确。

【仿写须知】仿写时，要保持文面形式各方面不走样。

【知识链接】

（一）留言条的概念

留言条是指找人没有找到，又没有时间等候，只能留给对方一个简短而明了的条据。

（二）留言条的结构

留言条的结构分为三部分：称呼、正文、署名和日期。

（1）称呼要顶格写，条子留给谁就称呼谁。

（2）在称呼下一行空两格写正文，简单明了地把你要给对方说的事情写清楚。

（3）在正文结尾处下方署名，并在下一行对齐写清年、月、日。

【假条范文】

## 请　假　条

尊敬的×××：

　　您好！我是×××，××系××班学生。家住××省××县××镇××村。“十一”期间，本人欲请假回家，打算×月×日离校，×月×日返校。

　　本人此行已告知父母并已得到他们的允准。途中安全自己一定会注意并负责。

　　请批准。

　　此致

敬礼！

请假人：×××

2007年×月×日

【简评】传达的信息准确，格式规范。

【仿写须知】仿写时，要保持文面形式各方面不走样。

【知识链接】

假条的结构与写作要求

（1）标题。

在顶部正中写标题“请假条”。

（2）称谓。

顶格写称谓。注意应加上其职务，以示尊重。

（3）正文。

第二行空两格开始写正文。

首先，写明请假事由；其次，写明请假时间；最后，加上请假习惯用语“请批准”“请予批准”等。请假条内容较少的，不用分段。

语言应朴实、简明，不要做无谓的修饰，把事情说清楚就好。

（4）收尾。

正文内容结束后，另起一行，空两格写礼貌用语，一般空两格写“此致”，然后另起一行顶格写“敬礼!”。

（5）署名与日期。

在结尾处右下方署名，日期应正对在署名下方。

（6）附件。

有其他相关证明也可以附带上交，更有说服力，更容易被批准。

**【借条范文】**

借　　条

今借到长沙××房地产开发有限公司下列资料：

一、《年终工作总结》壹份。

二、《项目开发计划书》壹份。

此据。

××公司工程管理部<br>经手人：×××<br>××年××月××日

**【简评】**所借物品表述清晰，格式规范。

**【仿写须知】**仿写时，要保持文面形式各方面不走样。

**【知识链接】**

（一）借条的概念

借条是个人或单位借用个人或单位的现金、财物时所写的凭证性应用文。借条也称借据。

（二）借条的结构

标题。写明“借条”。

正文。写明事由或事实（若涉及金额，必须大写）。

署名、日期。

（三）借条写作注意事项

一是借条在钱物归还后，应将条子收回或当面销毁。

二是借财、物一方在写好借条时，务必认真点清所借财、物的数量，以防出现一些不必要的麻烦。

三是借条短小精悍，语言简洁明了。

四是字据文面要干净，不许涂改。若有涂改，须出据方在改动处加盖公章或私章或签名。

五是钱数需大写。

## 三、写作训练

完成本节“一、情境写作”所设题目。

# 第五章　科技报告

## 第一节　实习报告

### 一、情境写作

结合实习情况，写一份“实习报告”。要求：
一是内容要符合要求。
二是文面形式要规范。

### 二、范文、简评及仿写须知

【范文】

#### 金工实习报告

2005—2006学年上学期，我们在新迎校区工程实训中心进行了为期13周的金工实习。实习期间，我们接触了铸、锻、焊、热处理、钳、车、铣、刨、滚齿、数控和特种加工等工种的基本操作技能和安全技术教程。老师们耐心讲授，我们积极配合，没有发生一例伤害事故，基本达到了预期的实习目标，圆满地完成了13周的实习任务。

实习期间，每人都要按照图纸要求做出一个工件，这使我们很兴奋。车工实习时，同学们要用一天时间掌握开车床的要领，然后按照图纸要求车出锤子；钳工实习最费体力，要手工将一个铁块磨成六角螺母，再经过打孔、攻螺纹等步骤，最终做成一个精美的螺母。一个下午下来，虽然手上都磨出了水泡，浑身酸痛，但是看到自己平生第一次在工厂中做出的成品，大家都喜不自禁，很有成就感。这次金工实习，我的体会是：

一、通过这次实习，我们了解了现代机械制造工业的生产方式和工艺过程；熟悉了工程材料主要成形方法和主要机械加工方法及其所用主要设备的工作原理和典型结构、工夹量具的使用以及安全操作技术；了解了机械制造工艺知识和新工艺、新技术、新设备在机械制造中的应用情况。

二、在工程材料主要成形加工方法和主要机械加工方法上，初步掌握了独立操作技能。

三、在了解、熟悉和掌握工程基础知识和操作技能过程中，培养、提高和加强了我们的工程实践能力、创新意识和创新能力。

四、培养了劳动观念，增强了质量和经济观念，强化了遵守劳动纪律、遵守安全技术规则的自觉性，提高了我们的整体综合素质。

金工实习对我们工程素质和工程能力的培养起着综合训练的作用，使我们不但要掌握各工种的应知应会要求，还要建立起较完整的系统概念。这既要学习各工种的基本工艺知识、了解设备原理和工作过程，又要加强实践动手能力，还要运用所学工艺知识初步分析解决简单工艺问题。

在实习中，结合榔头的制作，学校将各工种的实习内容如下料、车工、铣工、钳工、刨工、铸造、锻压、焊接等串联起来，使我们对机械产品加工各环节有了一个整体的认识。这使我们了解了各工种的先后顺序。

五、在整个实习过程中，纪律要求非常严格，实训中心制定了学生实习守则，加强了实习报告填写、机床场地清理、各工种安全操作规程的遵守等要求，这对学生的综合工程素质培养起到了较好的促进作用。

六、实训中心教师将我们加工产品的打分标准公布给我们，使我们对自己的产品的得分有了明确认识，这对于提高我们的质量意识有一定作用。教师们对我们的金工实习成绩实行综合考评，平时成绩、产品质量成绩、综合考试成绩三项成绩之和为总成绩，这使我们能认真对待每个工种和每个实习环节。

在各个工种的实习中，都安排了一定的灵活时间和实习内容，这使得动手能力强的学生有了发挥的余地。

在实习期间我有很深的感触，很感谢学校能给我们提供这个实习的机会，让我们提前体验到学工科的不易，获得了课堂里得不到也想不到的知识，这种知识和感受令人终生难忘。虽然脏点累点，但这些都无所谓，重要的是我们有了收获，也有了成果。

如果说本次实习还有什么遗憾，那我认为有以下几点值得一提：

在数铣和数线这些科技含量相当高的实习项目中，我认为应多分配点时间，让我们能够真正体验到高科技带来的乐趣。

在焊接方面，我觉得应该引进一些比较先进的技术。虽然不一定要买来这些设备，但我觉得应该传授一些相关知识，以便让我们能知道自己与世界先进水平的差距。

另外，我觉得我校的金工实习课应该再减少一些讲解时间，增加一些动手时间。还可以将一些理论搬到学生动手操作时讲解，这样更有利于达到教学目的。

13 周的金工实习带给我们的，不仅是我们所接触到的那些操作技能，也不仅是要求我们锻炼的几种能力，更多的是需要我们每个人在实习结束后去感悟、去反思，使这次实习达到真正目的。

**【简评】**这份实习报告有总述、有体会、有建议，内容丰富，形式规范。

**【仿写须知】**仿写时，要保持文面形式各方面不走样。

## 三、其他例文

**【例文 1】**

### 机械专业学生工厂生产实习报告

这次为期 2 周的生产实习是我们参与实践活动的很重要的一部分，在陈运玲、陈伟叙等老师的带领下，我们见习了柳州工程机械厂、柳州东风汽车厂、柳州钢铁厂、柳州力风塑料成型机厂、上汽通用五菱5个工厂。可以说，在这2周的实习中，我们学到了很多在课堂上没学到的知识，受益匪浅。

一、实习目的

生产实习是我们机自专业知识结构中不可缺少的组成部分，并作为一个独立的项目列入专业教学计划中，其目的在于通过实习使学生获得对基本生产的感性认识，理论联系实际，扩大知识面；同时，专业实习又是锻炼和培养学生业务能力及素质的重要渠道，有利于培养我们当代大学生吃苦耐劳的精神，也是我们接触社会、了解产业状况、了解国情的一个重要途径——逐步实现由学校到社会的转变，培养我们完成技术工作的能力，使我们初步了解企业管理的基本方法和技能，体验企业工作的内容和方法。这些实际知识，对我们学习后面的课程乃至以后的工作，都是十分必要的基础。

二、实习内容

（一）掌握机械加工工艺方面的知识及方法。

（二）了解切削刀具方面的知识，熟悉常用刀具的结构、选择、用途等。

（三）了解机床和数控系统的知识，特别是加工中心等典型的数控设备。

（四）了解企业生产管理模式，学习先进的管理方式方法。

（五）熟悉、巩固铸造工艺及设备方面的知识。

三、实习地点、时间

（一）柳州东风汽车厂，6月22日整天。

（二）柳州钢铁厂，6月23日上午。

（三）整理，写实习报告，6月24日—7月2日。

四、实习情况

（一）柳州东风汽车厂简介。

东风柳汽公司是东风汽车公司的控股子公司，也是东风汽车公司在南方重要的载货汽车和轻型乘用汽车生产基地，是国家大型一档企业。它还是国内第一家生产中型柴油载重汽车的企业，赢得了“柴油东风，柳汽正宗”的美誉。

1991年，东风柳汽创出了“乘龙”品牌，并迅速获得市场知名度，奠定了“一门双杰，东风乘龙”的产品格局。

自1997年成为国内最早通过ISO 9000质量认证的汽车生产企业之后，东风柳汽的事业就上了一个新台阶。2001年，东风柳汽公司更是推出面向公务、商务和休闲旅游用车市场的新一代多功能轻型车——东风“风行”商旅车，吹响了进军国内高档轻型乘用车市场的号角。

目前，东风柳汽已形成年产“东风”和“乘龙”商用车60 000辆、“风行”乘用车30 000辆的生产能力。

1. 柳州汽车厂的六个发展历程：

（1）建厂期：20世纪50年代，主要以农用机械为主。

（2）1969年：生产出2.5吨载用柳江牌卡车。

（3）1981年：生产出柴油翻斗车，同时加入了中国第二汽车制造厂，采用东风品牌。

（4）1991年：柳汽生产出新品牌——乘龙（平头车）。

（5）1997年：以75%的股权加入东风集团，成为其子公司，正式更名为东风柳州汽车有限公司。

（6）2003年，成立东风集团和雷诺公司。

2. 生产基地：主厂、二基地（1985年始建，位于柳江县，占地面积为714亩①）、三基地。

3. 七大车间：车桥车间、机械车间、工装车间、热处理车间、车架车间、车身车间、总装车间。

4. 四大部件：汽车前后桥、举升器油缸、车架、车身。

5. 生产线：重车线、大车线、小车线。

6. 2003年生产能力：大车60 000辆，小车30 000辆。

7. 乘龙精神：自立自强　创优创新　同心同德　为国为民。

通过在柳汽公司车桥厂的实习，我们比较全面地了解了机械加工及相关典型零件的生产技术过程，初步了解了典型的机电一体化产品和设备的生产过程，这培养了我们收集资料的能力及提高分析问题的能力，使我们更好地学习、掌握了机械工程专业知识。机械加工工艺方面我们重点了解了左壳－锥齿轮差速器这一典型零件的机械加工工艺过程，听了有关技术人员对其的具体分析，并记下了该零件的工艺过程卡和工序卡等工艺文件。

（二）柳州钢铁厂简介。

广西柳州钢铁（集团）公司位于水陆交通方便的广西工业重镇柳州北郊，占地5.6平方千米。现有固定资产总值55亿元，资产净值42亿元，在册职工19 043人，是以钢铁生产为主、实行多元化经营的大型钢铁联合企业，是从1987年起连年位列全国大型企业500强的特大型钢铁联合企业。

近几年来，柳钢坚持走科技创新改革兴企之路，不断深化企业内部改革，建立现代企业制度，并调动一切积极因素加快技改步伐，先后完成了中板四辊轧机改造、650厂连续棒材轧机改造、转达炉扩容改造等十多项重点工程，并进行了一系列技术革新和工艺改造。目前，柳钢已拥有焦化、烧结、炼铁、炼钢、轧钢等12个主体生产厂和相应的辅助配套设施，可生产中厚板、中小型材、线材、棒材、薄板、无缝钢管等六大系列数百种规格的产品。

进入21世纪，在“三个代表”重要思想的指引下，柳钢正迎着更美好的明天大步迈进。公司领导班子提出的“做优做强钢铁主业，拓宽搞活非钢产业，建立现代企业制度，不断提高职工生活水平”四项重点工作，正成为全体柳钢人为之奋斗的共同目标。“十五”期间，全公司将投入50多亿元技改资金，建设750立方米高炉、100吨转炉、高速线材轧机、15 000立方米制氧机、120万吨球材生产线等一批重点技改项目，形成以中板、连续棒材和高速线材三大品牌产品为主的系列产品结构，达到年产铁钢、钢材各350万吨的生产规模。在做大做强钢铁主业的同时，柳钢还将进一步发展工程设计、环保、商贸、旅游、房地产开发等非钢产业，拓展多种经营，壮大企业实力。到“十五”期末，全公司年销售收入将达到70亿元以上。

---

① 1亩=666.67平方米。

五、收获

为期两周的实习结束了，在这期间我们总共在5个单位进行了参观实习，在老师和工厂技术人员的带领下看到了很多，也学到了很多。许多原先在课本上不很明白的东西，如今在实践观察中有了新的领悟和认识。

在这个科技时代，高技术产品种类繁多，生产工艺、生产流程也各不相同，但不管何种产品，从原料加工到制成产品都是遵循一定的生产原理、通过一些主要设备及工艺流程来完成的。因此，在专业实习过程中，首先，要了解其生产原理，弄清生产的工艺流程和主要设备的构造及操作。其次，在专业人员的指导下，通过实习过程见习产品的设计、生产及开发等环节，初步培养我们的知识运用能力。概括起来，有以下六个方面：

（一）了解当代机械工业的发展概况、生产目的、生产程序及产品供求情况。

（二）了解机械产品生产方法和技术路线的选择、工艺条件的确定以及流程的编制原则。

（三）了解机械产品的质量标准、技术规格、包装和使用要求。

（四）在企业员工的指导下，见习生产流程及技术设计环节，锻炼自己的观察能力及知识运用能力。

（五）社会工作能力得到了相应的提高。在实习过程中，我们不仅从企业职工身上学到了知识和技能，还学会了企业科学的管理方式和他们的敬业精神，感到了生活的充实和学习的快乐，并获得了知识上的满足。实习使我们真正接触了社会，使我们消除了走向社会的恐惧心理，使我们对未来充满了信心，能以良好的心态去面对社会。同时，也使我们体会到了工作的艰辛，了解了当前社会大学生所面临的严峻问题，促使我们努力学习更多的知识，为自己今后的工作奠定良好的基础。

（六）增进了师生感情。从这次生产实习的全过程来看，自始至终我们都服从老师的安排，严格要求自己，按时报到，注重安全。

本次实习使我们第一次亲身感受了所学知识与实际的应用、理论与实际的两相结合，让我们大开眼界，也算是对以前所学知识的一次升华吧！这次生产实习对我们日后学习、找工作会相当有帮助。在短短的两个星期中，我们初步有了从理性回到感性的重新认识，我们也初步认识了这个社会，对我们日后做人、做事所应把握的方向也有所启发。

## 四、知识链接

### （一）实习报告的概念

实习报告是描述记录实习过程和结果的文体。

### （二）实习报告的内容

实习报告主要谈自己实习后对某个专业问题的见解和心得体会，对专门知识和基本技能的掌握情况。

实习报告和实习总结不同：实习报告偏重于专业理论方面；实习总结则偏重于实习中的政治思想、组织纪律、劳动态度、师徒关系等方面的收获体会。

实习是为了巩固基础理论知识、了解操作过程、培养解决工程实际问题的能力。

### （三）实习报告的结构

实习报告在结构上包括标题和正文两个部分。

实习报告的正文由前言、主体和结尾组成：前言交代实习时间、实习地点、实习类型、实习内容、实习目的等；主体着重介绍实习体会；结尾概括说明实习所取得的主要收获。

### （四）实习报告的写作要求

实习日记是积累实习收获的一种重要方式，也是实习成绩考核的组成部分。学生必须根据实习大纲的要求逐日记录每天的实习内容、心得体会、发现的问题及想法等，认真做好资料的积累工作。

实习结束后，应在整理实习笔记的基础上认真撰写实习报告，全面总结实习中的心得和收获。

实习报告写作要运用科学的调查方法，这是确保实习报告质量的有效途径。

实习报告观点要鲜明，重点要突出，采用的数字要精确。

实习报告的字数一般为4 000 ~5 000字。

## 五、写作训练

完成本节“一、情境写作”所设题目。

# 第二节 实验报告

## 一、情境写作

结合班级实验情况，写一份“实验报告”。要求：

一是内容要符合要求。

二是文面形式要规范。

## 二、范文、简评及仿写须知

**【范文】**

### 验证欧姆定律

**一、实验目的**

通过实验加深对欧姆定律的理解，熟悉电流表、电压表、变阻器的使用方法。

**二、知识准备**

学习有关理论。

三、实验器材和装置

器材：电流表、电压表、电池组、定值电阻滑动变阻器、导线、开关等。

装置：（略）。

四、实验步骤

（一）按图示连接电路。

（二）保持定值电阻 $R$ 不变，移动滑动变阻器的铜片，改变加在 $R$ 两端的电压，将电流表、电压表所测得的电流强度、电压的数值依次填入表一。

（三）改变定值电阻 $R$，同时调节变阻器，使加在 $R$ 两端的电压保持不变，将电阻 $R$ 的数值与电流表测得的电流强度的数值依次填入表二。

（四）通过实验分析：当 $R$ 一定时，$I$ 和 $V$ 的关系；当 $V$ 一定时，$I$ 与 $R$ 的关系。

表一（略）

表二（略）

五、实验记录

（一）调节滑动变阻器，观察电压表和电流表，可以看出：电阻 $R$ 两端的电压增大到几倍，通过它的电流强度就增大到几倍。这表明，在电阻一定时，通过导体的电流强度同这段导体上的电压成正比。

（二）更换不同的定值电阻，调节滑动变阻器，保持 $R$ 的电压不变，可以看出：定值电阻 $R$ 的数值增大到几倍，通过它的电流强度就缩小到几分之一。这表明在电压不变时，通过导体的电流强度跟这段导体的电阻成反比。

六、实验小结

导体中的电流强度 $I$，跟这段导体两端电压 $V$ 成正比，跟这段导体的电阻 $R$ 成反比。用公式表示为：$I=V/R$。

**【简评】**这份实验报告体现了科学性、准确性、求实性。用语简洁明白，合乎实验的情况。格式也很规范。

**【仿写须知】**仿写时，要注意结构完整，文面形式各方面不走样。

## 三、知识链接

### （一）实验报告的概念

实验报告是描述、记录某一课题的实验过程和结果的报告。为了检验某种科学理论或假设，进行创造、发明和解决实际问题，往往要进行实验，通过观察、分析、综合、判断，如实地将实验过程和结果记录下来，经过整理而写成书面报告。

### （二）实验报告的内容

一般说来，实验报告应反映以下内容：

实验名称。

实验目的。

实验器材。

实验步骤和方法。

数据记录和计算。

实验结果。

备注或说明。

### （三）实验报告的分类

**1. 检验型实验报告**

检验型实验报告即实验者重复前人做过的实验，再进行一次检验并形成报告。

**2. 创新型实验报告**

创新型实验报告是进行一项新的研究时所做的实验报告。

### （四）实验报告的结构

格式大同小异，比较固定。有的实验报告采用事先设计好的表格，使用时只要逐项填写即可。

检验型实验报告写作的基本结构：

××××××（实验名称）

×××（实验者署名）

［摘要］××××××××××××××××××××××××××××××

1. 实验目的

×××××××××××××××××××××××××××××××××

2. 实验器材

×××××××××××××××××××××××××××××××××

3. 实验的步骤和方法

×××××××××××××××××××××××××××××××××

4. 实验记录

×××××××××××××××××××××××××××××××××

5. 实验结果

×××××××××××××××××××××××××××××××××

6. 实验结论

×××××××××××××××××××××××××××××××××

### （五）实验报告的写作要求

实验报告必须在科学实验的基础上进行。成功的或失败的实验结果的记载，有利于不断积累研究资料，总结研究成果，提高实验者的观察能力、分析问题和解决问题的能力，培养理论联系实际的学风和实事求是的科学态度。

**1. 实验名称**

要用最简练的语言反映实验的内容。如验证某定律，可写成“验证×××”；如测量的实验报告，可写成“×××的测定”。

**2. 实验目的**

实验目的要明确，要抓住重点。可以从理论和实践两个方面考虑：

（1）在理论上，验证定理定律，并使实验者获得深刻和系统的理解。

（2）在实践上，掌握使用仪器或器材的技能技巧。

**3. 实验器材**

写明实验用的仪器和材料，如玻璃器皿、金属用具、溶液、颜料、粉剂、燃料等。

**4. 实验步骤和方法**

这是实验报告极其重要的内容。这部分要写明依据何种原理、定律或操作方法进行实验，要写明经过哪几个步骤。还应该画出实验装置的结构示意图，再配以相应的文字说明，这样既可以节省许多文字说明，又能使实验报告简明扼要、清楚明白。

**5. 数据记录和计算**

这是指从实验中测到的数据以及计算结果。

**6. 实验结果**

实验结果，即根据实验过程中所见到的现象和测得的数据做出结论。

**7. 备注或说明**

可写出实验成功或失败的原因，以及实验后的心得体会、建议等。

写作实验报告是一件非常严肃、认真的工作，要讲究科学性、准确性、求实性。在撰写过程中，常见的错误有以下几种情况：

（1）观察不细致，没有及时、准确、如实地记录。

在实验时，由于观察不细致、不认真，没有及时记录，结果不能准确地写出所发生的各种现象，不能恰如其分。要实事求是地分析各种现象发生的原因。故在记录中，一定要看到什么就记录什么，不能弄虚作假。为了印证一些实验理论而修改数据、假造实验现象等做法都是不允许的。比如，在化学实验中，出现了沉淀物，有的学生准确地说明是“晶体沉淀”还是“无定形沉淀”。

（2）说明步骤问题。

说明步骤不清晰，没有按照操作顺序分条列出，结果出现层次不清晰、凌乱等问题。

（3）没有采用专用术语来说明事物。

例如“用棍子在混合物里转动”一语，应用专用术语“搅拌”较好，既可使文字简洁明白，又合乎实验的情况。

（4）外文、符号、公式不准确。

没有使用统一规定的名词和符号。

**附：**

## 厦门大学本科实验报告规范（暂行）

一、每个实验项目都应有一份实验报告。

二、实验报告内容一般包括以下几个方面：

（一）实验项目名称；

（二）实验目的和要求；

（三）实验内容和原理；

（四）主要仪器设备；

（五）操作方法与实验步骤；

（六）实验数据记录和处理；

（七）实验结果与分析；

（八）质疑、建议；

（九）实验预习报告［含以上（一）、（二）、（五）、（六）项，需经指导教师签字认可，附在实验报告后］。

实验报告第一页用学校统一的实验报告纸书写，附页用 A4 纸书写。字迹工整，曲线要画在坐标纸上，线路图要整齐、清楚（不得徒手画）。

三、每学期将拟存档的学生实验报告按课程、学生装订成册，即每个学生每门课程所有实验报告装订成一本。装订线在左侧，第一页加订实验报告封皮。

四、附件：

厦门大学实验报告封皮范本，见附件一。

厦门大学实验报告范本，见附件二。

厦门大学实验预习报告范本，见附件三。

厦门大学教务处

××年××月××日

附件一：

本科实验报告

课程名称：________________

姓　　名：________________

学　　院：________________

系：________________

专　　业：________________

年　　级：________________

学　　号：________________

指导教师：________________

职　　称：________________

年　　月　　日

**实验项目列表**

| 序号 | 实验项目名称 | 成绩 | 指导教师 |
| --- | --- | --- | --- |
| 1 | | | |
| 2 | | | |
| 3 | | | |
| 4 | | | |
| 5 | | | |
| 6 | | | |
| 7 | | | |
| 8 | | | |
| 9 | | | |
| 10 | | | |
| 11 | | | |
| 12 | | | |

附件二：实验报告范本

## 厦门大学实验报告

学院：　　　　系：　　　　专业：　　　　年级：

姓名：　　　　学号：　　　　组：　　　　实验时间：

指导教师签字：　　　　成绩：

实验名称

一、实验目的和要求

二、实验原理

三、主要仪器设备

四、实验内容及实验数据记录

五、实验数据处理与分析

六、质疑、建议

附件三：实验预习报告范本

厦门大学实验预习报告

学院：　　　　系：　　　　专业：　　　　年级：
姓名：　　　　学号：　　　　实验时间：　　　　组________
指导教师签字：

实验名称

一、实验目的和要求
二、实验原理（注：简要概括即可）
三、实验内容及数据记录表格

## 四、写作训练

完成本节“一、情境写作”所设题目。

# 第三节　考察报告

## 一、情境写作

结合专业情况，写一份“考察报告”。要求：
一是内容要符合要求。
二是文面形式要规范。

## 二、范文、简评及仿写须知

【范文】

### 赴英植物检疫考察报告

根据1998年签署的《中英农业科技合作谅解备忘录》，应英国农渔食品部邀请，7月11—23日，全国农技中心副主任栗铁申率团赴英国就植物检疫工作和马铃薯病虫害进行了考察。在英期间，代表团访问了英国农渔食品部国际关系与出口促销局、植物检疫局；走访了农业部中央科学实验室、洛桑实验站、苏格兰农业科学院、苏格兰作物研究所、国际园艺研究所、CABI等科研单位；参观了GREENVALEAP、GENTECH等马铃薯种薯生产企业及PIRIE等马铃薯储存设备公司；考察了各类植物检疫隔离研究技术设施和田间种子生产现场，并进行了广泛的座谈交流，为今后进一步开展合作奠定了良好的基础。通过考察，我们基本了解了英国植物检疫机构的设置与运转情况及相关的法律法规，初步掌握了英国马铃薯检疫性有害生物发生分布与控制情况及有关科学研究工作，熟悉了英国马铃薯种薯的研究生产供销过程，获取了大量有关信息和业务技术资料，达到了预期的目的，圆满完成了出国考察任务。现将考察情况报告如下：

**一、英国农业生产概况**

英国作为老牌的工业化国家，农业在国民经济中占有的比重很小，英国农业劳动力占劳动力总数的2.2%，农业生产总值仅占国内生产总值的1.4%。全国农用地总面积为1 850 万公顷①，约占总土地面积的77%。农用地中四分之三用于放牧，仅有四分之一用于作物生产。英国的农作物主要有小麦、大麦、土豆、甜菜等，蔬菜水果及园艺作物也占有一定的比重。农作物中土豆是英国人的主食，人均每年消耗100 千克，在英国的农业生产中占有特殊重要的地位。英国农业生产现代化程度和科技含量较高，但由于土地面积小，复种指数低，作物产品自给率仅为75%，每年需进口不少土豆、水果等农产品。

**二、英国植物检疫工作的技术支持**

英国很多农业科研机构不同程度地参与植物检疫检验和检疫技术的开发，为植物检疫提供了强有力的技术支持。各研究机构在工作领域和方向上各有侧重，但总的来说主要涉及以下几个方面：

有害生物风险分析（PRA）。英国设有一个全国性的 PRA 工作小组，一些科研单位的著名专家是其成员。该小组负责指导 PRA 工作，具体的 PRA 研究则主要由中央科学实验室完成。作为欧盟成员国之一，英国政府无权最终决定本国能否进口某种植物或植物产品，这一决定权在欧盟。中央科学实验室做出的 PRA 报告会发给欧盟其他成员国征求意见，是欧盟做决定时最重要的依据。

引种检验。由于检疫性有害生物随种苗传入的风险最大，英国一直慎于国外引种，少量引进后的监管也非常严格。一些农业科研单位承担引进种苗的检疫检验和隔离繁育工作，发挥了重要作用。以马铃薯引种为例，任何品种原则上只能以组培苗的形式进入英国，数量不可多于5 株。薯苗引进后，必须在苏格兰农业科学院内严格隔离的实验室内进行检疫检验，确认没有有害生物时才以新繁育的微繁苗释放。

检验员培训。植物检疫检验是专业性、技术性很强的执法工作，为保证检疫执法的正确性、权威性，植物检验员必须有过硬的业务素质，因此专职检验员的培训尤其重要，植物和种子种苗检验局每年60%的经费都用于培训。具体的培训工作由科研单位，主要是中央科学实验室和苏格兰农业科学院来完成。这些单位除有装备精良的培训实验室外，还有作物品种齐全、病虫害种类众多的实验基地供学员实习。培训工作注重理论联系实际，在传授理论知识的同时，更侧重室内和田间实际操作技能的训练。

还有一些科研单位致力于检疫诊断技术的开发。目前，包括荧光抗体、PCR 等在内的先进技术已被用于对疑难病害的诊断，为准确地检疫检验创造了条件。中央科学实验室、国际花卉研究所等还相继开发出多种病毒病田间快速诊断试剂盒，使用这些试剂盒仅用几分钟时间就可在田间准确诊断作物所罹病害，大大方便了检验员的工作。

为防止研究过程中有害生物外逸扩散，开展植物检疫研究的科研部门均投入大量资金，

---

① 1 公顷 =10 000 平方米。

建设安全可靠的检疫设施。苏格兰作物研究所新建的1 000平方米隔离检疫温室耗资达200万美元，国际园艺研究所新建用于转基因植物实验的400平方米温室耗资更是高达300万美元。这些温室的控光、控温、控湿功能一应俱全，可以终年开展不同作物的研究。温室的设计、建造和管理尤其强调隔离，不少温室还配有负压装置，以保万无一失。

四、英国马铃薯种薯生产和检验

英国商品薯年播种面积约18万公顷，需种薯40余万吨。为提高商品薯的产量和品质，农民很注意选用优良的专用种薯，因此形成了GREENVALE、GENTECH等一批专业化种薯生产商。这些专业化的生产商一般规模比较大，有一定的经济实力，可以集中一些栽培、植保专业技术人员，并采用组培、脱毒等较为先进的技术，生产品质好、卫生条件好的种薯。英国种薯面积约为17 000公顷，年产种薯50万吨左右，其中70%在苏格兰。各地制种用种最初均来源于设在苏格兰农科院的种质资源库中的完全无病虫的微繁苗，经原原种(prebasic)、原种［basic，从高到低又分为VTSC（经病毒检测的茎秆剪切微繁苗），superelite，elite，AA］阶段，最后繁育成商品种薯出售。传统的育种过程需要8~9年，现在由于先进技术的使用，有些企业已经将这一过程缩短到3~5年。

马铃薯是英国最重要的农作物，为保护马铃薯生产的安全，马铃薯种薯的检验和认证分级是英国检疫部门一项至为重要的工作。检疫法要求种薯生产商在播种以前必须到当地的检疫机构登记，规定没有经检疫部门检验并发给证书的种薯不得上市流通。生产过程中专业的植物检验员至少要去田间进行两次现场检验，发现可疑病虫即请中央科学实验室和苏格兰农科院等科研单位帮助鉴定，一旦确认为重大检疫对象，立即进行封锁控制。非检疫性病虫害会影响种薯品质，其中有些昆虫还是一些重大检疫性病害的中间寄主和传播媒介，因此植物检验员有权针对常规病虫害提出治理建议，生产商必须遵照执行。检疫部门对检验要求做出了明确的规定，种薯级别越高，检验要求越严，如：从抽样数而言，prebasic和VTSC级种薯必须100%检测，superelite和elite级种薯每4公顷须抽检2 000株，AA级种薯每4公顷须抽检10 000株。由于检疫检验工作到位，保证种薯具有良好的卫生条件，为健康商品薯生产奠定了良好基础。

三、建议

根据我国的实际情况，结合赴英考察的一些收获，我们提出以下建议：

（一）我部应设立专门的植物检疫机构。

（二）加强植物检疫检验技术开发和手段建设。

英国科研部门为检疫检验工作提供了强大的技术支持，是检疫工作比较成功的又一个重要原因。近年来我国农业检疫部门也日益重视与科研部门的合作，较过去更多地依靠科研部门的技术优势，但在合作的广度和深度上仍有待提高。由于缺乏专门的技术开发经费，检疫部门对科研工作缺少有效的调控手段，造成在检疫研究总体力度不够的同时，又存在着局部与实际需要脱节的问题。同时，我国农业植物检疫系统自身的检验手段还比较落后，不少检疫机构尤其是一些基层而又直接从事检验工作的单位基本上还是靠经验、靠肉眼检测，致使有害生物尤其是一些病害检验的检出率和准确性受到很大影响，给农业生产安全带来隐患。针对上述情况，建议我部今后加强对检疫技术开发和检验手段建设的支持力度，软硬件双管齐下，切实提高我国植物检疫检验水平。

（三）发展我国马铃薯种薯生产。

我国是马铃薯生产大国，种植面积达400万公顷，但平均产量每公顷仅13.6吨，不及英国的1/3。造成马铃薯产量偏低的原因很多，最重要的是种薯质量不行。我国农民普遍从自产薯中留种，马铃薯经多年种植后品质退化，而病害尤其是病毒却非常严重，作种用对产量影响很大，因此我国迫切需要大力发展专用种薯生产，尽快改变农民自留种的习惯。伴随我国社会化供种进程，对种薯生产的检疫检验将日益重要，英国在这一方面有比较成熟的技术，也愿意帮助我国培训一些检验员，建议我部在这一领域加强与英方的合作。

（四）通过中英农业科技合作，引进英方先进技术设备在京郊示范。

英国植物检疫隔离设施的设计、建造和调控非常完善；马铃薯储存技术也比较发达，自动化储存设备非常先进。引进这两项技术设备进行示范，引导我国相应设备的更新升级，对保护我国农业生产安全、提高我国农业产业化水平非常有益。目前全国农技推广服务中心在京郊建立了面向首都、服务全国的示范项目，总面积400多亩，已经有接收项目、组织示范的基础条件。为此，请我部向英方出具书面要求，通过英国农渔食品部与有关方面进行接联，在我国共建隔离设施和储存设备示范农场。

**【简评】**这份报告就英国植物检疫工作和马铃薯病虫害情况做了考察，细致地反映了考察的基本情况，为相关部门决策提供了科学数据及建议。

**【仿写须知】**仿写时，要保持文面形式各方面不走样。

## 三、知识链接

### （一）考察报告的概念

考察报告是指作者为了解特定对象的基本情况，或为获取某项科研任务的科学数据或证据，根据一定的科学标准亲自考察并在此基础上写成的文章。

人们通常对考察过程取得的大量材料进行研究、整理，找出其中本质性和规律性的东西，据此写成考察报告。考察报告是直接经验的总结，特别是描叙自然现象的考察报告，具有一定的学术价值。许多学科，如生物学、地质学、地理学等，在创建的时期都曾将考察工作当作研究的主要手段，并且一直延续至今。

### （二）考察报告的种类、结构和写法

考察报告可以从不同的角度去分类。以报告的对象为依据，可分为地质地貌考察报告、古生物考察报告、考古考察报告、卫生防疫考察报告、生产力发展考察报告等，每门学科都可以成为考察对象，写出考察报告。

以写作特点为基准，可分为概貌介绍型考察报告、考证型考察报告、论证型考察报告、学术型考察报告等。人们习惯上常把单门学科的考察报告称为专题性考察报告，把两门以上学科联合考察写成的报告称为综合性考察报告。

常见的科技考察报告有科技情况考察报告、科技会议考察报告和学科研究考察报告。具体如下：

**1. 科技情况考察报告**

科技情况考察报告介于科技论文和科普作品之间。比起科普作品，它常常使用专业词汇和术语来介绍抽象、深奥的科学知识和复杂的生产技术。比起科学论文，它又不像科学论文那样注重论证说理。科技情况考察报告是运用通俗易懂、明白入理的文字直述其所见到的科学技术事实，为科技工作者传达科技方面的最新发展动态，进而为科研提供情报线索。

随着科学研究的逐步深入，科技写作的研究也硕果累累。在体裁上，科技情况考察报告由过去的单一类别发展为现时的多种类别并存，其中有某一国家科技情况的考察报告、某一国家某一学科的考察报告、几个国家某一相同学科的科技情况考察报告。体裁形式的多样化，增强了科技情况考察报告的表现力度，为科技情况考察报告的写作创造了更为广阔的天地。

科技情况考察报告的格式为前言、概述和考察细目三个部分。具体如下：

（1）前言主要是简单地介绍本考察团的名称、组成，考察过程中所访问的国别、城市、机构、参观的具体单位等。

（2）概述或单独写，或和前言放在一起写。这部分主要是交代考察的总体情况。这部分内容不但要写得通俗易懂，而且要清楚地写出考察的内容和收获。

（3）考察细目是考察报告的主体，主要内容都在这部分。写法上，可把考察内容分成若干条，然后逐条详细介绍考察所获得的专业内容。可以使用科技术语，语句力求简明扼要。

**2. 科技会议考察报告**

科技会议考察报告是为了完整地反映各种科技会议所取得的成果而写成的综合材料。在这里，科技会议是其考察的基础，会议上宣读的各种文献则是它要深入考察的目标，因为会议的主题内容都反映在会议文献中。

科技会议考察报告的写作一般从以下两个方面着手：

（1）第一部分写概况，要写明会议名称、主办机构，会议的时间、地点、参加人员，会议的主要议题、开会的方式等。

（2）第二部分写收获，这是考察报告的主体部分。包括以下三方面内容：

1）本次会议上本学科在研究方面的新动向，出现的新成果、新技术和新方法，哪个分支领域将成为学科发展的主流等。

2）介绍会议的主要论文，要具体到图表、数据、方法、论证、结论等。在方法上要注意选择会议中最主要的论文，摘取其精华进行介绍，不能流水账式地进行介绍，也不能照录全文。

3）结合国内具体情况，介绍国外在本学科上的科学管理、学科方向选择、技术设备、数据处理等方面的先进经验，以便国内借鉴、汲取、运用。

**3. 学科研究考察报告**

学科研究考察报告是科技研究人员为了某一科研目的，通过实地考察得到研究成果而写成的报告。

学科研究考察报告的范围很广。搞地质的科研人员可以对某一地区的地层地质发育情况进行考察，也可以对某一雪山的冰川进行考察；学生物的科研人员可以对某一稀有动物进行考察，也可以对某一经济作物的生长习性、经济价值进行考察。只要他们对实地考察得来的材料进行整理、分析，得出科学的结论，用文字表达出来，就可以成为学科研究考察报告。

学科研究考察报告的结构方式灵活多样，有直贯到底的，有分成几部分的，还有采用日记体裁写的。例如：我国古代地理学家徐弘祖的《徐霞客游记》，采用的是日记体裁；物候学家竺可桢的《雷琼地区考察报告》，在结构方式上是“小标题式”；地理学家徐蓉的《天目山冰桌的发现及其古气候意义》，在结构方式上是分成几部分进行叙述和论述。

学科研究考察报告的格式具体如下：

题目。

作者及单位。

摘要。

引言。

考察方法。

结果和讨论。

参考文献。

## 三、写作训练

完成本节“一、情境写作”所设题目。

# 第四节　可行性研究报告

## 一、情境写作

结合专业情况，写一份“可行性研究报告”。要求：

一是内容要符合要求。

二是文面形式要规范。

## 二、范文、简评及仿写须知

【范文】

### ×××项目可行性研究报告

目　录

第六章 开发进度

第七章 财务分析及评价

第八章 结论和建议

## 第一章 项目开发背景

从1998年起，国家为拉动经济、扩大内需，出台了以房地产为支柱产业的经济政策，房地产业在经历了多年的低谷后，终于迎来了黄金发展时期。

据国家统计局最新资料显示，2002年上半年全国商品住宅销售了6 280亿元，比去年增长22.5%，其中销售给个人为1 445亿元，比上年增长22.4%，个人购房所占比重为89.9%。目前我国城镇居民人均居住面积只有13.6平方米，与国外发达国家人均居住面积20～30平方米相比，其差距是十分明显的，所以房地产业有着广阔的发展空间。

据世界银行统计资料显示，人均GDP达到600～800美元时，住宅产业将进入高速增长阶段。2000年我国人均GDP为830美元，2002年更是达到了870美元，住宅开发占房地产开发总量的90%以上。因此，未来几年，随着GDP的进一步增长，以住宅为主的房地产业将进入一个快速发展阶段。

从购买力分析，城镇居民人均可支配收入2002年达到6 860元，比上年增长8.5%；另外，城乡居民储蓄存款余额已达7.38万亿元，比上年增长14.7%。随着收入的增加和房改力度的加大，居民购房置业的意识也在增强。

从消费意向看，有25%的人准备今年买房。在准备买房的居民中，有34%的人是为了解决基本居住问题，有51%的人是为了扩大居住面积和改善居住条件，有5%的人用于保值投资，有10%的人用于经营、出租等其他方面的用途。这说明城镇居民对住房的需求已开始从“有房住”向“住好房”方向转变。

目前居民消费结构升级是房地产业发展的内在驱动力，也正是增加住房消费的良机。另一方面，作为国家支柱产业的房地产业，为国家的GDP增长贡献了1.9～2.5个百分点。宽松的产业政策为房地产业提供了外部驱动力。

由此看来，住宅消费仍有巨大的潜在市场。有关专家预测，我国房地产热潮可持续20年。

(余略)

## 第二章 项目规划概况

2.1 基本情况

项目名称：西宝花园－通宇大厦

建设基址：西安市碑林区振兴路中段

土地性质：居住用地。(本策划案按商品房开发用地为策划依据)

占地面积：6 371.4 $m^2$ (9.56亩)

总建筑面积：36 264 $m^2$ (方案1)；39 864 $m^2$ (方案2)

住宅面积：7 200 $m^2$ (方案1)；10 800 $m^2$ (方案2)

综合楼面积：21 776 $m^2$ (不含地下室)；层高：22层

写字间面积：12 096 $m^2$；层高：3～14层，共12层

酒店套房面积：8 064 $m^2$；层高：15～22层，共8层

附楼面积：960 $m^2$；层高：4层

写字间酒店配套功能面积：2 175 $m^2$

公建面积：1 608 $m^2$（综合楼地下二层设备间及住宅楼地下室）

地下停车场面积：4 320 $m^2$（地下停车场的设计依据在第四章详述）

总户数：406 户（方案1）；430 户（方案2）

容积率：5. 97（方案1）；6. 53（方案2）

绿地率：30%

（余略）

## 第三章　项目周边环境及竞争状况分析

本报告主要对本项目的微观环境做调研分析。

3. 1　项目地块价值分析

3. 1. 1　概况

本项目地块属于城南板块，位于城南板块和城内板块的接合部，交通便利。作为写字间、酒店、高层住宅，区域开发成熟，住宅与写字楼人气仅次于西南板块（西高新）。面临振兴路城市支线道路，闹中取静，适合于个性内敛的企事业单位和人群。但作为写字间、酒店，弱化了商业价值，可以说是利弊参半。

3. 1. 2　商务用房价值与竞争状况

从中观环境看，目前西安市已建、在建、待售的写字楼面积需要5 年时间消化，竞争压力巨大；从微观环境看，此区域距离城区、南郊、西高新较近，交通便利，周边社区配套成熟，区域内同类物业销售经营状况良好，如果能够实现产品差异化，必然具有竞争优势；从宏观环境看，电视塔 CBD 和西高新 CBD 的规划对本项目的长期经营效益会有一定影响，短期内尚不会形成压力。

3. 1. 3　住宅价值与竞争状况

此区域周边同类在售住宅楼盘较少，可比性不强，以高层高档楼盘和普通多层住宅为主，两者之间有一个明显的价格空当（高档楼盘价格在4 500 元/$m^2$ 以上，名为住宅，实为商住；低端普通住宅为 2 500 ~ 2 600 元/$m^2$）。这也是本项目产品差异化定位的最佳入市机会。

从以上调研分析可见，本区域住宅、写字楼、酒店物业微观环境较好。写字楼需求较旺，住宅建议采用差异化策略，即切入高端与普通住宅之间的中端市场。

（余略）

## 第四章　产品设计建议

4. 1　综合楼

4. 1. 1　关于写字间的建议

目前西安市各类物业中的写字楼竞争最为激烈，建议采用新技术、新材料，打造在西安市适度超前的智能化、生态化写字楼。智能化概念在新建写字楼中已经得到普遍运用；生态化概念是一种新兴概念，主要体现为：采光充足，通透性好，定时换新风，换气系统加氧，建筑材料和装修材料采用高标准的环保材料，降低有害物质排放，杜绝写字楼综合征；具备较高的绿化率，尽可能采用空中花园式。

建议：若建12 层，应为 1 梯 4 户；若建 18 层，则主要看户型设计和公摊面积的比较。

4.2.4 户型设计建议

动静分区，主卧朝阳，通透性好，采光好，以3室2厅2卫为主立户型。大户型可做4室2厅2卫，每户两卫，复式2~3卫，复式考虑露台和跳空层，尽量避免“黑屋”。总公摊（不包括地下室）控制在7%~8%，户内有效使用面积尽量大（90%以内）。

（余略）

## 第五章 营销方案

5.2 项目经营方案

5.2.1 方案A

写字楼中留出4 000 $m^2$ 自用办公，其余写字间出租；酒店自营；配套功能可自营或内部承包或出租；住宅楼40户按成本价内部销售，其余按市场价对外销售；停车场除酒店留用57个、机动车位留出11个外，其余100个出租。

5.2.2 方案B

写字楼中留出4 000 $m^2$ 自用办公，其余写字间出售；酒店自营；配套功能可自营或内部承包或出租；住宅楼40户按成本价内部销售，其余按市场价对外销售；停车场除酒店留用57个、机动车位留出11个外，其余出售。

5.3 价格定位

| 写字间 | | 住宅楼 | | 车位 | |
|---|---|---|---|---|---|
| 售/（元·平方米$^{-1}$） | 租/（元·月$^{-1}$） | 售/（元·平方米$^{-1}$） | 租/（元·月$^{-1}$） | 售/（元·平方米$^{-1}$） | 租/（元·月$^{-1}$） |
| 12096 | 500 | 5200 | 50 | 100000 | 1000 |

（余略）

## 第六章 开发进度

本项目在资金充足的情况下，宜采用同步开发策略，即综合楼与住宅楼同步进行（同步完工）。开发周期估算为2年。此开发进度作为本方案经济核算的依据之一。

附表1 开发进度模拟表。（表略）

（余略）

## 第七章 财务分析及评价

7.1 项目总投资估算

项目的总投资包括土地费用、前期工程费用、建设配套费、建筑安装工程费用、室外工程费、建设监理费、建设单位管理费、预备费以及建设期贷款利息等项。

A. 土地费用：

本项目占地9.56亩，每亩450万元，土地总价值为4 302万元。

B. 前期工程费用包括工程勘察费、工程设计费、前期工程咨询费等项费用。按建安成本的2%取费。

C. 建设配套费用包括招投标费、市政设施配套费、消防设施配套费、天然气公网初装费、抗震设计审查费、定额编制管理费、质量监督费、劳保统筹基金、新型墙体材料专项费用、“结建”人防工程押金、散装水泥保证金、排污费、环卫费、水增容费、电力增容工程费等。按建安成本的10%取费。

D. 建筑安装工程费用：

根据相关建设工程造价指标，结合本项目实际情况，住宅楼按1 300元/m²（方案1），1 500元/m²（方案2），综合楼按1 600元/m²，写字楼装修按600元/m²，酒店及配套服务功能装修按1 000元/m²计算。本项目建筑安装工程总造价为8 472万元（方案1），9 168万元（方案2）。

E. 室外工程费：

室外工程包括小区道路、绿化及小区内各项构筑物等内容。根据本项目实际情况，按50元/m²计算，本项目的室外工程费为320万元。

F. 工程建设监理费：

按建安工程总造价的1%计算，共计85万元。

G. 建设单位管理费：

按前六项费用之和的2%计提。

H. 预备费：

由于项目开发的可预见性较强，预备费按建安成本的6%计提。

（余略）

第八章　结论和建议

A. 本项目开发条件成熟，市场需求旺盛。

B. 本项目的投资回收主要靠酒店的后期经营，经营风险较大，因此我们认为本项目的投资风险较大。建议引进专业酒店管理公司进行经营管理，降低经营风险。

C. 本项目建设成本较高（主要是地价因素），加重了后期销售和经营的难度。

D. 由于自用写字间和住宅内部销售（实际是亏本销售）比例较大，同样加重了经营负担，延长了投资回收期。

E. 本项目投资回收期较长，借款财务费用占后期经营成本的40%左右，财务成本过大，因此建议尽量降低贷款额度。

**【简评】**这份可行性研究报告以经济效益为核心就项目可行性进行了多方分析，显示了逻辑的力量，为决策者科学决策提供了依据。

**【仿写须知】**仿写时，要保持文面形式各方面不走样。

## 三、知识链接

### （一）可行性研究报告的概念

可行性研究报告是经济活动可行性预测上报文件。它对经济活动所涉的各种因素进行具体调查、研究、分析，确定有利和不利的因素、项目是否可行、成功率大小、经济效益和社会效果，为决策者和主管机关科学决策提供依据。

### （二）可行性研究报告的特点

一是十分重视市场调查和市场预测。

二是以经济效益为核心，进行多方案的比较。
三是是边缘性学科，涉及多学科知识。
四是在决策前进行。

### （三）可行性研究报告的结构与写法

例如：
第1章　项目总论
§1.1　项目背景
§1.1.1　项目名称
§1.1.2　项目承办单位
§1.1.3　项目主管部门
§1.1.4　项目拟建地区、地点
§1.1.5　承担可行性研究工作的单位和法人代表
§1.1.6　研究工作依据
§1.1.7　研究工作概况
§1.2　可行性研究结论
§1.2.1　市场预测和项目规模
§1.2.2　原材料、燃料和动力供应
§1.2.3　厂址
§1.2.4　项目工程技术方案
§1.2.5　环境保护
§1.2.6　工厂组织及劳动定员
§1.2.7　项目建设进度
§1.2.8　投资估算和资金筹措
§1.2.9　项目财务和经济评论
§1.2.10　项目综合评价结论
§1.3　主要技术经济指标表
§1.4　存在问题及建议
第2章　项目背景和发展概况
§2.1　项目提出的背景
§2.1.1　国家或行业发展规划
§2.1.2　项目发起人和发起缘由
§2.2　项目发展概况
§2.2.1　已进行的调查研究项目及其成果
§2.2.2　试验试制工作情况
§2.2.3　厂址初勘和初步测量工作情况
§2.2.4　项目建议书的编制、提出及审批过程
§2.3　投资的必要性

第3章　市场分析与建设规模

§3.1　市场调查

§3.1.1　拟建项目产出物用途调查

§3.1.2　产品现有生产能力调查

§3.1.3　产品产量及销售量调查

§3.1.4　替代产品调查

§3.1.5　产品价格调查

§3.1.6　国外市场调查

§3.2　市场预测

§3.2.1　国内市场需求预测

§3.2.2　产品出口或进口替代分析

§3.2.3　价格预测

§3.3　市场推销战略

§3.3.1　推销方式

§3.3.2　推销措施

§3.3.3　促销价格制度

§3.3.4　产品销售费用预测

§3.4　产品方案和建设规模

§3.4.1　产品方案

§3.4.2　建设规模

§3.5　产品销售收入预测

第4章　建设条件与厂址选择

§4.1　资源和原材料

§4.1.1　资源评述

§4.1.2　原材料及主要辅助材料供应

§4.1.3　需要做生产试验的原料

§4.2　建设地区的选择

§4.2.1　自然条件

§4.2.2　基础设施

§4.2.3　社会经济条件

§4.2.4　其他应考虑的因素

§4.3　厂址选择

§4.3.1　厂址多方案比较

§4.3.2　厂址推荐方案

第5章　工厂技术方案

§5.1　项目组成

§5.2　生产技术方案

§5.2.1　产品标准

§5.2.2　生产方法

§5.2.3 技术参数和工艺流程

§5.2.4 主要工艺设备选择

§5.2.5 主要原材料、燃料、动力消耗指标

§5.2.6 主要生产车间布置方案

§5.3 总平面布置和运输

§5.3.1 总平面布置原则

§5.3.2 厂内外运输方案

§5.3.3 仓储方案

§5.3.4 占地面积及分析

§5.4 土建工程

§5.4.1 主要建、构筑物的建筑特征与结构设计

§5.4.2 特殊基础工程的设计

§5.4.3 建筑材料

§5.4.4 建筑工程造价估算

§5.5 其他工程

§5.5.1 给排水工程

§5.5.2 动力及公用工程

§5.5.3 地震设防

§5.5.4 生活福利设施

第6章 环境保护与劳动安全

§6.1 建设地区的环境现状

§6.1.1 项目的地理位置

§6.1.2 地形、地貌、土壤、地质、水文、气象

§6.1.3 矿藏、森林、草原、水产和野生动物、植物、农作物

§6.1.4 自然保护区、风景游览区、名胜古迹，以及重要政治文化设施

§6.1.5 现有工矿企业分布情况

§6.1.6 生活居住区分布情况和人口密度、健康状况、地方病等情况

§6.1.7 大气、地下水、地面水的环境质量状况

§6.1.8 交通运输情况

§6.1.9 其他社会经济活动污染、破坏现状资料

§6.2 项目主要污染源和污染物

§6.2.1 主要污染源

§6.2.2 主要污染物

§6.3 项目拟采用的环境保护标准

§6.4 治理环境的方案

§6.4.1 项目对周围地区的地质、水文、气象可能产生的影响

§6.4.2 项目对周围地区自然资源可能产生的影响

§6.4.3 项目对周围自然保护区、风景游览区等可能产生的影响

§6.4.4 各种污染物最终排放的治理措施和综合利用方案

§6.4.5　绿化措施，包括防护地带的防护林和建设区域的绿化
§6.5　环境监测制度的建议
§6.6　环境保护投资估算
§6.7　环境影响评论结论
§6.8　劳动保护与安全卫生
§6.8.1　生产过程中职业危害因素的分析
§6.8.2　职业安全卫生主要设施
§6.8.3　劳动安全与职业卫生机构
§6.8.4　消防措施和设施方案建议
第7章　企业组织和劳动定员
§7.1　企业组织
§7.1.1　企业组织形式
§7.1.2　企业工作制度
§7.2　劳动定员和人员培训
§7.2.1　劳动定员
§7.2.2　年总工资和职工年平均工资估算
§7.2.3　人员培训及费用估算
第8章　项目实施进度安排
§8.1　项目实施的各阶段
§8.1.1　立项目实施管理机构
§8.1.2　资金筹集安排
§8.1.3　技术获得与转让
§8.1.4　勘察设计和设备订货
§8.1.5　施工准备
§8.1.6　施工和生产准备
§8.1.7　竣工验收
§8.2　项目实施进度表
§8.2.1　横道图
§8.2.2　网络图
§8.3　项目实施费用
§8.3.1　建设单位管理费
§8.3.2　生产筹备费
§8.3.3　生产职工培训费
§8.3.4　办公和生活家具购置费
§8.3.5　勘察设计费
§8.3.6　其他应支付的费用
第9章　投资估算与资金筹措
§9.1　项目总投资估算
§9.1.1　固定资产投资总额

§9.1.2 流动资金估算
§9.2 资金筹措
§9.2.1 资金来源
§9.2.2 项目筹资方案
§9.3 投资使用计划
§9.3.1 投资使用计划
§9.3.2 借款偿还计划
**第10章 财务与敏感性分析**
§10.1 生产成本和销售收入估算
§10.1.1 生产总成本估算
§10.1.2 单位成本
§10.1.3 销售收入估算
§10.2 财务评价
§10.3 国民经济评价
§10.4 不确定性分析
§10.5 社会效益和社会影响分析
§10.5.1 项目对国家政治和社会稳定的影响
§10.5.2 项目与当地科技、文化发展水平的相互适应性
§10.5.3 项目与当地基础设施发展水平的相互适应性
§10.5.4 项目与当地居民的宗教、民族习惯的相互适应性
§10.5.5 项目对合理利用自然资源的影响
§10.5.6 项目的国防效益或影响
§10.5.7 对保护环境和生态平衡的影响
**第11章 可行性研究结论与建议**
§11.1 结论与建议
§11.1.1 对推荐的拟建方案的结论性意见
§11.1.2 对主要的对比方案进行说明
§11.1.3 对可行性研究中尚未解决的主要问题提出解决办法和建议
§11.1.4 对应修改的主要问题进行说明，提出修改意见
§11.1.5 对不可行的项目，提出不可行的主要问题及处理意见
§11.1.6 可行性研究中主要争议问题的结论

## 三、写作训练

完成本节“一、情境写作”所设题目。

# 第六章　科技文书

## 第一节　科技产品说明书

### 一、情境写作

结合学习情况写成一份“科技产品说明书”。要求：
一是行款格式要符合要求。
二是注意文面形式细节。

### 二、范文、简评及仿写须知

**【范文】**

#### 有害气体监控仪使用说明书

本产品由山东省邹县侨声电子仪器厂、宁夏大学技术研究所和宁夏电子产品监督检验所共同研制，符合国家标准并达到国内外同类产品的先进水平，系中华人民共和国专利产品（专利号862061008）。

一、用途和性能

本产品能对油烟、一氧化碳、天然气、石油液化气、煤气、酒精、汽车和香烟烟雾长期不断地监视控制，主要适用于煤气管道漏气、煤炭燃烧不完全和燃气热水淋浴器漏气形成一氧化碳气体。只要上述气体有可能危及人身安全，报警器就能发出声光报警信号。该仪器还能自动开启换气设备，更加安全可靠。

二、主要技术指标

（一）额定电压频率220 V/22 V、50～60 Hz。

（二）环境温度0 ℃～40 ℃。

（三）空气相对湿度80%（40℃）。

（四）大气压力86.6～106.6 kPa。

（五）监控仪输出口负载能力AC220 V　2 A。

（六）报警声压在前方距1 m处其声压级不小于90 dB（分贝）。

（七）延时功能1～3 min。

（八）灵敏度与动作规范：接通电源灯发光，以丁烷气为例，浓度超过0.3%红灯发光，当浓度达到0.75%自动报警。耗电不大于3 W。

三、安装使用方法

（一）在安装前检查性能，将电源插头插入220 V电源插座，绿色指示灯亮，发出声响，表示自检，5～10分钟后仪器工作。

（二）如需自动排气，将风扇或其他排风设备电源插头插在仪器外壳上即可。

（三）本仪器可置于办公室、会议室，与换气设备配套使用。当室内香烟烟雾达到一定浓度时，仪器会自动启动换气设备向外排烟。针对这一用途，仪器应放在墙壁的适当高度。

（四）本仪器若用于液化气泄漏报警，应安装在靠地面的墙壁上，并保证通气良好，以确保本仪器性能的全面发挥。

四、注意事项

（略）

**【简评】**这份说明书实事求是地介绍了产品的作用和性能，语体适宜，文面形式规范。

**【仿写须知】**仿写时，注意文面形式细节。

## 三、知识链接

### （一）科技产品说明书的概念

科技产品说明书是企业为向消费者介绍产品性能、构造、用途及保养、注意事项等所写的应用文。有的附有图表，并编印成宣传小册子。

### （二）科技产品说明书的种类

科技产品说明书各种各样。一般来讲，按所要说明的事物来分，可以分为产品说明书、使用说明书、安装说明书等。

**1. 产品说明书**

产品说明书主要指日常生产、生活产品的说明书。它主要是对某一产品的各方面情况加以介绍。这类说明书可以是生产消费品，也可以是生活消费品。

**2. 使用说明书**

使用说明书是向人们介绍产品的使用方法和步骤的说明书。

**3. 安装说明书**

安装说明书主要介绍如何将产品零件组装成完整产品。我们知道，为了运输的方便，许多产品都是拆开分装的。用户在购买到产品之后，需要将散装部件合理地安装在一起。这就需要有具体翔实的安装说明书。

### （三）科技产品说明书的特点

**1. 说明性**

说明、介绍产品是说明书的主要目的。

**2. 真实性**

说明书必须客观、准确地反映产品。

**3. 指导性**

说明书指导消费者正确使用和维修产品。

**4. 多样性**

说明书表达形式可以是文字式的，也可以图文兼备。

### （四）科技产品说明书的结构

科技产品说明书多种多样，写作格式也不拘一格，不可一概而论。一般来说，其结构包含以下三个部分：

标题。

正文。可分条写。

署名。

### （五）科技产品说明书的写作要求

科技产品说明书要实事求是，不可为达到某种目的而夸大产品的作用和性能。

科技产品说明书要全面地说明事物，不仅介绍其优点，还要清楚地说明应注意的事项和可能产生的问题。

产品说明书、使用说明书、安装说明书一般采用说明性文字。

科技产品说明书可根据需要使用图片、图表等多种形式，以期达到最佳的说明效果。

## 四、写作训练

完成本节“一、情境写作”所设题目。

# 第二节　科研课题申报书

## 一、情境写作

结合学习情况写一份“科研课题申报书”。要求：

一是行款格式要符合要求。

二是注意文面形式细节。

## 二、范文、简评及仿写须知

【范文】

### 南京市2007年教育科学规划“个人课题”申报表

编号：

| 姓　　名 | ××× | 所在学校 | 下关区第二实验小学 | 邮　编 | 210028 |
|---|---|---|---|---|---|
| 性　　别 | 女 | 职　　称 | 小高 | 学　科 | 品社 |
| 文化程度 | 本科 | 所在区县 | 下关区 | 电　话 | ××××××<br>××××× |

续表

| | |
|---|---|
| 课题界定及理论依据 | 课题名称："品德与社会"学科渗透生命教育的实践研究<br>课题界定：<br>所谓生命教育，就是在生命活动中，通过生活活动和为了生命而进行的教育。通过"品德与社会"学科教学，对学生进行健康、安全、成长、价值与关怀的教育，使学生学习并掌握必要的生存技能，认识、感悟生命的意义和价值，培养学生尊重生命、爱惜生命的态度，学会欣赏和热爱自己的生命，进而学会对他人生命的尊重、关怀和欣赏，树立积极的人生观。<br>理论依据：<br>一、以"以人为本"的思想为根本。这是当前教育改革的最基本思想，而生命更是"本中之本"。只有珍惜生命，才有可能发挥生命功能，提升生命质量。<br>二、以生命教育观理论为指导。生命教育观认为教育乃是生命与生命交流之过程。生命教育应遵循生命发展的原则，依据生命发展的动力，引导生命走向完整、和谐和无限的境界，保证生命发展的无限可能性，促进生命不断超越。<br>三、小学"品德与生活""品德与社会"是实施生命教育的主要课程载体，它以儿童为主体，根据儿童的生活规律，设置"我和我的同学""我要安全回家""我的成长与家庭"等主题单元，为渗透生命教育提供了平台。 |
| 课题研究的背景及意义 | 课题研究的背景：<br>我们生活在一个科技迅速发展、物质条件日益丰富的时代。在科技的发达、物质的丰富提高了人们的生活水平、改善了人们的生活质量的同时，各种负面因素却给中小学生的生命观带来了种种消极影响，而目前学校及家庭针对这方面的教育却相当薄弱，以致学生对自己的生命，包括生命与健康、生命与安全等问题缺乏正确的认识，出现了诸如心理脆弱、行为失控、缺乏自我保护意识等现象。生命教育是当前中小学教育领域中的一个新的研究课题，对学生如何进行生命教育还缺乏成熟的经验，尽管有些学校已开始涉及这一问题，但这方面的探索比较零碎，缺乏系统性的研究。<br>课题研究的意义：<br>从学生踏入学校大门的那一刻起，每一位老师都有责任把"生命是至高无上"的观点告诉他们。只有把生命的价值和意义告诉学生，让他们都懂得要尊重生命、爱护生命、敬畏生命，他们才能保持健康的身体与心理，快乐地学习；他们才会珍惜别人的生命，尊重别人的意愿，并正确对待自己；他们也才会关爱大自然、保护环境，为美好的生命创造良好的生存空间。由此可见，生命教育已成为当今教育不容忽视的一个重要基点。在学科教学中渗透生命教育，结合新课程改革的实施，在课堂教学的设计、组织、评价方面更多地关注学生的情感、态度和价值观的形成，结合学科内容有机地渗透生命教育；通过生命教育课程化的实践与研究，寻求一套切实可行的生命教育的策略，可教会学生正确地认识自我、保护自我，正确地与老师、同学、家人进行交往，学会共同生活。因此，在"品德与社会"学科中渗透生命教育的实践研究是有一定意义的，也是十分有价值的。 |
| 课题研究的内容 | 一、深入理解教材、精心创设教学情境，用动感的场面，用优美的、富于启发性的语言来诠释教材，激活"生命"，使得我们生命教育的课堂能够真正"用生命去温暖生命，用生命去呵护生命、用生命去撞击生命、用生命去滋润生命"，让我们的每个孩子都能感受到生命积极的存在状态——投入、倾注、热力四射而兴味盎然。<br>二、生命教育"班本"教材的编制。把课堂教学与实践活动相结合，自编比较系统的生命教育的"班本"教材，形成学校、家庭与社会优势互补、资源共享的生命教育实施体系。<br>（一）结合第一课"自画像"，以"生命由来""悦纳自我"为内容，让学生懂得关注生命、珍爱生命。<br>（二）结合第二课"同学之间"，以"接纳他人""发现领悟"为内容，让学生懂得尊重生命、欣赏生命。<br>（三）结合第六课"平安回家"，以"安全教育""法制教育"为内容，让学生懂得"珍惜生命""热爱生命"。 |

续表

| | |
|---|---|
| 课题研究的内容 | （四）结合“有多少人为了我”，以“学会体验”“学会感恩”为内容，让学生懂得“敬畏生命”“关怀生命”。<br>三、开展与“品德与社会”学科有关的活动，对儿童进行生命教育。<br>活动时，遵循“活动—体验—领悟—内化”的过程，主要围绕八个内容编制，即：（一）认识生命；（二）敬畏生命；（三）发现生命；（四）尊重生命；（五）热爱生命；（六）保护生命；（七）激扬生命；（八）完善生命。<br>例如：与农民工子弟学校的孩子手拉手、与福利院建立互助关系、带学生参观妇幼医院婴儿室等，这些活动让学生自觉投入对生命的热爱、对生命的感悟；还可开展感恩教育活动，让学生学会感恩，并征集学生的感恩作文，进行作文展；利用开放日，请家长为学生进行安全知识讲座，使学生掌握一些安全知识及自我保护的方法；结合生命教育的内容，进行“独自在家”“有陌生人打电话”等情景表演。 |
| 课题研究过程及方法 | 课题研究过程：<br>本课题研究为期一年，具体安排如下：<br>第一阶段：预备学习阶段（2007 年 9—10 月）<br>做好开题报告，将三年级“品德与社会”教材中有关生命教育的内容整理归类并打成初稿。不断了解情况、发现问题、积累个案，将学生中存在的各种心理问题分类归整，然后对症下药、具体研究。<br>第二阶段：实验研究阶段（2007 年 10 月—2008 年 3 月）<br>以专题形式在思品课中强化渗透生命教育。采用“经验—情绪—体验”教学模式，通过戏剧、角色扮演、模拟情景、换位思考、实地参观考察和社会实践等各种方式的体验活动，让学生直接参与表演，分别感受“真实情景”中人物的各种情绪，从而学会尊重他人、关爱他人，帮助学生尽可能选择更体现生命意义的态度和价值观；开展活动；编制“班本”教材。<br>第三阶段：总结阶段（2008 年 4—5 月）<br>将取得的成果、经验、教训一一总结，并提出新的目标。<br>课题研究方法：<br>本课题的研究主要以实验法和行动研究法为主，辅之以问卷调查法、观察法。<br>一、文献法：以新课程理念为指导，广泛吸纳国内外教育理论和实践成果，结合本地区、本校的实际，在校本课程中开展课题研究，在确定课题、分析研究成果、撰写实验报告时使用此方法。<br>二、观察法：在课题研究的起始阶段、实施过程中，有目的、有计划地对自然状态下发生的学生思想道德的行为进行系统的、连续的考察、记录、分析，获得事实材料，以取得对学生自主性发展的了解和认识。<br>三、行动研究法：在课题实施过程中围绕课题研究目标，开展多层次、多渠道、全方位的研究，边实践边总结，不断探索经验和规律的东西。<br>四、经验总结法：在课题研究的过程中，认真做好各类资料的收集、整理和实施情况的记录，及时总结各阶段的成果。 |
| 课题研究的条件及预期成果 | 课题研究的条件：<br>一、第一期个人课题“培养低年级儿童同情心的实践研究”已结题，在此基础上对升入三年级的这批孩子进行生命教育，既符合其年龄特点和情感发展规律，又和“品德与社会”教材编排的内容紧密结合。<br>本人作为第二届品德学科的市优青，曾参与过品德教材的编写，因此对于这一课题的开展积累了一些经验。<br>二、本人从事教科研工作已十年，对个人课题一向充满热情和期盼，为本课题的完成注入了活力，这是一个有“生命”积极进行的课题。<br>课题研究预期成果：<br>（一）活动设计及案例。<br>（二）生命教育“班本”教材。<br>（三）论文。 |

续表

| | |
|---|---|
| 区（县）教科研主管部门意见 | |
| 市教育局教育科学学术委员会审批意见 | |

**【简评】** 这份科研课题申报表内容丰富、格式规范，语体适宜，内容、形式均好。

**【仿写须知】** 仿写时，要保持文面形式各方面不走样。

## 三、知识链接

### （一）科研课题申报书的概念

科研课题申报书是研究者就有价值的科学研究问题向主管机关提出的研究申请文件。

### （二）科研课题申报书写作要求

**1. 科研课题的选择**

（1）选题的原则。

1）需要性原则。

有长远性和迫切性；根据个人的工作基础和条件选择。

2）创新性原则。

①新课题新领域：别人未涉及的领域。

②旧课题旧领域：一是对旧课题进行发展、补充和修正；二是改变区域，但必须结合实际。

3）科学性原则。

选题依据和设计理论要科学。

①选题依据科学性要做到：一是以事实为依据，与客观规律一致；二是在继承基础上发展；三是充分反映研究思路的清晰度与深刻性。

②设计理论科学性要做到：一是专业设计科学性；二是统计学意义上的科学性。

4）可行性原则。

一是具备完成和实施课题的条件；二是研究经验和能力；三是研究队伍知识与技术结构合理；四是前期工作研究积累；五是完成课题的客观条件。

5）效益性原则。

①社会效益。

②经济效益。

（2）选题的程序。

1）提出问题（初始的意念）。

2）文献检索（贯穿课题全过程）。

3）建立假说（核心与灵魂）。

4）确定方案。

5）确定课题。

（3）课题的确定。

1）确定方案。

确定实验方案（处理因素、受试对象、效应指标）。

2）确定课题题目。

课题三要素：处理因素 + 受试对象 + 预期效应。

（4）选题的角度。

1）技术操作性选题。

2）学术争议中选题。

3）项目指南中选题。

4）文献空白点选题。

5）已有课题上选题。

6）旧题发挥性选题。

7）交叉学科中选题。

8）借鉴移植性选题。

（5）选题注意事项。

1）注意联系实际。

2）注意可行性和现实性。

3）注意亲自参与性。

**2. 课题申报与撰写**

（1）申报前的准备工作。

1）提前书写（3 ~ 6 个月）。

2）注意有关信息与通知。

3）仔细阅读相关申报提纲与要求。

（2）各部分书写的技巧与要求。

1）题目要求：新意，简洁，明了。

2）简表填写。

①项目组成员填写。

主要成员 6 ~ 10 名，结构合理：

高级研究人员（1 ~ 2 人）。

中级研究人员（2 ~ 3 人）。

技术人员及研究生（3 ~ 5 人）。

②研究摘要的填写。

字数：400 字内。

重点突出（突出创新性）；观点明确。

3）立项依据。

①课题研究的意义。

②研究科学性。

③学术思想及创新性。

④参考文献。

4）研究的意义。

①书写直接的科学意义（专家关心点）。

②围绕问题关键，具体分析为什么要开展这项研究。

③书写目标：课题属重要领域的重要问题，具有重要的理论价值或应用前景。

5）研究的科学性。

①研究的背景（国内外目前的研究现状）。

②存在的问题（提出研究的切入点）。

③研究设想（研究目标及思路）。

6）学术思想及创新性。

①理论创新（新学说或理论）。

②方法创新（新方法）。

③技术创新（技术改进或完善）。

7）研究内容及方案。

①研究内容和拟解决的关键问题。

②研究的预期目标。

③研究方案（研究方法及手段技术路线）。

8）研究拟解决的关键问题。

①范围合适：3 ~5 个内容。

②重点突出：1 ~2 个重点。

③关键问题选择准确：1 ~2 个关键问题。

9）研究的预期目标。

①发表的研究论文。

②申请的技术专利。

③可应用产品的开发。

书写要求：明确、可以达到、留有余地。

10）研究方案（研究方法及手段）。

①方法先进。

②技术成熟可靠（设计合理、方法可行、成熟可靠、可重复性强、易于掌握）。

③有创新。

11）可行性分析。

①理论上可行。

②有实验基础。

③课题组成员力量雄厚。

④技术与方法成熟。

⑤实验设备有保障。

12）研究基础。

①与本项目有关的工作积累。

②已具备的实验条件。

③项目组成员。

13）本项目有关的工作积累。

①主要研究者的研究背景及经验——精而深。

②与本研究相关的前期研究——真实有价值。

③已发表的研究论文——级别高。

14）已具备的实验条件。

①实验室条件：主要仪器和设备。

②技术条件：实验模型的建立，预实验的结果，关键实验材料。

③国内及国际合作：合作的背景及技术优势。

15）总体书写要求。

①清晰具体。

②对关键实验结果应有基本判断。

③实验安排与提出问题逻辑对应。

16）参考文献。

①严格按标准格式书写。

②最新文献（近 3 年）。

③国外文献为主。

④控制在 10 篇内。

（3）申报与撰写时需要特别注意的问题。

1）简表填写是否规范，申请金额是否合理，投送学科是否恰当，参加人员技术力量的配备是否合适等。

2）选题方向是否科学、有创新、有科学意义，立项依据是否充分、清楚而没有漏洞，国内外的参考文献是否全面、准确。

3）目标、内容和关键问题的选择是否得当，叙述是否充分而有条理。

4）技术路线的设计和实验方案的选择是否先进、科学、合理、可行，描述是否清晰、简练。

5）工作基础中，对与课题的研究内容相关的研究工作，是否清楚、透彻、技巧性地进行了阐述，使评审者对课题组的前期工作和科研条件有足够的了解和认识。

6）经费预算是否合理地按有关规定进行了计算。

7）成员介绍是否紧扣课题的研究内容和技术路线，既注重梯队、比例、技术力量等科研综合实力的展示，又注意与本课题相关。

8）标书是否思路清晰，是否表达清楚、圆满而无漏洞，尤其是创新性、可行性和工作基础三方面的表述是否层次分明而又紧密结合、前后呼应。

**3. 优秀科研课题申报书的标志**

(1) 申报书要有一定的厚度。

(2) 申报书最好图文并茂。

(3) 申报书中要有亮点。

(4) 申报书要集中研究目标。

(5) 申报书应体现出较强的创新性。

## 四、写作训练

完成本节“一、情境写作”所设题目。

# 第三节 工科毕业设计

## 一、情境写作

结合学习情况写一份“工科毕业设计”。要求：

一是行款格式要符合要求。

二是注意文面形式细节。

## 二、范文、简评及仿写须知

**【范文】**

### ×××工程学院毕业设计（论文）

题　　目：计量器材销售系统

年级专业：1998级计算机科学技术

学生姓名：×××　　学　号：9821127044

指导教师：×××　　职　称：副教授

导师单位：计算机与通信工程学院

### 目　　录

【摘　要】随着 Internet/Intranet 技术的发展，基于 Web 的新型销售管理系统研究与开发成为一个热点。本文介绍的基于 Web 技术的计量器材销售系统采用目前流行的 B/S 结构，用 ASP + SQL 组合实现了企业产品的分类、发布、销售、查询及维护，具有一定的实用性。
【关键词】模式　计量器材　销售系统
【Abstract】(英文略)
【Key Words】(英文略)

## 前　　言

随着科学技术的发展和社会的进步，世界范围内商业竞争日益激烈，中小型企业的经营范围不断扩大。国内许多企业已经在全国范围内设立大量分支机构，形成遍布全国的分布式企业生产环境。在这种环境下，通过局域和广域计算机网络连接分布在全国乃至全球各地的分支机构，便成为企业提高管理水平，企业上档次、上规模以适应现代化市场经济的重要举措。特别是采用 Web 技术，通过 Internet/Intranet 可以实现企业信息的快速收集、存储、处理和交流，可以用低廉的费用把企业的业务扩展到整个世界，使企业成为一个业务通向全球的"跨国公司"。本论文主要介绍的计量器材销售系统，就是帮助企业实现跨地域经营的实用网络应用系统。

销售系统是一个企业实施电子商务最核心的部分。(略)

1　本设计中所使用的工具、本设计的特点、依据的原理介绍

1.1　前台界面设计工具简介

要做一个出色的网站，需要熟悉很多软件的使用方法并了解一些程序语言。在软件方面，Dreamweaver 可以说是最基础和最重要的一个，而与之密切相关的 HTML 又是一切 Web

页面的基础。

HTML 介绍：（略）

Dreamweaver 介绍：（略）

SWiSH Max 介绍：（略）

1.2 ASP（Active Server Pages）介绍（略）

1.2.1 ASP 的五个内置对象：（略）

1.2.2 ASP 的工作原理及其特点

特点：（略）

ASP 的工作原理如图 1-1 所示：（图略）

1.2.3 AD0 访问数据库技术的实现方法（略）

1.3 SQL Server 2000 简介与环境配置

SQL 是用来对存放在计算机中的数据库进行组织管理和检索的语言。现在 SQL 在所有主要计算机开发商的数据库体系中都占有重要的地位，它作为一种综合的、通用的、功能极强的关系数据库语言，具有以下一些特点：

一体化的特点；

统一的语法结构；

高度非过程化；

…………

2 计量器材销售系统的系统分析与总体设计

2.1 系统功能模块图

计量器材销售系统分为前台管理和后台管理，前台管理包括浏览商品、查询商品、订购商品、购物车、用户信息查询、会员注册等功能。后台管理包括商品管理、订单管理、公司新闻管理、访客留言管理、内部职员（用户）管理等功能。

（图略）

2.2 主要流程图

（图略）

2.3 数据流图和数据字典

（图略）

3 计量器材销售系统的初步设计

3.1 目录结构

在 E:\ Mydesign 目录下包含的文件主要有：index. asp，fkly. asp，hy91. asp，about. asp；主要的功能有：主页面、访客留言、会员管理、关于我们等。在 E:\ Mydesign 下还包含下面几个子目录：

（略）

3.2 通用模块

本系统中包含了一些通用模块，这些模块以文件的形式保存，可以在其他文件中使用 include 语句来引用这些模块。

（1）conndb. asp

（略）

（2）head. html

（略）

（3）style. CSS

（略）

3.3　数据库结构

本系统主要的数据库中设计了8个表，主要表的结构如下：

（略）

4　计量器材销售系统的前台设计

前台设计的功能组成如图4－1所示：（图略）

5　计量器材销售系统的后台管理设计

（内容略）

【参考文献】

[1] 李晓黎，张巍．ASP＋SQL Server网络应用系统开发与实例［M］．北京：人民邮电出版社，2004.

[2] 资讯教育小组．ASP与SQL网站数据库程序设计［M］．北京：科学出版社，2002.

## 谢　　词

经过八周紧张繁忙的毕业设计，终于完成了计量器材销售系统网站的建设。这次设计中我得到了很多人的帮助，学到了不少东西，可以说受益匪浅。我要感谢指导教师×××，正是在他的带领下，我对计量销售系统网站建设的各个方面做了细致研究，掌握了ASP＋SQL建站的基本原理、方法和步骤，这对我以后走向社会和工作岗位有很大帮助。对没有建站经验的我来说，这是一个很好的锻炼机会，在以后的网站开发、网页设计中，我会尽量做一些规范代码的工作，使代码的利用率更高。

还要感谢×××老师，在这次设计中她给予我极大的帮助。她不但知识渊博，还有独特的分析方法。她认真负责的工作态度和深厚的理论水平都值得我学习。

也要谢谢同学们，感谢他们在这次设计中给我的帮助。

设计者：×××
2004年6月18日

附录：

附录一：外文原文（略）

附录二：译文（略）

附录三：主要源代码（略）

**【简评】**这份毕业设计逻辑精密、重点突出、陈述客观、文字简练，体现了逻辑性与规范性。

**【仿写须知】**仿写时，要保持文面形式各方面不走样。

## 三、知识链接

### （一）工科毕业设计的概念

毕业设计是工科大学毕业生在教师的指导下对本专业某一课题的研究和设计成果的书面总结。

### （二）工科毕业设计的特点

**1. 指导性**

毕业设计是在导师指导下独立完成的科学研究成果。

**2. 习作性**

毕业设计的主要目的是培养学生具有综合运用所学知识解决实际问题的能力，为将来作为专业人员写学术论文做好准备。它实际上是一种习作性的学术论文。

**3. 逻辑性**

毕业设计特别强调反映学生的调查研究、查阅文献和收集资料的能力，强调理论分析、应用性分析、制订设计方案的能力、设计计算能力、绘图能力、技术分析能力、组织工作能力及创造性等能力。毕业设计必须有序、有理、有据。

**4. 规范性**

所谓符合规范，是指毕业设计的内容要符合有关标准和规范，尤其技术标准是对工农业产品和工程建设质量、规格及检验方法等所做的规定，是生产、设计、建设工作中必须共同遵循的技术依据或准则。设计中标准化的程度是衡量设计水平的一个重要标志。

### （三）工科毕业设计的结构与写作要求

一篇完整的毕业设计通常由标题、目录、摘要（含英文摘要）、关键词（含英文关键词）、前言、正文、谢词、参考文献和附录等几部分构成。

**1. 标题**

毕业设计的标题样式繁多，但总要体现作者的写作意图、毕业设计的主旨。

**2. 目录**

毕业设计内容层次较多，通常设目录。设置目录的目的主要是：

（1）使读者能够在阅读之前对全文的内容、结构有一个大致了解，以便决定读还是不读、精读还是略读。

（2）为读者选读设计要点提供方便。读者要进一步了解某个分论点时，就可以借助目录而节省时间。

**3. 摘要**

摘要又称内容提要，是毕业设计的简短陈述。它应能高度概括研究课题的内容、方法、观点以及取得的成果和结论，尤其应能反映整个内容的精华。内容提要是正文的附属部分，一般放置在篇首。中文摘要以300~500字为宜。写作内容提要的目的是：

（1）使指导教师在审阅毕业设计时先对全文的主要内容有个大体上的了解，知道研究所取得的主要成果与研究的主要逻辑顺序。

（2）使其他读者通过阅读内容提要大略了解作者所研究的问题，如果产生共鸣，则再进一步阅读全文。

因此，内容提要应把毕业设计的主要观点提示出来，简明而又全面，便于读者一看就能了解设计要点。

内容提要的写作要求可以概括为“全、精、简、实、活”。

（1）内容提要要求具有完整性，即不能把设计的主要内容遗漏。内容提要要独立成文，选词用语要避免与全文尤其是前言和结论部分雷同。

（2）重点要突出。内容提要应突出毕业设计的研究成果和结论性意义的内容，其他各项可写得简明扼要。

（3）文字要简练。内容提要的写作必须字斟句酌，用精练、概括的语言表述，每项内容不宜展开论证说明。

（4）陈述要客观。内容提要一般只写课题研究的客观情况，对工作过程、工作方法以及研究成果等不宜做主观评价，也不宜与别人的研究作对比说明。

**4. 关键词**

关键词是文献标引用以表示全文主题内容信息的单词或术语。关键词的个数为 3 ~ 5 个。关键词的排序，通常应按研究的对象、性质（问题）和采取的手段排序，而不应任意排列。关键词后面不加冒号，关键词与关键词之间应留出一个汉字的空间。

关键词应另起一行，排在摘要的下方。

**5. 前言**

前言为引导阅读、概述内容的文字，应要言不繁，三五行即可。

**6. 正文**

正文是毕业设计的核心部分，占据主要篇幅。正文包括绪论（引言）、本论和结论三个部分。具体如下：

（1）绪论。

绪论的内容主要是说明本设计的目的、意义、范围及应达到的技术要求；简述本课题在国内外的发展概况及存在的问题；阐述本设计的指导思想和应解决的主要问题。

（2）本论。

工科类毕业设计的具体内容，一般应包含设计方案论证、分析计算、结构设计、测试方案和测试结果、方案校验等全过程。

1）设计方案论证。说明设计原理并进行方案选择，说明为什么要选择这个设计方案，阐述所采用方案的特点。

2）分析计算部分。这部分在设计中应占有相当多的比例。要列出各器件的工作条件、给定的参数、计算公式以及各主要参数计算的详细步骤和计算结果；根据此计算应选用什么元器件或零部件；对采用计算机的设计还应包括各种软件设计思想和设计方法的分析。

3）结构设计部分。这也是设计说明书的重要组成部分，是对本课题解决主要问题的构思过程和实现方案的说明。它不能只是一般性的理论和方法的介绍，还应包括具体设计等。

4）测试方案和测试结果。包括样机或试件的试验方法、过程、数据及其处理，调试遇到的问题、解决的方法以及结果。

5）方案校验。说明所设计的系统是否满足各项性能指标的要求，能否达到预期效果。校验的方法可以是理论验算，也可以是实验测试及计算机的上机测试等。

（3）结论。

结论是毕业设计的收尾部分，是围绕本论所作的结束语，是全文的思想精髓，是文章价值的体现。结论概括说明本设计的情况和价值，总结其优点、特色、创新点、性能达到的水平，说明全部设计是否满足主要指标和要求，同时还应指出其中存在的重要问题、后续工作和改进研究的方向，特别是对设计中遇到的重要问题要重点阐述并加以研究。结论要实事求是地总结全文，加深题意，切忌言过其实。在无充分把握时应留有余地，因为科学问题的探索是永无止境的。

**7. 谢词**

谢词应以简短的文字对在课题研究和毕业设计撰写过程中曾直接给予帮助的人员表达自己的谢意。这不仅是一种礼貌，也是对他人劳动的尊重，是治学者应有的思想作风。

**8. 参考文献**

参考文献又叫参考书目，它是指作者在撰写毕业设计过程中所查阅参考过的著作和报纸杂志，应列在毕业设计的末尾。它反映毕业设计的取材来源、材料的广博程度和材料的可靠程度，也是作者对他人知识成果的承认和尊重。一份完整的参考文献可向读者提供一份有价值的信息资料。列出参考文献有三个好处：一是当作者本人发现引文有差错时，便于查找校正。二是可以使毕业设计答辩委员会的教师了解学生阅读资料的广度，作为审查毕业设计的一种参考依据。三是便于研究同类问题的读者查阅相关的材料。

参考文献的列出应限于作者直接阅读过的、最主要的、发表在正式出版物上的文献。一般做毕业设计的参考文献不宜过多，5~8篇即可。

**9. 附录**

对于一些不宜放在正文中但有参考价值的内容，可将其编入附录中。例如较大的图样、公式的推演、较大型的程序流程图、外文文献的复印件和中文译文等。附录是与设计直接相关的，且有必要与设计装订在一起的图样、数据表格、计算程序等资料或清单。

附录应当一一编写顺序号和标题，并在设计相关内容处注明。

### （四）工科毕业设计的格式

**1. 总体结构**

毕业设计一般由前导、主体、附录和结尾四大部分组成，每一部分又包括若干项具体内容。在具体写作过程中，有的内容可以省略。

**2. 书写格式**

（1）版面。

1）版面尺寸：A4（210 mm×297 mm）。

2）装订位置：左面竖装，装订位置距左边界8~10 mm。

3）页面设置：单面打印，上2 cm，下2 cm，左2.5 cm，右1.5 cm，装订线0.5 cm；选择“不对称页边距”，页眉1.2 cm，页脚1.5 cm。

4）页脚设置：插入页码，居中。一般用“第×页”的格式。

5）正文文本：正文文本采用宋体小四号，标准字间距，行间距为固定值22磅，段前、段后均为0磅。标题可适当选择加宽，如设置为段前、段后均为3磅。所有标点符号采用宋体全角，英文字母和阿拉伯数字采用半角。

6）页码：目录前的内容不加页码；目录多于一页的用罗马字标记页码；目录后的内容用阿拉伯数字标记页码。

7）封面：统一使用学校提供的毕业设计封面，所有内容要居中。标题采用黑体三号字，加粗，居中。

（2）标题。

正文内标题：各层标题均单独占行书写。一级标题采用中文序号（如一、二、三……）标引，小三号黑体居左排列；二级标题采用阿拉伯数字（如1，2，3……）标引，四号黑体距左边正文边框两个字对齐排列，末尾不加标点；三级标题采用加圆括号的阿拉伯数字标引，与正文相同字体和对齐方式排列；一级标题与上一段落之间隔一行。

（3）目录。

“目录”二字采用宋体小三号字，其他编写采用宋体小四号字。

（4）摘要和关键词。

“摘要”“关键词”为黑体小三号字，加粗；“ABSTRACT”和“KEY WORDS”二词用Times New Roman 小三号字，加粗。其他具体内容为宋体小四号字；英文为Times New Roman 小四号字；其他参照执行。中英文摘要（含关键词）应独立成页。

（5）正文。

正文文字内容字体一律采用宋体，采用小四号的宋体汉字和四号Times New Roman 英文。图表字体采用宋体五号。

（6）参考文献。

参考文献位于正文结尾后，下隔两行；“参考文献”采用小三号黑体；具体参考文献目录采用小四号仿宋体，靠左对齐。参考文献条目的序号左顶格，用阿拉伯数字加方括号标示。

（7）附录。

附录必须按正文中出现的顺序编号排列，“附录”用三号黑体，靠左对齐方式，注明“附录×”字样。

**3. 装订格式**

毕业设计完成后，还要加以装订。装订的基本要求是整齐、美观。即稿纸的大小、格式在同一篇论文中要统一，不可混杂。封面要有清新感。

装订顺序如下：

（1）封面（使用学校统一规格的封面）。

（2）毕业设计任务书、指导书。

（3）目录。

（4）摘要、关键词（英文摘要、英文关键词）。

（5）正文（绪论、本论和结论）。

（6）参考文献。

（7）谢词。

（8）附录。

（9）毕业设计鉴定书及成绩评定表。

要将上述9项一并装订（在纸张的左侧）成册。

### （五）毕业设计写作注意事项

**1. 写作步骤**

拟定提纲要项目齐全，能初步构成毕业设计说明书（论文）的轮廓；要从全面着眼，权衡好各个部分。有些学生不大愿意写提纲，喜欢直接写初稿。如果不是在头脑中已把全文的提纲想好，那么编写一个提纲是十分必要的，其好处至少有如下三个方面：

（1）可以体现作者的总体思路。

提纲是由序码和文字组成的一种逻辑图表，是帮助作者考虑文章全篇逻辑构成的写作设计图，使作者易于掌握论文结构的全局，层次清楚，重点明确，简明扼要，一目了然。

（2）有利于毕业设计前后呼应。

有一个提纲，可以帮助我们树立全局观念，从整体出发，检验每一个部分所占的地位、所起的作用，相互间是否有逻辑联系，每部分所占的篇幅与其在全局中的地位和作用是否相称，各个部分之间的比例是否恰当，每一段、每一部分是否都为全局所需要，是否都丝丝入扣、相互配合，成为整体的有机组成部分。经过这样的考虑和编写，毕业设计的结构才能统一而完整，才能很好地为表达毕业设计的内容服务。

（3）有利于及时调整，避免大返工。

在毕业设计的研究和写作过程中，作者的思维活动是非常活跃的，一些不起眼的材料、从表面看来不相关的材料，经过熟悉和深思，常常会产生新的联想或新的观点。如果不认真编写提纲，动起笔来就会被这种现象所干扰，不得不停下笔来重新思考，甚至推翻已写的而从头再来。这样不仅增加了工作量，也会极大地影响写作情绪。论文提纲犹如工程的蓝图，只要动笔前把提纲考虑得周到严谨，多花点时间和力气，搞得扎实一些，就能形成一个层次清楚、逻辑严密的毕业设计说明书（论文）框架，从而避免许多不必要的返工。初写毕业设计的学生如果把自己的思路先写成提纲，再去请教他人，人家一看能懂，较易提出一些修改补充的意见，便于自己得到有效的指导。

**2. 撰写初稿**

（1）初稿的内容尽量充实丰富，以方便修改定稿。但要防止一味地堆砌，写成材料仓库。

（2）要合乎文体要求。文句力求精练简明、深入浅出、通顺易读，避免采用不合语法的口头语言或科技新闻报道式文体。

（3）要写得干净、清楚。初稿最好使用页面字数不太多的稿纸，四周有足够的空余之处，以便进行增、删、改、换等。

**3. 修改定稿**

（1）修改观点。

一是观点的订正，看一看全文的基本观点以及说明它的若干从属论点是否偏颇、片面或表述得不准确；二是观点的深化，看一看自己的观点是否与别人雷同，有无新意等。

（2）修改材料。

通过材料的增、删、改、换，使文中支持和说明观点的材料充分、精练、准确且鲜明生动。

（3）修改结构。

一般当出现下面几种情况时，都应动手修改：中心论点或分论点有较大的变化；层次不够清楚，前后内容重复或内容未表达完整；段落不够规范，划分得过于零碎或过于粗糙，不能显示层次；结构环节不齐全，内容组织得松散。

（4）修改语言。

这种修改包括用词、组句、语法、逻辑等。语言应具有准确性、学术性和可读性。根据这一基本要求，语言的修改可从以下几方面着手：把不准确的改为准确的；把啰唆、重复的改为精练、简洁的；把生涩的改为通俗的；把平庸的改为生动的；把俗语改为学术用语。

## 四、写作训练

完成本节“一、情境写作”所设题目。

# 第四节　学术论文

## 一、情境写作

结合学习情况写成一篇“学术论文”。要求：

一是内容要符合要求。

二是注意文面形式细节。

## 二、范文、简评及仿写须知

【范文】

### 高职汉语教育理念及实践

×××

（××××××学院　基础部，内蒙古呼和浩特　010051）

【摘　要】高职汉语教学面临前所未有的窘境。要突破这种窘境，就必须引入新理念，使用新方法。在这方面美国“全语文教学”理论及国外高职教育“新职业能力观”有借鉴意义。本文将在介绍、评价上述理论、观念的基础上展开高职汉语教育理念的讨论，并提出实践这种理念的具体思路与措施。

【关键词】高职汉语　教育理念　思路与措施　以用为学

随着高职教育的蓬勃发展，高职教育正从重数量、重规模向重质量、重内涵转变，软件建设日渐重要。作为软件建设一个不可或缺的方面，高职汉语教学面临的窘境亟待摆脱，高职汉语教育新理念与新方法的讨论不容拖延。我们有理由期待一种充满自然、务实、愉悦的高职汉语教学新局面。

#### 一、“道法自然”及“全语文教学”理论

做好任何事情都得实事求是，高职汉语教育理念与实践的讨论也是如此。这就意味着要

尊重语言学习的内在规律和适应高职教育特异性。那么，语言学习的规律是什么呢？重提“道法自然”有其特殊意义。在中国几千年的封建社会教育史中，真正能弥补儒家教育思想不足的是道家教育思想，尤其是“道法自然”的思想更是弥足珍贵，即便是对今天的现代教育也有深刻启发。我国现存教育问题多出于“违反自然”，高职汉语教育也不例外。要想搞好高职汉语教育，必须“返回自然”，要从儿童习得语言的事实中获得启发，返回语言学习的自然，这是语言学习的规律。就“道法自然”而言，如果说老子的话有些微言大义，那么在美国影响很大的“全语文教学”理论则更清晰些、更具体些。兹将“全语文教学”理论要点列序其次。

（一）音、字、词、短语、句子、段落都是语言的片断，这些片断的总和不等于整体。它们只有在具有完整背景的时候才是语言。教师以分析的方法割裂地教授听、说、读、写，这与言语自然相矛盾。

（二）学生个体的生活经验与兴趣取向是学习的主要动力。学生是各具特色的整体，教师应尊重并接受每个学生的特点及经验。学生必须有机会做自己的选择、自己的诠释，上课内容应与学生的生活紧密相关。

（三）教师应正视并接纳学生的个体差异。学习者个体差异是客观存在，因此不能要求学生达到绝对一致的标准。每个学生皆有语言发展前景，语文课程的目标在于促进每个学生适应其差异性的发展。

（四）在自然的语境中才能发生最有效的语言学习。为此，教师要特别精心教学设计，让语言学习也成为生活的一部分。学生要在自然的环境中参与教师特别安排的听、说、读、写综合活动，要在活动中学习语言。

由以上叙述可以看出三点：一是语言学习的整体性；二是语言学习的自然性；三是语言学习的特殊性。这个理论暗合传统中国文化看问题的角度，尤其暗合道家“道法自然”的观念。做上述叙述与思考对高职汉语教育理念的阐述大有裨益。我们的大学汉语教学遭遇的种种问题，比如一般高校“大学语文”教学的边缘化，比如高职院校汉语教学的边缘化，除了其他客观原因之外，很重要的一个原因就是汉语教学不合“自然”，汉语教学有效性被怀疑。要想扭转这种局面，最根本的努力是还语言学习本来面目，施行尊重语言教育规律的教育，返回语言教育的自然。

**二、国外高职教育模式变迁带来的“新能力观”对高职汉语教育的影响**

要阐述高职汉语教育理念，除了要洞悉语言学习内在规律外，还要明白高职教育培养目标的特异性。高职教育的特异性是什么呢？我觉得至少有两点：一是学习过程的实践性，二是知识归宿的使用性。高职汉语教学特异性也不外乎此。现在有一个公认的高职教育理念是“够用”“必需”，这当然也事关高职汉语教学理念的阐述。那么，从学习过程的实践性和知识归宿使用性来讲，高职汉语教学的“够用”“必需”到底意味着什么呢？

有必要看看国外高职教育模式变迁，这可以使我们从发展的眼光看问题，尽可能地准确界定高职汉语教学“够用”“必需”的内涵，少走弯路。随着对高职教育理解的日益深入，英、美、德、澳等国在世纪之交以不同形式相继阐述了内容趋同的“新职业能力观”。该观念认为，职业能力具有广泛的内涵，它不再局限于对具体岗位的专门知识与技能的要求，而被视为多种能力和品质的综合体现，即综合能力。这种能力在英国被表述为“在不可预见的条件下，独立运用基本原理和复杂技术的能力，能负担分析、判断、设计、计划、执行和评估的责任”。“新职业能力观”着眼于技术手段、生产模式的变动性和劳动者的职业流动性，要求具有收集、整理、使用信息和新技术的能力，以增强适应性和应变能力。“新职业能力观”重视个人品质在职业活动中的作用，重视人际交往与合作共事的能力，重视组织、规划、独立解决问题的能力。“新职业能力观”强调学习能力的培养，旨在为个人终身学习奠定基础。由此可见，这些能力观一定对应着相称的语言能力，是建构高职汉语教育理念“必需”考虑的因素，必须在这样的发展视野里考虑学习过程的实践性和知识归宿的使用性，高职汉语教育才能创造出新境界，才能教育出具有民族新文化特征的、与工业强国相称的高素质技能型人才，这样的毕业生才能有资格被称为“高素质”的技能型人才。

三、高职汉语教育理念

结合以上语言学习规律、高职特异性及“新职业能力观”的叙述，起码可以对高职汉语教育理念做以下几层阐述。

（一）在“高等教育”和“职业教育”之间找到平衡点，做到“以用为学”。必须认清高职语文的意义和价值，在“高等教育”和“职业教育”之间找到平衡点，用于指导高职汉语教学知识归宿的使用性，做到“以用为学”。要着眼于学生未来人生、生活和工作，体现语文“学以致用”的特点。

（二）把握汉语“人文性”与“工具性”的平衡。既要考虑汉语人文教育对学生未来发展的独特作用，负起人格养成不可或缺的人文教养责任，又要认清语文和其他学科间的界限，正视其工具性。

（三）更新教育观念，重视汉语学习过程的自然性与实践性，重视学生个体的差异性。为此，有必要更新以往陈陈相因的汉语教学与考评模式，从太多的纸上、从呆板的黑板演示中、从千人一面的“批量生产式”“教育”中把汉语教学解放出来，代之以自然的、愉悦的、在使用中学习的、因材施教的语文教育形式。

如此看来，高职汉语教育理念可作如下表述：高职汉语教育是考虑到高职特异性、具有前瞻性的人文眼光、坚持“以用为学”方向、顺应语言学习内在规律的自然语文教育。换言之，高职汉语教育是对高职学生在人格塑造、未来发展视角上“够用”，在工作、生活视角上“必需”，在使用中教与学的自然汉语教育。

四、落实高职汉语教育理念的思路与途径

（一）思路

1. 注重人文教育功能的自然性，注意照顾个体差异，避免生硬、简单，做到潜移默化。的确，文学教育可以丰富一个人的知识，提高一个人的理解力、欣赏力、鉴别力和想象力，有利于智商开发，尤其有利于情商开发。一部优秀的文学作品无不寄寓着作者的社会理想、伦理观念、做人标准，这些对学生的人格养成影响极大。然而，以往的汉语人文教育功能太直白、太功利了，以至于流于形式而欲速不达。文学影响人应是春风化雨润物无声，这就必须考虑人文教育功能的自然性及个体差异，“揠苗助长”式的“教育”不如没有，而“批量生产式”的“教育”早就应该停止了。

2. 注重教学整体性、自然性，使教学具有实效性、实用性。高职语文教育必须考虑语文的工具性特点，要使学生把所积累的语言知识转化为相关的听、说、读、写的能力，听、说必须注重日常的、事务性的交际用语，读、写必须注重与学生的人格塑造、就业及生活相结合。尤其要面对高职学生的就业需要，重点考虑学生怎样适应毕业后的工作汉语急需。在这个过程中，要注重教学整体性、自然性，尽量照顾个体差异，做到教学有效、实用。

3. 注重教学设计，模拟学生自然、真实的汉语生活。在尊重语言整体性、遵循语言教育自然性及语言学习的特殊性的前提下，注重教学设计，顺应学生内心需要，模拟学生真实汉语生活，快乐教学。现在的高职汉语教学样式陈旧，缺乏教学设计，更缺乏有艺术感且符合语言教学本质的令人耳目一新的创意设计。究其原因，在于教师无法了解或无暇了解或不愿了解学生生活，也就无从进入学生自然、真实的汉语生活，教学沟通也就难以发生。所以，注重教学设计还要做许多深入细致的工作。

诚然，以上的想法没有一点容易实现，但高职汉语教改的意义与价值正在于此。

（二）措施

1. 教学形式生活化。教师要走下讲台，打破师生界限，使教学形式生活化。在这方面欧美教师有很多可取之处。课堂不太拘泥于形式，符合语言教学自然，师生容易沟通。教学设计既要源于学生生活实际，又要指向学生生活实际，让每次课都与学生现实生活紧密相连。比如写作课，可以从学生关切的问题开始，继之以共同思考、讨论，以便适应学生思维水平，进而将其思维引向理性，还要在黑板上或屏幕上与学生们即时共同创作，让学生深切体会一篇规范的文章诞生的全过程。这样的过程既有益于学生发现自己的写作技术误区，又能使学生在人文教育层面受到潜移默化的影响。教师讲课时要使用学生听得懂的语言。使用这样的语言容易取得学生信任，能增强教学效果。要极其认真地设计教学过程，使所讲内容与学生生活自然地、浑然一体地联系起来，这样才能走进并影响学生的心灵。要真正关心学生，要平等地、真诚地与学生交流，不要“公事公办”，不要师道尊严，这样才能形成语文教学的开放性结构，从而增强语文学习的趣味性，提高学习效率，使学生学到真正的语文。这样的教学设计既源于生活，又亲近自然，益处多多，值得提倡。总之，语文教学活动既然是生活的一部分，就应以生活视之。

2. 教学内容生活化。要使教材内容与学生生活发生联系。只有与学生生活相关的材料才能引发他们的兴趣。别人觉得重要的在他们那里不见得重要，比如那些充满“义理”的文言文，教师讲得兴高采烈，学生听得昏昏欲睡，可谓事与愿违。现在大学生人文教育效果之所以不理想，很大一部分原因就是教育内容与现实生活脱节，这不仅无益，而且有害，滋养了麻木不仁，同时也断送了工具性语文知识的学习。因此，要把道理讲得喜闻乐见、深入浅出，才能使人接受，要使听、说、读、写贴近高职生就业现实才能发生实效。必须研究就业所需的基本汉语技能是什么，以便有针对性地进行汉语教学内容配置。例如写作教学，应重点让学生练习各种实际所需的应用文，写好最一般的实用文。写作教学还应跟信息社会接轨。未来社会是信息化的社会，高科技将在日常工作和生活中被广泛应用，语文教育要努力使学生能适应这样的社会，让学生学会接收、处理和利用信息。从这一点看，高职汉语教学差距实在是太大了。只是一味抱怨高职生汉语水平低而不做积极的改进，这既不负责，也有失公允。事实上，从工具性语言教学看，我们起码应该教会学生以下技能：从书面材料或采访中收集信息并加以整理；从图书馆获取所需资料；正确使用录像、录音等设备；熟悉印刷品制作；正确操作各种办公自动化设备；能够在计算机上完成全部写作及纸质化过程。为什么要这样呢？因为现代生活已然如此，只是我们的汉语教学还在“盲人骑瞎马”罢了。

3. 要建设汉语课程群，并使课程设置模块化。要将高职汉语教学理念具体化为具有内在联系的多学科门类相配合的教学形式。这就要进行汉语课程群建设。可以开设一两门主干课程，再辅以多门选修课程，以此保障大学生人文素养与汉语技能教育的合理结构。比如将“汉语与信息技术”和“实用文写作”作为主干课程，培养学生社会应变能力和基本写作技能。选修课可以开设各类经典“艺术欣赏”，以培养学生的人文精神、丰富学生的人文知识；可以开设“公关礼仪”，以训练学生良好的交际能力；可以开设“中外思想史”，以训练学生良好的宏观眼光；可以开设“科学技术史”，以培养学生对科学技术的综合感知；可以开设“汉语口才”，以训练学生良好的语言能力；如此等等，可以想象的空间很大。当然，汉语课程群建设的科学性需要仔细论证，需要根据培养目标来进行模块化设计。专业不同，培养目标不同，学生个体情形不同，模块儿也不同。但只要认真探索，相信会日臻完善。

4. 考核与评价多样化。考评不是为了难住学生，而是为了促进学生综合素质的提高。在考评时，应关注学生在完成实际任务中所表现出来的各种能力，考评的重点应放在如何使学生的这些能力得到发展和提高上，而不仅仅是如何判断学生的这些能力。考评应着眼于学生的差异性和多样性，突破麻木、刻板、陈陈相因的传统考评模式，通过多样性使考评更富实效。鉴于高职教育的特异性，也许最直接、最有效的考评方式就是实操考评，在这方面高职汉语教学考评有许多潜力可挖。为此，要完善实操考评细节，注重可操作性，将考评对象表现尽可能量化，建立相关制度，避免流于空泛。

**五、结论**

考虑到高职特异性、具有前瞻性的人文眼光，坚持“以用为学”方向、顺应语言学习内在规律的自然语文教育理念呼之欲出，它的实践将有助于高职汉语教学摆脱不利局面。只要解放思想、尊重语言科学规律、做到语言教学的实事求是，相信高职汉语教学终将迎来新局面。

【参考文献】

[1] 付宜红．日本语文教育研究［M］．北京：北京师范大学出版社，2003.
[2] 钟启泉，倪文锦，等．语文教育展望［M］．上海：华东师范大学出版社，2002.
[3] 吴庆麟，胡谊，等．教育心理学［M］．上海：华东师范大学出版社，2003.
[4] 何琰．创建高职语文学习评价新标准［J］．南通航运职业技术学院学报，2004（3）.
[5] 叶圣陶．语文是一门怎样的功课［C］//叶圣陶全集（第13卷）．南京：江苏教育出版社，1992.

（附：作者简介：×××，男，副教授，1968年10月生于内蒙古自治区赤峰市。研究方向高职汉语教学改革。邮箱：××××××××××；联系电话：××××××××××）

**【简评】**这篇论文研究、探讨的问题专门而又系统，内容有新意，思维有逻辑，揭示了汉语教学的某些客观规律。

**【仿写须知】**仿写时，要注意结构完整、语体适宜，文面形式各方面不走样。

## 三、知识链接

### （一）学术论文的概念

学术论文是某一学术课题在实验性、理论性或观测性上具有新的科学研究成果或创新见解的知识和科学记录，是某种已知原理应用于实际中取得新进展的科学总结，是在学术会议上交流或在学术刊物上发表的书面文件。

### （二）学术论文的特点

**1. 学术性**

所谓学术，是指较为专门、系统的学问。所谓学术性，是指研究、探讨的内容具有专门性和系统性，即把科学领域里某一专业性问题作为研究对象。

从内容上看，学术论文富有明显的专业性。学术论文是作者运用其系统的专业知识去论证或解决专业性很强的学术问题。

从语言表达来看，学术论文是运用专业术语和专业性图表符号表达内容的，它主要是写给同行看的，所以不在乎其他人是否看得懂，而是要把学术问题分析阐述得简洁、准确、规范，因此，专业术语用得很多。

**2. 科学性**

科学性是学术论文的特点，也是学术论文的生命和价值所在。开展学术研究，写作学术论文的目的，在于揭示事物发展的客观规律，探求客观真理，从而促进科学的繁荣和发展，这就决定了学术论文必须具有科学性。

所谓科学性，是指研究、探讨的内容准确，思维严密，推理合乎逻辑。

（1）研究态度的科学性，这就是老老实实、实事求是的态度。我们要以严肃的态度、严谨的学风、严密的方法开展学术研究。从事科学研究，必须从大量的材料出发，通过分析材料得出结论，而不能先有结论，再找材料去论证。从事实验研究，就应对课题进行系统的、多方面的实验，从大量的实验数据中分析综合，得出正确的结论。

（2）研究方法的科学性。科学性在思维方式上的重要表现就是逻辑性。研究方法的科学性，就是先用归纳法，再用演绎法，而不能反过来。要从大量的具体材料去归纳，从个别到一般，以归纳为基础，再做分析，最后得出结论。对结论还要多设疑问，反复思考论证。凡是先有结论再找材料的研究，都是反科学的研究方法。

（3）内容的科学性。什么样的内容才符合科学性？那就是论点正确，概念明确，论据确凿充分，推理严密，语言准确。

论点（观点）即学术研究的成果结论，这个结论应能反映客观事物的本质规律，揭示客观真理，符合客观实际，经得起实践验证，经得起推敲和逻辑推理。

论文中概念的外延、内涵要有明确性、准确性和确定性，不能模糊不清，也不能随意更换概念。

论据要确凿充分，不能使用孤证就轻率得出结论，更不能歪曲材料、伪造材料。

推理严密就是论据和论点有机联系而无懈可击，假想推断要有严密的逻辑性。有些考证需要类比，也要注意类比的可比性与可靠性。

**3. 创新性**

创新性被视为学术论文的特点之一，这是由科学发展的需要决定的。

科学研究是对新知识的探求。如果科学研究只做继承，没有创新，那么人类文明就不会前进。人类的历史就是不断发现、不断发明也就是不断创新的历史。一个民族如果没有创新精神，这个民族就要衰亡。同样，一篇论文如果没有创新，也就没什么价值了。

学术论文的创新，主要表现在以下几个方面：

（1）填补空白的新发现、新发明、新理论。

人类的科研活动，主要是发现活动和发明活动。发现是认识世界的科学成就。把原来存在却未被人们认识的事物揭示出来，就是发现。如居里夫人发现镭、考古学家发现恐龙化石等。科学发现为人类的知识宝库增添财富，使科学得到发展。发明是改造世界的科技成就，运用知识发明出对人类有用的新成果，成为直接的生产力，如蒸汽机、电子计算机，等等。新理论是一种自成系统的学说，它对人类的实践具有巨大的理论指导意义。

（2）在继承的基础上发展、完善、创新。

创新离不开科学继承。有不少研究成果是在继承的基础上发展起来的。继承基础上的发展，也是一种创新。只有创新才能发展。如日本彩电，继承了三分欧洲技术、七分美国技术，在综合国际300多项高新技术的基础上，创造了更先进的日本技术。电子计算机也是经过一代又一代的继承、创新，不断发展，至今仍以日新月异的速度更新换代。

（3）在众说纷纭中提出独立见解。

开展科学研究的过程中，学术争鸣是不可避免的，参加学术争鸣切忌人云亦云，应对别人提出的观点和根据加以认真的思辨，并积极参与争鸣，大胆提出自己的独立见解和立论根据。对活跃思维、产生科学创见做出一点贡献，也是一种创造性。

（4）推翻前人定论。

人们在探究物质世界客观规律的过程中，总是不能一下子穷尽其本质，任何学派的理论、学说，都不是尽善尽美地正确。研究者对研究对象的认识和研究者本人的知识结构，都不可避免地存在着局限性，他们研究而得出来的结论，即使当时被认为是正确的，随着历史发展、科学进步、研究手段的更新等，人们很可能会发现这些定论存在着问题。所以，对待前人的定论，我们提倡继承，但不迷信，若发现其错误，就需要用科学的勇气去批判它、推翻它。科学史上这类例子太多了，这也是一种创新。

（5）对已有资料做出创造性综合。

之所以这也是一种创新，就在于作者能在综合的过程中发现问题并提出问题，从而引导人们去解决问题。

当今世界，信息丰富，文字浩瀚，能对资料做分门别类的索引，已经是为科学研究做出了实实在在的贡献。而整理性论文，不仅提供了比索引更详细的资料，更可贵的是整理者在阅读大量同类信息的过程中，以他特有的专业眼光和专业思维，做出筛选归纳，其信息高度浓缩。整理者把散置在各篇文章中的学术精华较为系统地综合成既清晰又有条理的问题，明人眼目，这就是创造性综合。这种综合，与文摘有着明显的区别。这种综合需要专业特长，需要学术鉴赏水平，需要综合归纳能力，更需要发现具有学术价值问题的敏锐力。

我们应积极追求学术论文的创造性，为科学发展做出自己的贡献。我们应自觉抵制“人云亦云”或毫无新意的论文，也应自觉抵制为晋升职称而“急功近利”“鹦鹉学舌”地写那些别人说过的、改头换面的文章。将论文写作当作晋升职称的“敲门砖”，这是学术的悲哀。

但是我们也要看到，一篇学术论文的创造性是有限的。惊人发现、伟大发明、填补空白，这些创造绝非轻而易举，也不可能每篇学术论文都有这种创造性。但只要有自己的一得之见，在现有的研究成果的基础上增添一点新的东西，提供一点人所不知的资料，丰富别人的论点，从不同角度、不同方面对学术做出了贡献，就可看作一种创造。

**4. 理论性**

学术论文与科普读物、实践报告、科技情报之间最大的区别就是：它具有理论性。所谓理论性，是指论文作者思维的理论性、论文结论的理论性和论文表达的论证性。

（1）思维的理论性。

研究者对研究对象的思考，不是停留在零散的感性思维上，而是运用概念、判断、分析、归纳、推理等思辨的方法，深刻认识研究对象的本质和规律，经过高度概括和升华，使之成为理论。

进行理论思维，把感性认识变成理性认识，实现认识上的飞跃，不是轻而易举可以做到的，这需要花大力气、下苦功夫。有的人因时间紧迫，或因畏惧艰难，在理论思维上却步，以至于把学术论文写成了罗列现象、就事论事，结果使学术论文失去理论色彩，其价值也就大打折扣了。

（2）结论的理论性。

学术论文的结论，不是心血来潮的激动之词，不是天马行空的幻想，也不是零散琐碎的感性偶得。学术论文的结论是建筑在充分的事实归纳上，通过理性思维，高度概括其本质和规律，使之升华为理论。理性思维水平越高，结论的理论价值就越高。

（3）表达的论证性。

学术论文除了思维的理论性和结论的理论性外，还必须对结论展开逻辑的、精密的论证，以具备无懈可击、不容置疑的说服力。

## （三）学术论文的分类

**1. 按科学分类**

学术论文分为自然科学论文、社会科学论文和思维科学论文三大类。

**2. 按科学研究的组成部分分类**

学术论文分为创造性研究论文和整理性研究论文两大类。

**3. 按写作时间分类**

学术论文分为学年论文和毕业论文两大类。

**4. 按学位分类**

学术论文按学位等级分为学士学位论文、硕士学位论文和博士学位论文三大类。学士学位论文的写作，在选题、构建提纲和修改初稿等三个环节会得到导师指导。学士学位论文的字数通常要求在 5 000 ~ 10 000 字。论文完成后，还要通过论文答辩。

## （四）学术论文的结构

一篇完整的论文应当包括以下内容：

**1. 标题名称（题目）**

论文标题应以最恰当、最简明的词语来反映论文中最重要的内容，尽可能避免使用不常见的缩写省略词。论文标题一般不超过 20 个字。

**2. 署名**

论文的署名包括：参与选定研究课题和制订研究方案的人员、直接参与研究工作并做出贡献的人员。如果是两个或两个以上的人员联合完成的论文，就应根据贡献大小或按照约定排列名次。

**3. 论文摘要**

摘要即摘录要点，是对论文内容精华的简短陈述。摘要文字要简明、确切。论文的中文摘要一般以 200 ~400 字为宜。

**4. 关键词**

关键词是指用来表达论文关键信息的单词或术语，以便资料查询。一篇论文一般选取 3 ~5 个关键词。

**5. 引言（或称引论、前言、导言、绪论、序论及导论）**

引言意在概括与领起全文，具有“提纲挈领”的作用，文字宜少而精。文中不用写“引言”二字。一般写一个段落。转入正文时，中间最好空一行。

**6. 正文**

正文是论文的主体部分、核心部分，作用是展开论题，深入分析文章引言提出的问题，揭示专业领域客观事物的规律性。正文的撰写反映出文章的逻辑思维性和语文表达能力，决定了论文的可理解性和论证的说服力，这就必须做到实事求是、思维逻辑清晰、层次分明、通俗易懂。

**7. 结束语**

结尾部分要体现全文的整体性。要给人一种结构上完整的感觉，从而收到概括全文、突出中心、加深读者印象的效果。结尾形式一般有三种：总结式结尾、说明式结尾和号召式结尾。

**8. 参考文献**

（1）列举参考文献的作用。

1）尊重原作者，避免掠人之美的嫌疑，同时也表明作者治学态度严谨。

2）引文有差错时，便于及时查对。

3）使指导教师能清楚地了解作者对问题研究的深度和广度。

4）反映作者为撰写论文而阅读的范围与水平。

5）有利于研究相同或相近题目的读者从参考文献中了解情况或受到启发。

6）便于教师在学生毕业论文答辩时审阅和评定成绩。

（2）参考文献类型标识。

专著［M］，论文集［C］，报纸文章［N］，期刊文章［J］，学位论文［D］，报告［R］，标准［S］，专利［P］，词典资料［Z］。

（3）参考文献排写格式。

参考文献按在正文中出现的先后次序列表于文后。参考文献的序号左顶格，并用数字加方括号表示，如“［1］，［2］”等。每一参考文献条目均以“.”结尾。

各类参考文献条目的编排格式及示例如下：

1）期刊。

［序号］作者．题名［J］．刊名，年，卷（期）：起止页码．

例如：厉兵．说说起止号和连接号的分合［J］．编辑学报，1996（1）：45－47.

2）专著。

［序号］著者．书名［M］．出版地：出版者，出版年．起止页码．

例如：刘国钧．图书馆目录［M］．北京：高等教育出版社，1957. 15－18.

3）论文集中析出文献。

［序号］作者．题名［C］//编者．文集名．出版地：出版者，出版年．起止页码．

例如：郭爱民．浅谈提高图书的综合质量［C］//王君仁．编辑出版文集．大连：大连理工大学出版社，1993. 70－82.

4）学位论文。

［序号］作者．题名［D］．授予学位地：授予学位单位，出版年．

例如：陶建人．动接触减振法及其应用［D］．大连：大连理工大学，1988.

5）电子文献。

［序号］作者．题名［EB/OL］．发表或更新日期．［引用日期］．获得和访问路径．

例如：王明亮．关于中国学术期刊标准化数据库系统工程的进展［EB/OL］. 1998－08－16.［1998－10－04］. http：//www. cajcd. edu. cn.

## 四、写作训练

完成本节“一、情境写作”所设题目。

# 第七章　传播文稿

## 第一节　科技文摘

### 一、情境写作

结合专业情况写成一篇行业“科技文摘”。要求：
一是内容要符合要求。
二是注意文面形式细节。

### 二、范文、简评及仿写须知

【范文】

#### 2002 年：我国工程机械面临严峻挑战

“虽然 2001 年我国工程机械出口量增长 35.2%，但绝对值仍然很小，仅占世界流通量的 1% 左右，与我国工程机械大国的地位极不相符。”

据《中国建设报》上述资料，2001 年我国工程机械行业的产销形势继续保持增长态势。2001 年工程机械总产值可达 288 亿元，比上年增长 16.8%；销售收入达 270 亿元，比上年增长 13.4%。然而利润总额仅为 9 亿元，只增长 5%。这是由于近年来行业内价格竞争激烈，产品销售价持续走低所造成的。

据统计：2001 年挖掘机年销量超过 1.1 万台，比上年增长 51%；装载机年销售量达 2.8 万台，比上年增长 33%；叉车年销量为 2 万台，增长 22%；工程起重机年销量达 4 800 台，比上年增长 22%。道路工程机械增长幅度不大，如压路机年销量为 6 000 台，增长 4.3%；平地机械年销量为 720 台，比去年下降 15%。主要是公路建设投资力度增长较小、投资回收速度较低所致。

2002 年，我国已加入 WTO，工程机械行业虽然有新的机遇，但面临着更严峻的挑战。

首先，行业结构分散、集中度差，企业规模小、效益低下、产品档次低的问题仍然突出。全行业对加入 WTO 后的形势研究不够，准备不足。

其次，2001 年工程机械行业产品价格继续低迷，有些产品爆发价格大战，企业竞相压价销售，大大影响了企业效益和正常市场秩序，全行业平均利润仅为 3%。

如何加强出口、打开国际市场的问题，仍是中国工业机械行业今后一段时间内能否持续发展的关键。虽然 2001 年出口增长 35.2%，但绝对值仍然很小，仅占世界流通量的 1% 左右，占全国工业机械销售总额的 10% 左右，这与我国工业机械大国的地位极不相称。在国内市场处于供大于求的状况下，千方百计扩大出口是我们面临的一项紧迫任务。

（信息来源：《中国建设报》；中国科学技术信息研究所加工整理）

**【简评】** 这篇报道性文摘浓缩了原文的基本内容，列出了原文所包含的重要数据，使读者一目了然。

**【仿写须知】** 仿写时，要保持文面形式各方面不走样。

## 三、知识链接

### （一）科技文摘的概念

科技文摘是以提供文献内容梗概为目的，简明确切、不加评论和补充解释地记述文献重要内容的短文。

科技文摘与学术类文体中的报告、论文的“摘要”是一致的。但是摘要并不是一种独立的文体，而是学术类文章的组成部分。文摘则是情报文体之一，只有当文摘期刊将摘要单独发表时，摘要才成为文摘。

### （二）科技文摘的特点

一是摘要性，二是客观性，三是信息丰富性。科技文摘最显著的特点是能以最小的载体容载最大的信息量。即使是几千字、几万字的论文，缩编成文摘，也只在几百字左右，但核心信息不丢失。

### （三）科技文摘的分类与内容

**1. 报道性文摘**

报道性文摘也称情报性文摘或资料性文摘。这类文摘是原文最完整的浓缩。它概述原文中的基本论点，向读者提供原文的全部核心内容，列出所包含的重要数据，其字数在300～600字，也有更长的或较短的。

报道性文摘的内容主要包括以下几个方面：

（1）研究对象、范围、目的等。

（2）研究方法、实验过程等。

（3）研究结果、所取得的重要数据、新的发现等。

（4）研究得出的重要结论、采取的措施建议等。

**2. 指示性文摘**

指示性文摘也称概述性文摘。这类文摘一般只对原始文献做扼要叙述，让读者得到一个指示性的概括了解，所以通常也叫“简介”。其字数一般为30～200字。

指示性文摘仅简略地介绍原始文献的要点，指出研究的对象或问题，有的只对标题做简明的解释，一般不涉及研究方法、结果和结论。它主要起检索作用，使读者对一次性文献有一个粗略印象，决定是否需要依此线索去查找阅读原文。

这类文摘的内容主要根据一次性文献的前言、各级标题、结语来编写。方法是从原始文献中选择最有意义的关键词或词组来概述研究的对象、问题或文章要点。

（四）科技文摘的结构

科技文摘长短不一，也没有统一的模式。一般以总分关系安排结构即可。

## 四、写作训练

完成本节“一、情境写作”所设题目。

# 第二节　科技综述

## 一、情境写作

结合专业情况写成一篇“科技综述”。要求：
一是内容要符合要求。
二是注意文面形式细节。

## 二、范文、简评及仿写须知

【范文】

### 科技发展的世纪回眸

今年恰好是爱因斯坦相对论诞生100周年，也是爱因斯坦逝世50周年。现在全世界都在纪念这位名人。恰好今年也是我们国家电影诞生100周年，也是伟大音乐家冼星海诞生100周年，艺术与科学搞在一起都是100周年。所以我很有感触，我又这么巧来到上海。大家知道爱因斯坦是伟大的科学家，但也是了不起的小提琴的“票友”，小提琴拉得非常好。所以量子力学奠基人之一狄拉克在评价爱因斯坦相对论的时候，说相对论它的本质就是美，就是非常美。还有一位物理学家霍夫曼，他评价爱因斯坦，他讲相对论的真理就在于它的美，说爱因斯坦不仅是科学家，还是一个科学的艺术家。还有一位科学家叫弗兰克，他评价爱因斯坦相对论的方法，说爱因斯坦的方法是半逻辑、半美学的。因此我们可以看到，在爱因斯坦身上，科学和人文是结合得非常紧的。爱因斯坦讲过：物理给我知识，艺术给我想象力；知识是有限的，而艺术想象力是无限的。他还讲过，科学研究中最重要的因素是直觉，艺术的很大作用是直觉。因此人文文化，包括艺术，在更深层次上面对人类社会的进步，发生着更深刻的影响。

但是今天我主要还是谈科学技术的问题，大家可以看到科学技术的确突飞猛进、日新月异。我举个大概的数字，18世纪科学技术大约是80～90年更新一次，到19世纪，40～70年更新一次，到了20世纪就更快了，更短的时间。我们看些具体的例子。从几十年到十几年到几年，我不谈蒸汽机，蒸汽机从原理被提出来到蒸汽机真正投入运行有100多年，那个不谈了。电动机从发明到应用经过65年，电话经过56年，无线电经过35年，真空管经过

31 年，雷达经过 15 年，喷气机经过 14 年，电视经过 12 年，尼龙经过 11 年，到后来核反应堆 4 年，集成电路 2 年，激光从发现到投入应用，几年的时间。看来科学技术的确是发展得越来越快。今天我跟大家汇报时用的是多媒体。我记得 1994 年清华大学“211 工程”这个重大项目立项的时候，我去参加立项活动，当时清华大学校长王大中就用多媒体做报告，我们非常羡慕。清华大学用多媒体，明年我们也要用多媒体。所以 1995 年原华中理工大学（现在的华中科技大学）“211 工程”立项的时候，我记得学校买的那个，花了三四万元钱买了个又大又笨的多媒体，一放，多媒体了不起。现在呢？幼儿园都有。再早一点，1993 年刚接任校长不久，我到湖北省邮电局去加强友好关系，邮电局的局长送了一个东西，现在叫手机，那个时候叫大哥大。大款拿在手上的，什么叫派头？拿在手上，好不神气啊！大哥大，我不敢用，怕讲我特殊，我就放在校办公室。现在什么样了？连个小朋友都有一只小手机，大哥大算什么玩意儿？就这个情况，真太快了，真是太快了。我甚至还可以讲，汽车都是 20 世纪的，有人说不对啊，我说没错，我知道我查过的，1885 年德国奔驰做出第一部汽车，但是真正能派用场的汽车，是 1903 年美国福特做出来的。从这个角度讲，汽车也是 20 世纪的。因此 20 世纪的科学技术进步的确是天翻地覆慨而慷。

在众多的科学技术中间，我认为有十项最为重要。一个技术，二个理论，三个工程，四个模型，是 20 世纪科学技术发展最为重要的成就。一个技术，计算机技术；二个理论，相对论、量子论；三个工程，曼哈顿工程、阿波罗登月工程、基因测序工程；四个模型，夸克模型、宇宙大爆炸模型、DNA（脱氧核糖核酸）的双螺旋结构模型，再加上地球板块模型。我认为这十项，是 20 世纪里面最重要的十项成就。

一个技术，计算机技术，是 20 世纪里面最伟大的成就。在 1946 年 2 月份，美国做出来第一台计算机，那时那台计算机是 18 000 千多个电子管做成的，重 30 吨，每过七分钟就要爆炸一个电子管，所以一百多个工程师拿着电子管服侍它，运行速度高不高啊？可谓高也，每秒钟五千多次，是当时人的计算速度的 20 万倍，比人类的计算速度快多了！但现在，曾几何时，现在达到一万亿次，十几万亿次以上。因此，美国贝尔实验室第六任总裁洛斯讲过：工业革命，就是蒸汽机，工业革命解放了我们的肌肉，解放体力劳动；通信革命，电话、电报这些东西，延长了我们的感官，耳朵、眼睛延长了；但是信息革命，正在扩充着我们的思维，就是用计算机真正解放了我们的脑力劳动。他讲了这个信息革命有两段：第一段就是计算机，晶体管就是讲的半导体，半导体的发现、晶体管的发明、计算机的发明是第一个阶段；第二个是网络，网络革命实际就是计算机革命与通信革命的结合，成为现在的网络。但基础还是计算机，因此计算机的出现给我们人类从生产、生活到社会带来了巨大的变化。中国在计算机网络上面走在了世界的前面。计算机网络有一个叫作 CERNET2，就是（中国）教育科技研究网络（IPv6）。过去用的网是 IPv4，是计算机网络协议第四版，现在我们用的是计算机网络协议的第六版，它的地址是 2 的 128 次方，非常大。我们国家真正地领先投进去了，它能不能保证领先地位、能不能够在面上推开，还不知道。但是从技术上面，真正的实用技术，我们走在了前面。因此计算机的发明、网络革命的出现，的的确确给我们的时代带来了翻天覆地的变化。

两个理论，第一个是相对论。爱因斯坦在 1905 年发表了五篇文章，第三篇文章实际上就是包含了狭义相对论。后来又过了 10 年，就发展到广义相对论。狭义相对论构成了完整的经典力学，它明确提出，世界上除了光速是恒定的以外，其他都随着速度的变化而变化。

当达到光速的时候，很多东西包括物质、重量、质量、时间、空间都会发生根本变化。当然，在狭义相对论里还提出了质量和能量的关系——能量等于质量乘以光速的平方，但是最重要的是完成了经典力学结构。发展到广义相对论，它只把物质、引力和时间、空间连在一起，在宏观上面和天体运动一起构成整个力学系统。因此相对论使我们对宏观世界的认识有了巨大的变化。在跨入21世纪的时候，美国的《时代》周刊在1999年12月26日把爱因斯坦评为世纪人物，它这么讲：在过去100年里面，世界发生的变化比历史上任何一个世纪都多得多，它的原因主要不是经济的，不是政治的，不是其他的，而是技术上面的，更重要的是技术来源，是获取技术的基础科学，而这个代表人物就是爱因斯坦。我认为它讲得绝对不过分，今年全世界纪念爱因斯坦，而且联合国破例把今年定为国际物理年——联合国没有做过把一个学科定为世界的一个年的名称的事，它没有这么做过，只有爱因斯坦一个，因为爱因斯坦的作用太大了。所以现在全世界都在纪念爱因斯坦这个伟人。第二个，量子论，如果讲相对论是研究宏观的，那么量子论就是研究微观的。1900年12月份，普朗克在德国的慕尼黑大学物理学年会上提出了黑体辐射报告，这个报告提出来能量不是连续的，实际上它在这里提出了量子的观点，提出了量子论的观点。经过了27年的发展，量子论从量子力学发展到解决物质的波动性和微粒性的问题。光是波动还是微粒呢？把波动性跟微粒性结合起来，从统计观点来研究微观世界。因此发展到后来，把狭义相对论同量子力学结合起来，研究亚原子层次的结构性质作用问题，这点很了不起。因此人们把相对论、量子论定为20世纪最伟大的两项科技理论成就丝毫不过分。也可以这样说，量子论和相对论，它们的创立与发展成为物理世界中间更为普遍的基础理论，奠定了现代科学与技术的基础，从根本上改变了人类的科学技术面貌，关于对宏观世界怎么看、对微观世界怎么看的问题，也从整个思想高度上改变了看法。同时，现在很多高新技术的基础就是量子论、相对论。比如讲半导体芯片，比如讲激光，比如讲光纤，比如讲超导，这些东西的基础全是量子论和相对论。现在高新技术的大部分甚至绝大部分都同量子论、相对论有关系。因此，量子论、相对论的建立，的的确确是20世纪了不起的成就，到现在还在产生深刻的影响。

现在说说三个工程。

第一个是曼哈顿工程。原子弹工程大家都知道。在1945年8月6日、9日，美国在日本长崎、广岛投下两颗原子弹，加速了日本军国主义的灭亡，促使日本投降。如果大家考察历史，都知道，在1938年8月份，爱因斯坦向美国总统罗斯福建议，需要做原子弹，说希特勒在做原子弹。美国不做原子弹的话，一旦希特勒做成功以后，世界后果不堪设想。罗斯福接受了这个建议，动用了50多万人，动用了22亿美元，动用了美国三分之一的电力，做了三颗原子弹。当时希特勒没有做成功，为什么？最根本的原因在于他是非正义的，大批科学家离开德国，很多科学家把他研制的秘密透露出来。很多人透露了他研制的情况，盟军的飞机不断轰炸，使他没能做成。日本也说做原子弹，可它根本没有人力和财力去做。美国做成了。

第二个工程是阿波罗登月工程。大家知道这是个了不起的工程。1969年7月20日，美国的阿波罗登月舱在月球上着陆。大家都知道，1961年4月12日，苏联发射载人飞船非常成功，加加林上去的。43天以后美国总统肯尼迪就宣布，说美国在十年以后要把一个美国人送上月球，并且回来。没到十年，1969年7月20日成功了。分三步实现了这个计划。这个事情之所以重要，就如同美国的宇航员阿姆斯特朗登上月球的时候讲的那句话：“这一步对一个人来说只是一小步，而对整个人类来讲是一大步！”讲得非常好。因为这不仅是个人登月问题，还是人类第一次踏入太空，这是个了不起的事情。大家知道，现在包括我们国家在内，我们在搞嫦娥工程，要绕着月亮运行，要登月。而且美国跟俄罗斯约定，要在2020年联合火星登陆。因此对深空的探测、对太空的探测，阿波罗登月工程的的确确是第一步。

第三个工程是人类基因组的测序工程。大家知道人类原来说有十万多个基因，现在测下来没有那么多，三万多个基因，这三万多个基因，就有三十万万个碱基对，可以加密码值，由核苷酸排列顺序组成。要识透人类生命奥秘的话，只有测定这些碱基对的排列顺序，才有可能去识破人类的生命奥秘，这一步是很重要的事情。说美国原打算自己搞，20世纪80年代中期，打算花20年时间，自己来干。后来英国、日本、法国、德国，我们也加入了。所以在2000年6月26日，把人类基因组的测序工作草图做出来了。这是世界上非常了不起的事情，所以美国的《科学》杂志评定，这件工作可以说是这10年甚至整个世纪里面，干得最漂亮的一件事情，这是非常重要的。我自己很有体会，你别看我现在是个院士，我歌唱得不好。我小时候很多课程都不好，但我肯用功，肯努力，一样一样都赶上去了。唱歌没办法，就是唱不好。我现在一唱歌，我孙女就讲，爷爷别唱了，难听死了。一唱就走调，我就弄不明白我为什么唱不好。这个基因测序工程出来以后，我了解了。有篇东西报道，说人类第十三对染色体（人有二十三对染色体）内有那么几个基因，那几个基因里面如果搞坏了，也就是那个碱基对排得不好、不行的话，也就唱不好歌。我爹妈肯定把我第十三对染色体里面那几个碱基对搞坏了，我就唱歌不好，没办法。因此测量人类碱基对的排列顺序，就是识别人类生命奥秘的很重要的一步。看看我这个天书写的什么东西，我这个天书在人类天书库里摆在什么地方。这是第三个工程。

还有四个模型。

第一个模型是夸克模型，微观世界。人类都知道物质是由分子组成的，分子由原子组成，原子是由中子、质子、电子组成的。中子、电子是由什么组成的呢？基本粒子组成的。那么基本粒子又是由什么组成的呢？所以人类正在一步一步深入。20世纪60年代初期，美国有一个科学家，就把基本粒子排了一个所谓的周期表。从这里发现了规律，他提出离子是夸克组成的。这个模型提出来以后，的的确确对物理学的发展起了重大的作用，解释了很多物理现象，也提出很多新的问题。但是人类始终测不到夸克，没有看到夸克。夸克在什么地方呢？导致人类考虑物质最深层次的究竟是什么情况？这是很了不起的事情。

第二个模型就是宇宙大爆炸模型。人类早就思考我们宇宙是怎么来的。我们祖先有盘古开天地，《圣经》里面有诺亚方舟，人类都在探索我们这个世界是怎么来的。在20世纪，苏联一位科学家提出我们的宇宙在膨胀。一直到40年代，一个俄籍美国人提出宇宙是由大爆炸来的。150多亿年前，有个小微粒一爆炸，膨胀膨胀膨胀，膨胀成我们现在的宇宙。大家知道我们所谓的宇宙，不是只有一个宇宙，而这个宇宙外面可能还有一个宇宙。现在大量事实证明宇宙大爆炸理论是有道理的。因为这个模型比较好地解释了相互作用是怎么来的，基本粒子、化学元素是怎么产生的，分子是怎么形成的，生命是怎么出现的，行星、恒星、整个星系宇宙是怎么起源、怎么演化的，解释得比较好。《道德经》第四十章最后两句：“天下万物生于有，有生于无。”世界万物从有来，有从无来。这个无，不是英文中的nothing，不是什么都没有的nothing，而是beings，是一种存在形式，天下万物从“无”这种存在产生出来。美国在高能加速器这个绝对真空里面，竟然发现了粒子和反粒子。为什么？

从绝对真空这个“无”里面产生出来的。1999年春天，联合国教科文组织发表了一个报告，1998—1999年的世界科学报告发展摘要，当时的《中国科学报》（现在的《科学时报》）登了这个摘要，其中一段话我看了非常感动。在宇宙大爆炸之前世界上是什么都没有，连空间、时间都没有，我看得的确快掉眼泪了。老子在2 000多年以前就讲过这个话，当然一定要申明一下，老子讲的是对现象的观察，是一种思辨的结果。而现在联合国教科文组织的报告，是在大量的科学实验、科学调查、科学论证的基础上，这个有区别，但是结论是一样的。因此我们可以想到，宇宙大爆炸模型与夸克模型有关系，夸克是很小的东西，最深的什么东西，可能跟我们现在大爆炸形成的宇宙都有某种关系。人类的认识在不断地向前推进。

第三个模型DNA是脱氧核糖核酸，脱氧核糖核酸双螺旋结构模型。我们说基因，基因就是脱氧核糖核酸，就是DNA的片断。人类有三万多个DNA的片断，这三万多个DNA的片断是由三十万万个碱基对组成的。我讲基因组测序就是测三十万万个碱基对，就是密码值，核苷酸的排列顺序。1953年美国一位科学家沃森跟英国科学家克里提出了脱氧核糖核酸是双螺旋结构模型，这个结果发现非常了不起，使人们能够了解到这三十万万个碱基对是怎么样构成脱氧核糖核酸的。因此现在评价DNA双螺旋结构的发现，标志着现代物理或者现代分子遗传学的诞生，揭示了生命在分子结构和遗传机制上的一致性，这为现代的基因工程奠定了基础，这是非常重要的。分子结构从物理上讲，遗传基因从生物上讲，它们是高度一致的，不管是高等生物还是低等生物，不管是动物还是植物，能量的来源（几乎）都是腺三磷ATP供给的。因此从生命本质来讲，最低等的单细胞生物跟人类的生命本质是完全一致的。如果没有DNA双螺旋结构发现，没有基因组的测序工程推进，人类不可能对生命本质了解得这么深刻。

第四个模型就是地球板块结构模型。这是20世纪人类对地球研究的最大成就，并且发现了地球原来是由几块板块构成的，欧亚板块、美洲板块、非洲板块、澳洲板块、南极洲板块，还有几个小板块漂流在地幔上面，地幔在地心上面。根据这个板块结构，人类可以推断地球过去，可以预测地球将来，更可以了解地球现在。因此地球板块结构模型是20世纪里的四大模型之一。因此20世纪这么多了不起的翻天覆地的变化，是划时代的进步。

现在说说科技发展趋势。这里我引用宋朝柳永在杭州写的一首词《望海潮》中的两句话：“怒涛卷霜雪，天堑无涯。”钱塘江大潮滚滚而来，看不到边。现在科技发展，也就是“怒涛卷霜雪，天堑无涯”这种雄伟场面。我个人归纳一下，也是十项——归纳得对不对，仅供参考——一个兴起，两个焦点，三个关注，四个基础。

一是一个兴起，纳米科学技术兴起。20世纪90年代初纳米科学技术开始出现。所谓纳米，我们知道是千分之一微米，从1个纳米到99个纳米中间叫纳米技术。在这么大尺度的材料里有着很奇怪的性能，过去我们不知道，不是固体的，也不是液体的，也不是气体的，很奇怪的性能。因此从1个纳米到99个纳米之间，这个中间的物质的性能、特性、现象相互作用，我们很不清楚，因此需要对这方面的材料进行研究。这个研究有两大作用：第一，弄清楚这些现象、特性，它们相互作用到底是什么事情，这个必定会导致人类新的认识，必定会导致新的理论出现。第二，正因为有新的认识，有新的理论出现，就必定会导致新的应用，导致新的工业革命，必定会使得现在的信息技术，必定会对现在的生物技术，必定会对现在的传统产业起到巨大的改善作用。这是非常了不起的事情。我们可以讲，衣、食、住、行、用，哪一项跟它没有关系？去年我们国家十大科技新闻里面，有一项是中国化学所研究的亲水、疏水的材料。所谓亲水，把水吸得很紧，出不来；疏水，根本沾不上水。这种材料用温度、用光来控制，使得它亲水或者疏水。如果我们这种材料做得非常成功，用来做衣服，那行。夏天亲水，把汗都吸掉；冬天疏水，不吸汗，很暖和，非常好。还有珍珠母(纳米粉)，用来做防弹的盔甲，珍珠母做的盔甲子弹打不进去，现在已经做出来了，只是不是大批量地生产，但是毕竟做出来了。从人的穿着上讲，如果纳米材料实验成功，必定会对人类的穿着产生巨大的影响。食，吃东西。我记得成思危副委员长有一篇文章讲得非常好，说什么叫农业经济，什么叫工业经济，什么叫知识经济？说农业经济有虫灾，用手去抓虫，这是农业经济。什么叫工业经济，有虫，打药水是工业经济。什么是知识经济，用某种处理的方法改变了生物的某种基因结构，这个虫子不敢去吃，这是知识经济。用纳米就有可能施某种肥料下去，植物吸收以后，虫子不敢吃它，人吃了没坏处，这完全可能。住，看到印度尼西亚的海啸，日本地震房子倒塌，死了那么多人。用纳米材料造房子，这“灵巧”结构，再大地震，12 级地震，它也震不垮。如果用它做发动机，效率大大提高，又很轻，用它做汽车各种零件有多方面用处。用，我们讲的 DNA，可用脱氧核糖核酸做电子元件，用蛋白质来做半导体，如此等等。预测这些都不会是太遥远的事情，可能在 15 ~ 20 年之内，全部可以兑现。

二是两个焦点。第一个焦点，环境安全技术，环境污染，生态失衡。比如讲气候变暖，臭氧层破坏，生物多样性减少，酸雨漫延，森林锐减，土地荒漠化，大气污染，水污染，海洋污染，固体（废物）污染，必然还包括电磁波污染。这类都涉及环境污染、生态失衡，目前问题非常严重。能不能持续发展，这是非常大的问题。我们国家在 1998 年统计，农田污染已经将近 2 000 万公顷，这占全国耕地的 1/5 了，如果继续这么污染下去怎么办？但是人们注意不够，为什么？中国人的忍受能力非常强，地方保护主义不讲，治标不治本，长期下去，如果土地全部污染了，土地就不是土地，就没有农业，人类也不能住，这是非常大的问题。再比如讲，现在有些人把一些污染的固体埋在地底下，眼不见为净，他就没想到这个非常坏的污染固体，地面水通过它下去，渗到地下去了，地下水也受到污染。

三是我们要关注空气污染、水污染、固体污染。环境污染的问题是非常重大的问题。我经常讲中国人非常喜欢自己子女，为了自己的子女可以牺牲自己，可怜中国父母心，不重自己重子女。但是有些中国父母真是干断子绝孙的事情，污染，干污染的事情。干了还不知道，还在拼命干，只顾目前利益，不顾长远利益。因此，环境污染，生态失衡，不能不引起高度警惕。能源，资源的安全技术问题，能源枯竭，资源枯竭。我们国家的煤消耗量很大，有人讲我们过去有煤，烧啊，不行的事情。煤可以派其他很大的用处，是很重要的化学原料，为什么把它白白烧掉呢？所以现在我们国家有一项业态，那个核聚变发电。我认为从地球上讲，最终讲到能源问题就是核聚变，核聚变的燃料在地球上，用了很长很长时间，足够长的时间。当然还有太阳能，还有风能，还有生物能等。但是最终要解决地球能量问题，要从核能解决。当然还有一种燃料叫可燃冰，就是天然气跟水的化合物。我这里有一个统计数据，不包括中国在内，全世界的可燃冰的储量有多大呢？大约等于石油、煤炭能量的两倍。去年我们国家做的调查研究，发现了南海有可燃冰，光在西沙一带可燃冰的储量就将近 45 亿吨。尽管目前开采还有一些问题，但从长远讲可用。因此，能源、资源的问题是一个大问题。

最后，四个支撑，四个基础。

第一个基础是信息科学技术。大家知道这是科学的发展龙头，以信息化带动产业化，以信息化带动工业化。信息是科技发展前沿，是科技发展关键，这是没有话讲的。我记得在90年代初，克林顿第一次担任美国总统的时候，就宣布美国有四个面向未来的优先发展领域，哪四个？一是信息科学技术。二是先进制造科学技术。三是生命科学技术。四是材料科学技术。说克林顿在90年代初期就提出了信息、材料、生命、制造。现在我们国家也提出了这四个方面，第一个就是信息，所以信息是发展的前沿，信息是发展的关键，信息方兴未艾、前途无量。现在我们讲的信息主要是微电子，还有光电子呢，还有光子，还有光量子呢，还有量子呢，还有生命信息呢，这些都还在发展中间。因此我们现在只是微电子，接触到光电子，光电子还没有大量发展，还有光子、光量子、量子，生物信息发展前途无量。因此，我认为之所以它是基础的，又是带头的，是因为有下面这几个原因：

第一，它是现代文明的基础，物质文明、精神文明基础，我今天跟大家汇报，用的就是多媒体信息，没有它行吗？它们是录像用的信息。

第二，现在科学研究和技术开发是不可缺少的手段，你要进行科学研究，要进行技术开发，能缺乏信息吗？我学机械制造的，到工厂，我看到很多仪器仪表，跟过去一模一样，从原理看一模一样。但是有很大的不同，什么不同？有了眼睛，有了鼻子，有了耳朵，有了大脑，有了其他处理装置，有了传感器，有了数据采集，有了信号处理，有了信号输出，等等。有了信息，还有一些过去没有的，完全因为信息技术而产生的。因此现在的科学技术研究，你没有信息技术是走不通的。

第三，现在信息是高新技术的关键所在。所谓信息，是要弄清对方的情况。现在普通计算机是“0”和“1”二值逻辑，已经不得了。用量子计算机的话，可能三值逻辑，“0”和“1”可以并存。用三值逻辑的话，计算速度就要快得多。有一个统计数据就讲，一个200位数字要做因式分解，用我们现在计算机做的话要做几十万万年，用量子计算机做的话，几分钟就做出来了。量子计算机什么时候能出来不清楚，但是量子计算机必将会出来。正如在20世纪的时候，就提出过电子计算机什么时候出来，不清楚，但后来就出来了。量子计算机一定会出来。

第二个基础是材料科学技术。有很多人不重视材料，根本不对。没有材料就没有世界，材料在英语是 material，就是物质，中文翻成材料，又翻成物质。所以没有材料的话，世界就不能发展。而材料的进步是科技进步的先导，如果没有金属的发现就没有农业革命，没有各种工业材料的发现就没有第一次工业革命，没有电子材料的发现就没有第二次工业革命，没有半导体的发现就没有计算机出来。所以纳米材料出现会导致什么结果，人们有着很大的期待。我觉得这个期待是对的事情。我举两个材料，一个“固态烟”或者“气凝胶”，就是二氧化硅。二氧化硅是固体，它和烟一样，这个里面空气占到99.8%。看上去是一股烟，但它是固体，非常坚硬，能够承受1 400 ℃的温度。俄罗斯的“和平号”空间站用了它，美国“火星探路者”宇航器也用了。这么一个材料，99.8%都是空气。我还举第二个材料叫“生物钢”。人们早就发现了蜘蛛丝，同样织成的蜘蛛丝比尼龙更结实。科学家就研究，蜘蛛丝为什么比尼龙结实？美国和加拿大科学家从蜘蛛丝里面抽取基因，把这个基因打到山羊身体里面去，山羊挤出羊奶，从山羊奶里面提出蜘蛛丝的蛋白，把这个蛋白纺成线，就叫 biosteel，叫作“生物钢”。据报道这个生物钢做成一个网子，美国的战斗机 F16 都可以网住。所以材料问题非常重要，需要高度关注。

第三个基础是制造技术。制造，这是我的本行。人的物质文明有四大支柱：材料、能源、信息、制造。制造的作用有五个：

第一，制造是创造物质财富最基本的手段，没有制造就不可能做出任何物质财富来。恩格斯在《自然辩证法》里面讲到，直立与劳动创造人，而劳动是从人制造工具开始的，人能够制造工具，人才能劳动。因此制造是同人类同时诞生出来的，人是跟制造同时成长的，没有制造就绝对没有任何物质财富。

第二，制造是工业的主体、工业的心脏，工业里面80%都是制造业。所以也是全面建设小康社会的第一支柱产业。

第三，制造业里面还有一种行业就是装备制造业。制造装备，你要做计算机，你要做芯片，要做芯片的装备；你要做饼干，要做制造饼干的装备——这个装备从什么地方来的？这个装备是另外一些装备制造出来的。所以马克思讲得很好，大工业必须掌握它特有的生产资料，即机器的本身必须用机器生产机器，这样，大工业才建立起与自己相适应的技术基础，才得以自立。所以没有这个装备制造业是绝对不行的事情。因此，装备制造业是国民经济发展最基础的东西，为各行各业提供了装备，而装备制造业里面最重要的，大家知道，是机床，工作母机。一切装备都是工作母机所做出来的。

第四，一切高新技术载体都是制造出来的。计算机哪来的？制造出来的。卫星哪来的？做出来的。导弹哪来的？做出来的。克隆基因的手术机怎么来的？制造出来的。所以一切高新技术的东西都是制造出来的，没有它绝对不行。

第五，国防安全也是制造出来的。最后一点，国防安全。国家安全靠制造，没有制造，国家安全绝对没有保障。在这我举个例子。1982年12月—1983年6月，日本东芝公司卖了四台大型的数控铣床给苏联，使得苏联制造潜水艇的螺旋桨的技术大大提高。因为原来苏联的核潜艇下水以后噪声很大，美国远远地就能够监测到水下面有没有苏联核潜艇。买了四台数控铣床以后，可以加工直径9米的螺旋桨，加工误差大大下降，使原来苏联的核潜艇技术跟美国核潜艇技术（差距）一下子缩短了10年。所以美国惊呼：怎么搞的？调查结果是东芝公司卖了四台数控铣床给苏联。就这样，技术差距缩短了十年，可见作用之大。

第四个基础是生命科学技术。我接任校长之前，教育部来我们学校调查，问我们学科发展得怎么样，我说高等学校学科发展当然重在信息。信息化是龙头，从未来看，龙头的龙头是生命科学。因此，大家到高等学校去看，房子最好的一般就是搞生命科学的。也可能目前的贡献不太大，从长远讲就是这样的。杨振宁先生就讲过，他讲我们国家将来诺贝尔奖获得者从哪儿出，很可能出自生命科学，有道理。生命科学是未来科学带头中的带头。这里讲了这么多的作用，归根到底是两点：一保证人类的健康、长寿、幸福——第一健康，只长寿不健康不如马上死掉，所以第一要健康。光健康还不够，要长寿，还要幸福。第二，对其他的科学技术有巨大的启迪。我举几个例子。我前面讲的人类有三万多个基因，有三十万万个碱基对，这个AGCT，这三十万万个AGCT怎么排列的？念过高中的都知道，一有一种排列，二有两种排列，一二二一，三有六种排列（三二一，三一二，二一三，二三一，一二三，一三二，这是三的阶乘），四怎么排列的？四的阶乘。五怎么排列？五的阶乘，五乘二，乘三，乘四等。三十万万个碱基对怎么排列，你排给我看看？不知道多大。为什么排出这么个世界出来，为什么排出个人来，为什么排出个牡丹花出来，为什么排出一只青蛙出来，为什么？绝对不是瞎混的，绝对有一种规律，绝对不是上帝，绝对有一种规律存在。人类能不能把这规律识破，使得我们碱基对的排列顺序这么好——密码的编制，密码的转录，密码的翻译，密码的存储，密码的抗干扰，密码的防错，密码的纠正——技术绝妙，能不能做到？如果人类做到了，就不得了。第二个例子，城市堵塞。从北京到上海，到每一个地方都有堵塞。人类的大血管、中血管、毛血管堵不堵塞？一堵塞的话，完了，那就死了。上网，网络堵塞。神经堵不堵塞？一堵塞，神经病。它不堵塞，很值得学习。我前面举这个例子，仿生材料、生物钢、微机械，我们都知道做小机械，已经发现在动物血里面有一种分子马达，大约直径十个纳米，可以把化学能量变成机械能量。在生物上面搞这种马达，人类能不能做到？现在美国正在研究生物计算机，据说2020年可以做出来。原理完全不同，完全是根据生物信息交换来做的。据说这种计算机有三大特点：一是计算量非常大，据说它几天的计算量是全世界的计算机多少年来的计算量的总和，这个计算机的一个地方用于存储的位数非常大，多大？一万万万万万，五个万存储的位。耗能量多少？耗电量非常低，是现在计算耗能的十万万分之一。因此，生物给人类很大的启迪。毫无问题，生物、生命学科是前沿的前沿，因此应该高度重视生命科学技术。

去年我们国家工程院、科学院院士投票评选出十项：第一，我们十万万次的高性能计算机（叫曙光4000A）启用了，排在全世界的第十位。我国是全世界能够做大型计算机的十个国家之一，这是一大成就。第二，是我国秦山核电站的第二期工程两台60万千瓦的核发电机做成功了，这是第二大新闻。第三，就是西气东输，去年全线贯通，每年输气可达121万立方米，这在我们国家是了不起的——西气东输，上海也用的西部的气。第四，是刚才讲的下一代互联网主干网开通运行CERNET2，路甬祥同志和徐匡迪同志讲的，是我们十大新闻中最重要的，处于世界领先地位，用的IPv6，计算机网络协议的第六版，这是了不起的事情。但是我们能不能把这个发扬光大？不知道。第五，是“探测二号”发射成功，“双星探测”计划实现，我们和欧洲联合，六个卫星检测整个地球的空间，我们发射两颗，前年发射一颗，去年发射一颗，成功了，跟欧洲一起一共六颗卫星定位在空间，检测全世界的空间情况。第六，我们前面讲的，纳米超级开关材料研制成功。中国科学院化学所研究出了这种材料，用光、用温度来控制它。改变光的强度、温度，使这个材料亲水，水就进；疏水，水就出，做成功了。第七，高精度水中定位导航系统研制成功。水下导航，过去我们在40米下，我们定位精度只能到米级，现在可到厘米级。世界上只有几个国家能做到，我们做到了。第八，膜蛋白晶体结构国际难题破解，这是个了不起的事情。我们知道蛋白是由20种氨基酸组成的，国外都知道在蛋白这方面最奇妙的是植物，植物能够吸收空气中的二氧化碳和水，将其转变成为高分子化合物放出氧，这是了不起的事情。关键是在细胞膜上这个蛋白质，我们国家去年解破了这个晶体，菠菜上的晶体。蛋白的解破成功，世界上的难题我们破解了，这是伟大的成功。第九，量子信息实验领域取得重大突破，这是了不起的事情。1997年我们国家一位年轻的科学家，中国科技大学的一位年轻教授潘建伟在河南，跟河南一位教授，联合发表一篇文章《隐性量子态传输》，证明两个粒子之间没有什么通信关系，一点关系都没有。当一个粒子的状态改变时，另外一个粒子状态也发生改变，这是很重要的一个进展。爱因斯坦是非常了不起的伟人，但是从根本上，他不太赞成量子理论，因为量子理论讲明粒子和粒子之间都有联系，两个粒子不管有多远它们彼此是有联系的——爱因斯坦对这点不太赞成。他做个实验，就比如说有个粒子，一分为二，越离越远，离得很远很远的时候，一个粒子状态发生改变以后，另外一个粒子状态会发生改变吗？就不可能。要是可能改变的话，只有一个结论，它中间传输速度一定要超过光速，不超过光速就不可能达到这个结果。但是量子理论认为可以改变，潘建伟和那位教授做成功了，因为它中间没有任何信息传输，即量子态改变的时候，另一个的量子态就发生改变。这篇文章登到英国的《自然》杂志上面，英国评定这是100多年来《自然》杂志登得最好的21篇物理学文章之一。去年潘建伟又做了一项工作，他讲到：不是一个粒子，是多个粒子纠缠在一起的时候，配合在一起，当它状态发生改变了，另外一个也发生改变。美国的物理网站上评论这个成果属于世界领先水平，这是一个了不起的事情。潘建伟去年入选国家的"十大杰出青年"，使我们国家在量子态的传输上面超越欧美，处于世界领先水平。第十项，是我国海域的油气资源勘测带来的重大突破。我们测量海内油气资源大体相当于有400亿吨的石油储量。我前面讲的在西沙那一带，天然气跟水的混合物——可燃冰含量大约相当于45亿吨石油的储量，所以去年我们在海洋里面的油气资源勘测取得重大成果。

有这样十项，我们可以看到里面的的确确有些东西我们走到前面去了。但是我们看看世界情况，我们看到我们还是很有差距。第一，去年年初"勇气号""机遇号"登陆火星，今年1月份惠更斯号登陆卫星六，到深空去了。第二，美国超音速飞机音速达到10个马赫，将来在宇航中间有重大作用。第三，"卡西尼"号飞船去年4月份进入卫星轨道，飞了六七年，飞了三十五万万公里①，飞到土星的轨道上面，今年1月份从卡西尼号把惠更斯探测器放到土卫六，在土星的第六号卫星上面也投放成功。第四，利用克隆技术培养干细胞。卵细胞受精后，开始就那么几个细胞，可后来分裂脑细胞、肝细胞、心细胞、骨骼细胞、皮肤细胞，都能分裂出来。美国跟日本克隆出来了，人类胚胎干细胞克隆出来了。第五，首先利用核磁共振技术观测到单个原子，利用核磁共振看到单个原子，因此人类可能通过电子显微技术看到原子内部的结构。第六，美国利用核反应堆大规模生产氢，氢可作为燃料。第七，日本开发出世界上最先进的光通信技术。现在我们通信是微电子通信，用微电子通信最快是每秒100比特。日本用光通信开发160比特。打一个比方，如果一部电影放两个小时，它一秒钟能送四部电影，所以光通信比微电子通信快多了。第八，发现太阳系最遥远的一个大星体，离太阳大约130万万公里。打个比方，在那个地方看太阳，太阳比针尖都小。到底这个恒星是什么？不清楚，但是这个天体的确存在。第九，法国在实验室里面做出艾滋病的抗体疫苗，取得新的进展，尽管这是在实验室做的。最后一个是制成了能够暂停的分子马达，可以使一个原子绕着轴转，要它开就开，要它停就停。原子级的微机械出来了。我们可以看到，这些都是涉及原子级、涉及太空级、涉及生命的前沿，也深入最基本的科学领域里面去。世界怎么来的，物质最深结构是怎么样的，生命是哪儿来的，思维是怎么来的，都深入这些领域去了。

在科学技术高速发展的今天，一个国家、一个民族没有现代科学，没有先进技术，就是落后，一打就垮，痛苦，受人宰割。美国为什么还敢欺负我们？就是因为在关键的科学技术里面我们没有知识产权。就这么一句话，如果芯片能够全部自己做，压缩机能够全部自己做，我们的内燃机、发动机就能够全部去做，卫星也能够做，它能欺负我们吗？就因为在关键科学技术上我们没有知识产权，人家才敢欺负我们。没有现代科学，没有先进科学技术，

---

① 1公里=1 000米。

就落后，就挨打，而一个国家、一个民族如果没有优秀传统，没有民族文化，就会异化，就会空虚，不打自垮。因此我认为上海市科协、上海图书馆有关单位举办艺术与科学论坛很好，这恰恰是为了使艺术与科学、人文与科学结合起来。所以我谢谢这个邀请，我相信我们这个科技节会取得很大成功。

谢谢在座的各位！

**【简评】** 这篇讲演形式的科技综述，全面系统地阐述了国内外最新科技状况，高屋建瓴，使人对国内外最新科技概况有了清晰的认识。

**【仿写须知】** 仿写时，要注意结构完整、语体适宜，文面形式各方面不走样。

## 三、知识链接

### （一）科技综述的概念

科技综述是对某一学科领域在某一时期内的研究成果、技术水平、发展动向的综合叙述。目的在于通过综合已有的科技成果来指导今后的研究，为承前启后提供必要的资料和依据。综述是将科学研究与情报研究融为一体的一种表现形式。

### （二）科技综述的特点

综述的特点是“综”而有“述”，“述”而不“评”。它既是全面系统地总结国内外某一学科领域在某一时期进展情况的综合性情报资料，又是综述的作者在一定程度上对科技文献的综合性研究；它既可以纵向地系统深入地反映综述对象的历史、现状和发展趋势，又可以对某一专业领域的科技状况从国内到国际进行横向对比。

### （三）科技综述的分类

按描述对象分，综述可分为综合性综述和专题性综述。综合性综述是关于学科的综述，专题性综述是关于技术和产品的综述。

### （四）科技综述的结构与写作要求

**1. 标题**

科技综述的标题写法很多，有点题式、对仗式、比喻式，等等。

（1）直接点题式。

直接点题式，就是在标题中直接说明对什么事件、活动、工作进行综述。

（2）对仗式。

对仗式多采用对仗、警句等做主标题，而用综述的内容做副标题，这类标题在实际中应用得较为广泛。

（3）比喻式。

用一句话来当作标题，既可以是作者自己提炼的语言，也可以是名言、名句、警句、诗歌、社会流行语等。这类标题也分主标题和副标题，并且在实际中也应用得较为广泛。

**2. 关于科技综述的结构**

科技综述的结构因所选内容不同而有所差别，除比文字量较少的综述开门见山，直述主题外，通常包括前言、主体和结语三个部分。

(1) 前言。

科技综述的作者要向读者介绍什么、说明什么，一般都在前言中直接点明。

(2) 主体。

综述主体部分一般分为若干层次，每个层次说明一个主题，层次之间用一个小标题分开。

(3) 结尾。

综述的结尾常见的有总结式、希望式、鼓励式等几种类型。

## 四、写作训练

完成本节“一、情境写作”所设题目。

# 第三节 科技述评

## 一、情境写作

结合专业情况写成一篇“科技述评”。要求：

一是内容要符合要求。

二是注意文面形式细节。

## 二、范文、简评及仿写须知

【范文】

### 近代美国农业科技的引进及其影响述评

沈志忠

【摘 要】近代以来，伴随着农业的资本主义化，美国农业出现了两次技术革命。我国的近代农业始于19世纪90年代，我国近代农业科技的引进工作，在初期主要通过翻译刻印西方农书、延聘外国教员和派遣留学生等途径来引进和吸取外国的先进农学知识，同时也引进了不少近代农业科技的物质和技术成果，如农机具、育种技术和病虫害防治技术等。近代中国从美国引进的作物优良品种、先进农业技术以及全新的农业科研教育模式，可谓一枝独秀、影响深远。

【关键词】近代 美国 农业科技 引进

美国是一个年轻的国家，从建国到现在也不过220多年的历史。在这么短的时间内，他们已经逐步将一个落后的农业国建设成了世界上最大的工业化发达国家，农业已经实现了现代化。

美国独立战争是一次具有民族解放意义的资产阶级民主革命战争。独立战争的胜利，推翻了殖民统治，清除了国内的封建制度，资本主义生产方式在美国开始确立并迅速发展起来。独立战争胜利后，美国竭力向西部扩张，到19世纪中叶，已将国境线扩展到太平洋沿岸。资本主义在农业中的发展，促进了农业生产力的发展。陆续到来的移民，不断引进了新的作物和牲畜品种，带来了欧洲的农业技术；西部的垦殖促进了农具的改良。

1861—1865年美国的南北战争，是北方的资本主义制度和南方的奴隶制之间的斗争，是美国历史上的第二次资产阶级革命。资产阶级获得胜利，资本主义在美国各方面充分发展起来。至20世纪初，资本主义大农场已在美国占据主要地位，农业已经资本主义化了。伴随着农业的资本主义化，农业中出现了两次技术革命。第一次美国农业革命（19世纪末至20世纪初期）的基本特征主要表现在马拉农业机器代替了人畜力的落后工具；近代自然科学开始在农业中运用，诸如化肥和农药的使用、作物和牲畜品种的改良、灌溉农业的出现等；此外，农业生产的专业化和地区分工亦已形成。第二次美国农业革命（20世纪20年代至40年代）的主要标志是农业实现了基本机械化和杂交玉米等技术改革的发展。

纵观美国建国以来农业发展的历史，我们不难看出，近代时期是美国农业的第一次大发展时期，对世界农业也产生了一定的影响。

近代时期的中国农业，却走着一条完全不同的道路。鸦片战争之后，世界主要资本主义国家先后侵入我国。他们凭借着“坚船利炮”，胁迫清政府签订了一系列不平等条约，从而使他们在中国攫取了各种政治和经济特权，促使我国自然经济解体。进入20世纪以后，在帝国主义、封建主义和官僚资本主义的掠夺和压榨下，中国的农业经济进一步衰退。

按照农史学界一般的观点，中国近代农业出现于1898年“戊戌变法”前后，它比中国近代史的开始时期要晚半个世纪（白鹤文等主编：《中国近代农业科技史稿》，中国农业科技出版社，1996年，第16页）。19世纪90年代开始的西方近代农业技术的引进，多数属于生物技术，这是我国近代农业生产过程中的一个很大的特点。而美国因其特殊的资源优势和历史条件，18、19世纪一直以农立国，拥有世界上最先进的农业科技，因而近代中国从美国引进的动植物优良品种、先进农机具以及全新的农业科研教育模式，可谓一枝独秀、影响深远。

**一、美国优良作物的引进，极大地丰富了我国的作物品种资源**

中国从美国引进与改良作物品种的工作起步早、成果多，特别是棉花、小麦、玉米等作物的引进与改良，更是成绩显著。

从美国所引进和改良的作物品种中，以美棉为最早，也以推广美棉最见成效，对我国农业生产和社会经济的影响也最大。下面我们以美棉为例，探讨美国作物品种的引进和改良如何丰富了我国的作物品种资源。

美棉，又叫陆地棉、高原棉，原产于美洲。我国近代棉花品种改良的成绩主要归功于美棉的引种。

甲午战争前后，英、日等国相继在我国兴建纱厂，与此同时，中国的近代棉纺织业也开始兴起。纺织工业的发展引起了对原棉的急剧需求。但由于中国原先栽种的亚洲棉（中棉）品质差、纤维短，不能适应机纺的要求，每年不得不进口大批美棉，以补其缺，花费甚大。于是，一些实业家和有识之士开始提倡引种美国陆地棉以解决上述问题，美棉由此开始引入中国。

美棉引进之初，因多数未经驯化和提纯，导致品种严重退化而归于失败。有鉴于此，人们认识到引种之前必须用科学的方法事先经过实验，才能收到预期的效果。1914 年，实业家张謇出任北洋政府农商部长，特在正定、上海、武昌、北京等地开办棉作试验场，以试验引种陆地棉为其主要任务。其后棉种改良研究工作逐渐集中于金陵大学、中央大学以及 30 年代初成立的中央农业实验所和中央棉产改进所等机关，先后育成了一些改良品种。

在棉种改良的过程中，一些来华外国专家对这一工作的开展起了积极的作用。1915 年北洋政府聘请美国专家约翰逊（H. H. Johnson）为顾问，指导棉花改良工作。1919 年美国棉作专家柯克（O. F. Cook）受金陵大学之聘来华指导试验，确定“脱字棉”和“爱字棉”为最适宜中国引种的两个美棉品种。金大农科于 1920 年成立棉作改良部，在美籍教授郭仁风（J. B. Griffing）的主持下，驯化“脱字棉”和“爱字棉”等，并选取单铃，育成“百万华棉”，于 20 年代中叶开始推广。当时，东南大学农学院为开展棉花育种，过探先、王善铨、孙恩麟等教授，以其留美之所学，根据中国实际情况，制定棉花选育程序，以及试验上的各种制度，以后又逐年改进，至 1923 年渐具规模。

1931 年美国育种专家洛夫（H. H. Love）受聘为实业部顾问兼任中农所总技师，来华主持棉种区域试验。自 1933 年起，从国内外征集了 31 个美棉品种，在江苏、浙江、安徽等省 12 个地方联合试验，最后确认“斯字棉”和“德字棉”更优于“脱字棉”和“爱字棉”，从而确定了这两个美棉品种自 40 年代后为我国最主要的两个推广品种的地位。[1]

1939 年，我国又从美国引进“珂字棉”，40 年代又引进了“岱字棉”。经试种，它们的产量和品质均优于“斯字棉”和“德字棉”。“珂字棉”和“岱字棉”在新中国成立后取代“斯字棉”和“德字棉”而成为种植面积最大的棉种。

除了引进美棉外，1899 年，江苏扬州地区还引进美国小麦良种，将之与本地麦种做对比试验。[2]1914 年金陵大学美籍教授芮思娄还从美国引进“双恩小麦”。[3]

玉米原产美洲，16 世纪以后经海路和陆路传到中国，此后常常是我国山区农民的主粮。1930 年，山西铭贤学院农科主任穆懿尔（R. T. Moyer）和霍席卿等在 1930 年从美国中西部引进金皇后、银皇后等 12 个优良玉米马齿品种，经过 5 年的品种比较试验，表明金皇后的丰产特性超过当时黄河流域各地所栽培的各个玉米品种，乃于 1936 年开始在山西示范推广，后来传播到全国许多地方。1941 年西北农学院王绶等从美国引进 50 多个玉米品种并育成 7 个自交系，选出武功白玉米和综交白玉米，1942—1946 年扩大育种 3 390 亩，比当地品种增产 20% ~30%。在此后的半个世纪里，这些品种对促进我国玉米生产发展和作为杂交育种材料起到了重要作用。

其他如水稻、大豆、高粱、花生、烟草等，在品种引进和改良方面也取得了一定的成绩。

**二、先进农业技术的传入，极大地提升了中国农业科技的水平**

我国近代农业科技的引进工作，在初期主要通过翻译刻印西方农书、延聘外国教员和派遣留学生等途径，同时也引进了不少近代农业科技的物质和技术成果，如农机具、育种技术和病虫害防治技术等。

（一）先进的农机具

在 16、17 世纪之前，我国的农具在世界上处于先进行列，可是之后的三四百年中便处于停滞状态，没有多大发展。而欧美各国在近两三个世纪中，随着自然科学的日益昌明，创制了多种农业机器。

19世纪上半叶，美国由于农业生产迅速发展的需要，陆续发明并采用了一系列新型农机具，以提高劳动生产率。自19世纪初开始使用畜力机械，耘田机、播种机、刈草机、收割机、脱谷机等相继问世；30年代起铁犁迅速代替木犁被普遍采用，到19世纪50年代，马拉农具已经普遍使用。

1850年美国开始使用蒸汽机，20世纪初，内燃机获得较快发展。1910年，美国已开始实行农业机械化，成为世界上推行农业机械化最早的国家。

美国先进农机具的发展，对于中国特别是有大片待垦土地的东北地区，有很大的吸引力。我国从美国引进农机具，从晚清时期即已开始。如1906年，山东农事试验场曾由美国购进农机具20余种；1907年前后，奉天农事试验场曾从美国、日本等购买各种犁耙、刈麦器、刈草器、玉米播种机等多种农具；[4]1908年美国万国农具公司先后在海参崴、哈尔滨开设支店，向我国东北地区销售农机具。

1912年，浙江省政府由美国购回2台铁轮水田用拖拉机及配套犁耙等农机具，后交浙江大学农学院实习农场。1915年，黑龙江呼玛的三大公司，从美国万国农具公司海参崴支店购入5部拖拉机和其他机械农具进行大农式经营，这是我国引进拖拉机的最早记录。其后，绥滨、泰来等地的农垦公司又陆续购进3台拖拉机和其他一些大型农具。[5]这些农垦公司大都采用近代农业机具进行生产，开垦了大片荒地。1929年山西农事试验场购买美国农具公司所制最新式的拖车，带二行犁及三行犁、双行四盘耙、条播机、割捆机等。

在近代农业机械中，引进的抽水机在我国的推广应用比较成功。1925年前后，江浙两省连年苦旱，美商慎昌洋行进口美国小火油引擎（发动机）和水泵，在嘉善、无锡一带推销。

不过，由于机灌事业多应抗旱救灾的特殊需要而产生，并非建立在农村经济发展的基础上，因而不可避免带有暂时性与局限性，使用范围始终限于江苏一省及浙江、安徽、江西的部分地区。

（二）先进的作物育种技术

我国近代的作物育种事业发端于19世纪末，其发展过程大体可分为创始阶段（19世纪末至20世纪20年代）、奠基阶段（20世纪20、30年代）和发展阶段（20世纪30、40年代）等三个阶段。[6]在这三个阶段中，美国先进的作物育种技术的传入都发挥了关键性的作用。

我国最早学习美国运用近代科学方法选育良种的作物是小麦。最先开展小麦近代育种研究的是金陵大学，随后是南京高等师范农科（后改称东南大学农科、中央大学农学院）。康乃尔大学农科博士沈宗瀚1925年从南京城外农田选得单穗，经过多年培育，于1934年育成著名的“金大2905号”小麦。这是我国以纯系育种法育成的第一个优良小麦品种，推广极为普遍，1934—1937年推广面积达130多万亩，是我国当时粮食作物中推广面积最大的一个改良品种。

我国用近代科学的育种方法进行水稻品种的改良工作，始于1920年前后，由南京高等师范学校农科首创，广东农业专门学校继起，金陵大学农学院也于此时在育种方面取得了一定的成绩。在稻作育种方法上，当时主要采用了纯系育种和杂交育种。[7]

1931年，中央农业实验所在南京成立。同年4月，洛夫应江、浙二省之聘再度来华讲学，并受聘为中农所总技师。1935年，又成立了全国稻麦改进所，[8]成为统筹各地力量开展大规模稻作育种的指挥机关，我国稻作育种自此走上了统一组织、协调发展的道路。

在水稻杂交育种方面，去雄是一项关键技术。美国育种学家海斯（H. K. Hayes）在《作物育种学》（*Breeding Crop Plants*，1933）一书中记述了中央大学农学院赵连芳提出的一种优于以前任何方法的去雄技术。赵提议，去雄应在早晨日出之前或傍晚时进行，才能避免在阳光下去雄时散发花粉。在1939—1940年间，潘简良等撰文介绍了一种新的水稻去雄技术——温汤去雄法，这一技术是美国乔登（Jodon）在1934—1938年间试验成功的，自此以后，这一方法一直是水稻杂交中的常用去雄技术，沿用至今。[9]

棉花育种已如上文所述，此不赘言。

（三）防治病虫害技术

1840—1911年是我国作物病虫害的传统防治时期，主要采用我国传统的防治方法。从民国初年起，我国的作物病虫害防治进入了应用近代技术防治时期。

在防治虫害方面，20年代以后，相继成立了多家研究机构，这其中以江苏昆虫局、浙江昆虫局和中央农业实验所病虫害系的成绩最为显著。

江苏昆虫局于1922年成立。当时江苏南通地区棉田遭受虫害，损失严重。为此，东南大学农科主任邹秉文（1916年从美国康乃尔大学农学院学成回国）建议由江苏省公署、上海商业银行和东南大学农科合作，成立江苏昆虫局，以加强虫害的治理。1922年，江苏昆虫局在南京成立，首任局长由美国加州大学昆虫系主任兼加州农事试验场主任吴伟士（C. W. Woodworth）担任，并聘请美国技师三人以及国内的张巨伯、邹树文等为技师。浙江昆虫局于1922年成立，首任局长为费耕雨，后由邹树文继任。中央农业实验所病虫害系成立于1933年，主任为吴福祯。

在防治病害方面，民国初年，一些高等院校就开设了植物病理学课程。如1916年邹秉文、谢家声从美国康乃尔大学农学院学成回国，在东南大学、金陵大学讲授植物病理学。邹秉文还写出《植物病理学概要》一书，稍后由戴芳澜接替他的工作。1924年，美国植物病理学家博德（R. H. Porter）来华，在金陵大学建立中国农科大学第一个植物病理学组。30年代初，俞大绂自美回国，在金陵大学授课，1934年又转到清华大学。

张巨伯、邹树文、邹秉文、谢家声、戴芳澜、俞大绂等均为留学美国的病虫害防治专家，他们及其所领导的研究机构为中国近代的病虫害防治事业做了大量工作，为我国后来的科学防治作物病虫害事业奠定了基础。

三、先进农业教育体系的引入，完善了中国传统的农业教育模式

相对而言，近代美国的农业教育体系比中国先进，表现在：

（一）农机具教学与研究

除了较早从美国引进先进的农机具之外，我国对于农机具的教学与研究工作也较为重视。早在1914—1920年间，北京农专（后改称北京农业大学）便有农具学课程的设置。1920年，南高师农科接受美国万国农具公司捐赠的3 000元作选购和改进农具之用，并于1922年建成农具院。1935年，金陵大学农学院开始设置农具课程，由美国人林查理（C. H. Riggs）讲授。

1944年，邹秉文在任国民政府农业部驻美国代表期间，多次与美国康乃尔、密歇根、

衣阿华等大学以及万国农具公司联系，募得奖学金名额和研究培训基金，由中华农学会派出留学进修人员攻读农业与农业工程。1944 年 7 月，中美两国政府主管部门签订美国万国农具公司同意资助的“向中国农业导入农业工程的教育计划”合作协约。根据协约，设立奖学金，供 20 名中国研究生在美国学习农业工程和实习，共 3 年；聘请 4 位美国资深农业工程专家组成农业工程委员会，指导中国的农业工程技术；美国向中国 3 个学校和研究所提供农业工程研究教学用的样机、资料、试验设备和试制设备。[10]

为了便于战后向我国推销农机具，美国万国农具公司将多种新式农用机器和工厂设备赠送给中央大学农学院和金陵大学农学院，美国联合叉锄公司也赠送全套手用农具，其他如美国杜邦公司也有农机具的捐助。两校农机设备日见充实，遂于 40 年代后期成立了农业工程系，其他部分高等农业学校也开设了农机具课程。

1946 年，中美两国政府同意由两国农业专家联合组成中美农业技术合作团，对第二次世界大战后中国农业的恢复、发展进行调查论证，提出《改进中国农业之途径》报告书，由商务印书馆刊行。书中提出“中国农业工程建设项目”，指出农业工程系将各种工程原理应用于农业机械、农舍建筑、农村工业及电化农村等工作。

（二）农业技术人员的培训

在人员培训方面，训练了一批中国作物育种专家，推动全国作物改良事业；由于康大作物育种教授来金大主持育种计划，训练中国学生很多，以至于中国许多学生去康大研究院攻读育种学。

1933 年，金陵大学农学院接受上海储蓄银行委托，创办农村金融与合作讲座，聘请美国专家史蒂芬（W. M. Stevens）讲授“运销合作组织”与“中国实用合作会计”，并设置奖学金，首开我国合作培训农业经济干部的先河。

1944 年秋，美国政府决定就租借法案下拨 480 万美元训练我国农工矿技术人员 1 200 人，其中农林方面 200 人。[11]

美国对于我国农技人员的培训，其影响是深远且广泛的。美国康乃尔大学农学院院长曾经对 1925—1931 年的中美作物改良合作发表书面评论：“康大与金大合作事业的成功，促进了康大与菲律宾大学农学院的合作，这合作对于菲律宾农业与经济发展及该学院均大有利益”[12]。

（三）美国农科教三结合模式，也对中国农业教育体制产生了广泛的影响

美国的农业教育体系通过两个“莫利尔法案”（1862，1890）逐步建立，农业研究体系通过“哈奇法案”（1887）建立，农业推广体系通过“史密斯－利弗法案”（1914）建立，到 1920 年它们已经成为一个相当庞大而稳定的系统，一直持续到今天。虽然农学院、农业试验站与农业推广站是通过不同的法案先后建立的，但它们之间并不相互隔绝，而是紧密联系。其结合部就在农学院，即由农学院统管全州的农业教育、农业科研和农业推广工作。州农学院皆设有董事会，聘请州政府官员、农业企业经理、农业专家等各方面代表参加，以便保持学院与社会的密切联系；州试验站由农学院管理，在全州各地设立分站或分场，结合当地的生产课题进行研究；联邦及州、县政府拨款资助各州、县建立推广服务体系，推广工作由农业部和农学院共同领导，但由农学院具体负责。总之，农业教育、研究与推广三位一体，实行统一管理。

中国农业教育与科研的体制化进程起步晚，因各种原因，进展也较缓慢。清末民初我国

农业教育多取法日本，1916年以后，随着我国最早一批留学欧美专习农科的学者归来及美国教会对中国农业教育的介入，美国模式影响日烈。这一变化起源于美国基督教会在南京办的金陵大学增设农科，其后私立学校有岭南大学农科、燕京大学农科及南通农科大学等，也都采用美国学制。

金陵大学、岭南大学和燕京大学增设农科，对我国农业教育体制的改变有很大的影响。因为它们都是美国教会兴办的学校，同时，中国赴欧美留学生也纷纷回国执教，其体制都用美国的一套，学校内部建制也多仿效美国，教师最初以美国人为主；“南高师”、东南大学农科及中山大学农科等当时的国立大学筹建时也参照美国教育体制，所聘教师大多是自美国回国的留学生。美国的这一套制度，对我国的近代农业教育产生了较大影响。

同样，这种农科教三结合模式对我国目前及今后的农业教育也有极大的借鉴作用。我国目前的农业科教体制是在计划经济体制下按照行政区域建立起来的，部门所有、条块分割、职能重复、效率不高是其主要特点，在管理和运行方式上逐渐形成了各自为政的局面。农业研究机构主要有中央部属的农业研究机构（如中国农业科学院、中国林业科学研究院等）和农业院校，各省自治区直辖市属的农业研究机构和农业院校，基层地县农业科学研究所；农业教育除了中央部属的农业院校外，还有各省自治区直辖市属的农业院校和农业广播学校等；农业推广主要有中央、省、地、县、乡等各级政府内设立的农业推广技术机构。可以说，我国农业教育、科研、推广体系尽管非常庞大，但不够精干，三者从中央到地方各级分别自成体系。

因此，农科教三结合模式有助于避免重复研究，有助于以更快的速度将研究成果转化为现实生产力。因此，“中国农业科教体制的建设未必一定要学习美国模式，但将农业教育、研究与推广更加紧密地结合，使之更好地服务于中国农业，应当是一种方向”[13]。

以上为近代美国农业科技的引进及其对我国农业的发展影响。实际上，近代中国的政治和社会条件，极大地制约了美国农业科技在中国的传播力度和广度。

首先，近代以来，连年的天灾与人祸，使农业生产一片凋敝，农民生活极端困苦，农业科学技术的发展处于极其困难的局面之下。自从1840年鸦片战争以后，资本主义列强不断对我国发动侵略战争，同时还长期支持中国各派系军阀进行混战和镇压人民革命，造成烽火不断、战争连年的悲惨局面。特别是1937—1945年日本帝国主义对我国发动的武装侵略，破坏更为惨重。在沦陷区内，日本帝国主义残酷地役使和摧残我国的农业劳动力，大肆掠夺耕畜和农具，大量侵占和毁坏农田及生产设施，致使我国的农业生产遭到空前的破坏。即使育成了一些新的品种，仿制和研制了一批农业机械，也无法在大范围内推广和普及。可以说，近百年来，我国近代农业发展速度极其缓慢，近代农业科技水平十分低下。因此，我国引进的美国的先进农业科技，其影响也在一定程度上受到了限制。

其次，美国的农业科技的输出，也多从美国需要出发，为其提供农产品原料、销售市场和投资场所，尤其表现在棉花、烟草等经济作物方面，基本上是为美国殖民资本主义所服务的。中国农村对美国及世界的依赖程度也越来越大，农产品的商品化偏向于畸形发展，中国经济极易受到严重冲击。并且由于当时的中国处于受凌辱的地位，在同列强之间所进行的农产贸易中，毋庸置疑地要受到种种欺诈和侵夺。1929—1933年世界主要资本主义国家爆发了经济危机，美英等国为了转嫁危机的后果，对中国等许多殖民地国家大肆倾销过剩的农产品。即使是获得广泛好评的多项农业经济调查，其主要目的也在于搜集大量资料为美国政府制定政策服务。这一点，必须实事求是地看待。

注释：

[1] 洛夫是美国康乃尔大学颇具声望的作物育种学教授。1931 年受聘为中国实业部顾问兼任中农所总技师，视察江苏、浙江的主要农事试验场，提出了关于我国农作物试验制度和试验方法的改进方案。同年夏天，在金陵大学举办的农作物讨论会上，洛夫主讲生物统计方法，将运用生物统计分析田间试验的新技术介绍给我国作物育种界；同时又用中国材料编著《生物统计方法》一书，在中国出版，以应我国作物育种工作者的需要。

[2] 曹幸穗：《我国近代农业科技的引进》，《中国科技史料》1987 年第 3 期。

[3] 芮思娄：《金陵大学之改良小麦》，1928 年。转引自郭文韬、曹隆恭主编：《中国近代农业科技史》，中国农业科技出版社，1989 年，第 129 页。

[4]《奉天农事试验场报告》第一、二册，光绪三十四（1908）年。

[5] 章有义：《中国近代农业史资料》（第二辑），三联书店，1959 年，第 359－360 页。

[6] 白鹤文等主编：《中国近代农业科技史稿》，中国农业科技出版社，1996 年，第 42 页。

[7] 纯系育种法由美国育种专家洛夫所倡导，方法是：单株（穗）选择（第一年）——单行试验（第二年）——二行试验（第三年）——五行试验（第四年）——十行试验（第五年）——高级试验（第六年）——繁殖推广（第七年）。这也是我国最初十多年稻麦育种的基本方法。

[8] 全国稻麦改进所是国民政府所设的全国经济委员会中的一个机构，它的很多业务与中农所相同；1938 年起并入中农所。

[9] 孙义伟：《本世纪前五十年我国水稻育种的产生和发展》，《中国农史》1987 年第 3 期。

[10] 华恕主编：《邹秉文纪念文集》，农业出版社，1993 年，第 219－225 页。

[11] 费旭等编：《南京农业大学史志（1914—1988）》第 34 页。

[12] 转引自沈宗瀚：《中美农业技术合作》，载《沈宗瀚晚年文录》。

[13] 王思明：《中美农业发展比较研究》，中国农业科技出版社，1999 年，第 117 页。

**【简评】**这篇述评叙述并分析了近代美国农业科技的引进及其对中国近代农业的深远影响。材料翔实，语体适宜，格式规范。

**【仿写须知】**仿写时，要注意结构完整、语体适宜，文面形式各方面不走样。

## 三、知识链接

### （一）科技述评的概念

科技述评是针对某一研究课题的现状所做的详细叙述和评论。它不仅要求作者对情报资料进行综合归纳，还要让读者了解作者对这些情报资料所做的分析和评论。

### （二）科技述评的作用

在科技文献浩如烟海的今天，科技述评的作用比科技综述显得更为重要，更有直接参考价值。因为它是对尖端科学技术和发展趋势进行述评和展望，如能及时发表出版，将比一般的研究论文更受读者的青睐。好的科技述评，甚至可以作为学位论文而得到专家们的认可。所以，科技述评不仅能为鉴别科技成果提供重要根据，而且能为科研人员选题提供重要依据；同时，也可以为科技管理部门制定规划、决定政策提供参考。

### （三）科技述评的特点

“述”与“评”充分体现了述评的两大特点。述评的“述”是指对某一特定课题的原理、现有水平、特点、制造工艺、发展方向等的详细叙述。它不像综述那样，只做概括描述，而是既可以综合论点和见解，又可以叙述论据、数据，并根据这些做出分析和评价。述评的“评”，并不评论特定课题的历史变化，而是就课题的理论意义、课题的应用范围、课题的优缺点等进行评价，并对课题的发展做出预测和展望。

### （四）科技述评的分类

科技述评有综合性述评和专题性述评之别。综合性述评是针对某一学科领域或某些综合性领域里整个科学技术状况、发展水平加以评论的；而专题性述评是针对研究、设计过程中某个具体技术问题加以评论的。

### （五）科技述评的结构与写作要求

科技述评的写作格式同科技论文有些相似，要求按照 GB7713－87《科学技术报告、学位论文和学术论文的编写格式》的规定写作。包括题名、作者及工作单位、摘要及关键词、引言、正文、结论、致谢、参考文献等八个部分，也称“八股”格式。但科技述评正文部分的细目安排，同学术论文却有所区别。

科技述评的摘要，同文摘写作的要求近似，是对述评内容的概述，应具有独立性。其内容应包含与原文同等量的主要信息，供读者确定有无阅读全文的必要，也供文摘等二次文献所采用。

关键词应是对科技述评信息的高度概括，是述评主旨的集中反映。关键词一般选 3～8 个，要求尽量用《汉语主题词表》中提供的规范词。

科技述评的引言部分，一般包含述评对象的基本情况、述评的目的和缘由、课题在科学技术和国民经济建设中的作用、述评的内容和性质、述评适用的读者范围等。

科技述评的正文和结论部分，根据述评的性质目的和内容，一般分为发展状况、现状分析、存在问题、趋归预测和改进建议等。

科技述评本身就需要参考大量的文献资料，所以一般不用专门致谢。但是，参考文献必须列出，因为参考文献是述评的重要依据，以供读者进一步核对查考。

## 四、写作训练

完成本节“一、情境写作”所设题目。

# 第四节　科技消息

## 一、情境写作

结合专业情况写成一篇“科技消息”。要求：
一是内容要符合要求。
二是注意文面形式细节。

## 二、范文、简评及仿写须知

【范文】

### 上海航空市场发展迅速　月飞行量突破一万架次

（本报上海消息）从有关方面获悉，今年4月份，上海民航管制区域航班月飞行量历史性地突破1万架次。

近年来，上海航空市场发展迅速，每年以25%的速度大幅度增加。目前，每天进出上海虹桥国际机场的飞机已达200余架次，在上海管制区域内飞行达450架次。据有关人士分析，在未来的日子里，航班飞行量将继续保持居高不下的态势。

**【简评】**这条消息文字简明，内容单一，以事实说话，重要信息准确清楚。
**【仿写须知】**仿写时，要注意结构完整、语体适宜，文面形式各方面不走样。

## 三、知识链接

### （一）科技消息的概念

科技消息是简明、快捷、形式灵活的一种科技新闻类稿件。

### （二）科技消息的特点

一是让事实说话。
二是强调实效。
三是简明扼要。

用事实说话，这是科技消息的一个重要特征，也是科技消息写作的一种基本方法，又是客观报道的形式。要以叙述为主要表达方式。

## （三）科技消息的分类

**1. 科技动态消息**

迅速、及时地报道国内国际的重大科技事件的新闻类稿件。科技动态消息中有不少是简讯，内容更加单一，文字更加精简，常常一事一讯，几行文字。

**2. 科技综合消息**

综合反映带有全局性情况、动向、成就和问题的科技消息报道。

**3. 科技典型消息**

对某一部门或某一单位的典型科技经验或成功做法的集中报道，用以带动全局，指导一般。

**4. 科技述评消息**

除具有科技动态消息的一般特征外，还往往在叙述新闻事实的同时，由作者直接发出一些必要的议论，简明地表达作者的观点。

## （四）科技消息的结构与写作要求

写作消息要考虑新闻五要素，即：When（何时）、Where（何地）、Who（何人）、What（何事）、Why（何故）。有人还补充了一个要素：How（如何）。在五个 W 和一个 H 中，最主要的是 What（何事）、Who（何人）。

当我们弄清了“我要说些什么”，接下来就是“怎么说这些内容”，显然这涉及如何安排消息的结构。消息的结构比较固定、简单，大多数消息的结构都是“倒金字塔”式的，即把最重要的材料放在开头，次要材料放在后面。消息的结构具体表现为标题、导语、主体和结尾，并在文中穿插背景材料。

**1. 标题**

标题是消息的眼睛，拟写得好，可以吸引读者；拟写得差，一篇好消息也会被埋没。可见标题有着向读者推荐的作用。

消息的标题必须简明、准确地概括消息内容，帮助读者理解报道的事实。消息标题有主题（正题）、引题（眉题）和副题（次题）三种。

（1）主题：概括与说明主要事实和思想内容。

（2）引题：揭示消息的思想意义或交代背景，说明原因，烘托气氛。

（3）副题：提示报道的事实结果，或做内容提要。

**2. 导语**

导语是指一篇消息的第一自然段或第一句话。它是用简明生动的文字，写出消息中最主要、最新鲜的事实，鲜明地提示消息的主题思想。

导语的要求：一是要抓住事情的核心，二是要能吸引读者看下去。要做到第一条，必须具备训练有素的分析能力；要做到第二条，则要有写作技巧。

导语写作中的思维过程，通常是以作者的自问自答开始的：

（1）什么是已经发生的事件中最重要的？

（2）什么人参加进去了？谁干的或谁讲的？

（3）是用直接性导语，还是用延缓性导语？

（4）有没有什么吸引人的词汇或生动形象的短语要写进导语中？

（5）主题是什么？什么样的动词能最有效地吸引读者？

以上五个问题中，第三个问题涉及导语的类型。那么，导语有哪些类型呢？

一类是直接性导语：直接写出事实的核心的导语。多是陈述性的，像速记一样反映事实。

另一类是延缓性导语：多用于“软”消息，即所报道的不是正在发展中的、变化中的或突发性的事件。它通常用来设置一种现场或创造某种气氛，多是解释性、说明性的。

导语的形式主要有：

（1）叙述式。用摘录或综合的方法，把消息中最新鲜、最主要的事实简明扼要地写出来。

（2）描写式。对消息的主要事实或某一有意义的侧面做简洁朴素而又有特色的描写，以形成气氛。

（3）提问式。先揭露矛盾，鲜明地、尖锐地提出问题，再做简要的回答，引起读者的关注和思考。

**3. 主体**

写清五个“W”。

**4. 结尾**

写清一个“HOW”。

## 四、写作训练

完成本节“一、情境写作”所设题目。

# 主要参考书目


[1] 彭斯杰．应用写作［M］．武汉：湖北科技出版社，1989.
[2] 樊鸿武．国家公务员实用公文写作［M］．北京：国家行政学院出版社，2001.
[3] 陈少夫，丘国新．应用写作教程［M］．广州：中山大学出版社，2005.
[4] 陈果安．实用写作教程［M］．长沙：中南大学出版社，2002.
[5] 张德实．应用写作［M］．北京：高等教育出版社，2004.
[6] 乔刚，谢海泉．现代应用文写作［M］．上海：立信会计出版社，2005.
[7] 高雅杰．应用文写作［M］．北京：清华大学出版社，2004.
[8] 邱小林，章克昌．应用文写作［M］．北京：中国人民大学出版社，2004.
[9] 徐斌．现代应用文写作全书［M］．西安：三秦出版社，2002.
[10] 宝力达，张国志．新编应用写作［M］．呼和浩特：内蒙古大学出版社，2008.
[11] 宝力达，张国志．现代应用写作［M］．北京：北京理工大学出版社，2012.